レイシズム・スタディーズ序説

鵜飼哲
酒井直樹
テッサ・モーリス＝スズキ
李孝徳
著

以文社

Racism Studies

レイシズム・スタディーズ序説　目次

装幀＝岡孝治

レイシズム・スタディーズ序説

巻末「用語解説」にある語句には各章初出の際に＊を付した。

レイシズム・スタディーズへの視座

酒井直樹

はじめに

残虐な排除の制度、許し難い社会的暴力、異常な特権意識などの事例として、私たちはこれまで人種主義《レイシズム》を弾劾してきた。また人種主義に関わることのない潔白な生活を心掛けてきたはずである。私たちは人種主義者ではないし、人種主義を肯定するような言質を与えたこともないし、人種差別にあたる行為をしたこともない。それなのに、なぜ、人種主義を問題にしなければならないのか。なぜ今さら、人種主義に直面しなければならない、などといわれなければならないのか。

改めて、私たちの生活のなかで生きている人種主義を問題にしようとすると、「人種主義が悪いことであるぐらい、私たちの誰もが判っている」という返答がその場で返ってきそうである。

人種主義が私たちの日常生活のなかでどのように機能しており、個人としてまた集団としての私たちの意識にどれだけ深く関わっているかを検討することは、推奨されるべき作業とはこれまで考えられてこなかったと言ってよいだろう。だが、世界的に――そしてとくに日本で――現代の状況を見るかぎり、人種主義を例外的な事象あるいは限られた研究分野に属する課題として、その道の専門家だけに任せておくことはもはや許されない。資本主義、地球化（グローバリゼーション）や国民主義・民族主義（ナショナリズム）と並んで、人種と人種主義は、個人としてまた共同性としての私たちの生を考える上で、必ず通過しなければならない関門として立ちはだかっている。私たちが個人の自己画定《アイデンティティ》や社会関係の改革に加わろうとすると、国民としての自己画定（例えば、「私は日本人として生まれたのだから」という確信のあり方）だけではなく、性的な自己画定（「男らしさ」）あるいは社会的役割上の自己画定（「合理的な思考を身につけた文明人」としての自分）にいたるまで、人種主義の問題群を黙殺して避けて通るわけにはゆかないのである。人種主義とは、社会制度のあり方から主観的な自信や不安のあり方に至るまで、ほとんどすべてに浸潤していて、現代の政治や文化が突きつけてくる難題に対決する上で、絶えず考察の地平においておかなければならない問題系を意味しているのである。

さらに忘れてしまうことのできない点がある。第二次世界大戦後の世界では、人種主義は醜く残虐な思考や生活態度とみなされてきたために、人種主義というと極端に否定的で嫌悪感を催すような事例を参照しつつ了解する習慣ができてしまっている。戦前上海の公園にあったといわれる「犬と中国人立ち入り禁止」という立て札に象徴される人種差別や、国民社会主義者《ナチス》が建設した強制収容所のなかにたむろする縦縞のパジャマのような囚人服を着たユダヤ人と放置され積み立てられたユダヤ人の屍体の山によって象徴された人種主義思想、あるいは合州国南部を中心に広く実行されたKKK（Ku Klux Klan）の写真や樹からつり下がった「奇妙な果物」（strange fruit）のイメージを通じて、人種主義の現実を理解する癖がついてしまっている。しかし、人種主義は必ずしも汚らしいもの、直ちに嫌悪感を感じさせるような「下品」な体裁を装って現れるものとは限らない。「上品」な人種主義もあるのであって、しかも私たちはこの「上品」な人種主義にごく当たり前に付き合ってきたのではないか、という点は慎重に吟味しておく必要がある。「下品」な人種主義には私たちは距離を取ることができると思っているが、「上品」な人種主義にはこれまでどのように関わってきたのだろうか。とくに戦後の日本の人種主義を考察する上で重要なのは、戦後日本の知識人が「上品」な人種主義を見抜く能力と批判力を極端に鈍磨させてしまった、という歴史的な事実がある。

だから、本気であらたに共同性を作り上げよう、身近な生活のなかで隣にいる人と連帯を紡ぎ上げようとするなら、人種と人種主義の検討は欠くことができないのである。

〈レイシズム・スタディーズ〉を発刊するにあたって、この企画がどのような危機意識と未来への希望に導かれているかを、簡単に述べておきたいと思う。〈レイシズム・スタディーズ〉は、現在私たちが直面している困難な状況の認識であると同時に、新しい共同性、これまでになかった共生の可能性へ向かっての踏切台の役割を果たすものでもあるからだ。もちろん「視座」という性格上この序で使われた概念の検討や事例に則した歴史的考察は、これから〈レイシズム・スタディーズ〉で刊行される著作の一冊一冊に期待して、とりあえず、私なりに理解している本企画の基本構想を素描させていただきたい。

移民を拒否するアイデンティティ・ポリティックス

人種主義がとくに日本社会との関連で取り上げられなければならないのはなぜだろうか。一昔前の南アフリカやアメリカ合州国南部のような人種主義の遺制が顕著な地域ならいざ知らず、人種主義とのかかわりで、ことさら日本を取り上げなければならないのはなぜだろうか。

二年前の夏にフランスの国民戦線（Front National）の創設者ジャン＝マリー・ルペン*（Jean-Marie Le Pen）を含む、オーストリア自由党（Freiheitliches Partel Österrechs）、ベルギーのフラームスの利益党（Vlaams Belang）、さらには英国民党*（British National Party）などのヨーロッパの極右運動の代表者が、日本の国枠主義団体「一水会」の招きで靖国神社を参詣するために東京を表敬訪問したことは、ごく一部の新聞が報道したが、その他のほとんどの日本のマスコミは無視したので、知る人は多くはないだろう。普通ヨーロッパの政治家や活動家が日本に政治の範を仰ぐことはないので、これらの極右活動家の多くが日本をヨーロッパの人びとが理想とすべき社会と考えていることは注目に値する。さらに、昨年の七月にオスロのノルウェイ政府の建物を爆破しその直後に郊外のノルウェイ労働党の夏期研修学校で多くの若者を銃殺して総計七七人の人びとの命を奪ったアンネシュ・ベーリング・ブレイビック（Anders Behring Breivik）は、ヨーロッパ文明やノルウェイ国民社会を、イスラム教徒の移民やその他の文化圏から来る移民の受入れを積極的に推奨する「多文化主義*」から守ることを、彼の殺戮行為の理由に挙げているが、法廷での応酬でも、ヨーロッパも「日本や韓国のモデル」を見習うべきだと主張しているのである。ブレイビックやヨーロッパの極右は普通、白人至上主義者あるいは西洋中心主義者と呼ばれているが（もちろん、本人たちが自らを白人至上主義者あるいは西洋中心主義者と呼ぶことはほとんどない）、彼らの多くにとって、現在の日本の社会は、完全とはいえなくても、彼らの理想に近い社会に見えてしまっているらしい。

なぜ、彼らが日本や韓国にこれほどの憧憬を感じてしまうのだろうか。日本や韓国の人びとに尊敬を感じることはなくても、少なくとも日本や韓国を引き合いに出して、なぜヨーロッパの移民政策や文化教育理念の誤りを弾劾しようとするのであろうか。日本の多くの人びとにとって奇妙に感じられるこの錯綜には、どのような意識が、どのような認識が前提となっているのであろうか。日本における人種主義の展開を考える上で、ヨーロッパの白人至上主義者が日本に対して抱く倒錯した憧憬の念は、一つの糸口である。

日本国民の多くは、人種主義は唾棄すべきイデオロギーと考え、世界中の多くの人びとも――もちろん現在のイランのアフムード・アフマディーネジャード大統領のような例外〔ホロコーストの存在を否認するヨーロッパの修正主義者の議論をそのまま肯定してしまっている〕はあるが――ヨーロッパの極右に反感を感じていることは、周知の事実といってよいであろう。白人至上主義者は、人種主義に反対する者だったら嫌悪する物あるいは恥ずかしいと思う事を日本と韓国のなかに見いだして、反語的に称揚しているのである。いうまでもなく、人種主義に反対する者だったら嫌悪する物あるいは恥ずかしいと思う事のなかに、極端に少ない受け容れ移民の数、純血主義を政府の政策の基本方針としていること、慰安婦制度の歴史の否認などが、直ちに挙げられるだろう。ヨーロッパの極右が日本に見ているのは、異民族や宗教の異なった人びととの共存を極端に嫌う日本国民の姿勢であり、一つの民族は文化的に均質な共同体を作るのが当然であり、それが国民社会の本来的な姿である、という主張をほとんど躊躇なしに広言する態度なのである。それだけではない。日本には、人種主義を支持する者や人種差別を行う者を処罰する法律さえないのである。つまり、人種主義に反対する者であるのなら、恥ずかしくていいえないことを平気で公開の場で主張したり実践したりできる日本人のいわば「蛮勇」に、そしてそのような「蛮勇」を許している日本国家に、彼らは憧憬の念を感じているのである。いうまでもなく、彼らは彼らなりの「蛮勇」をヨーロッパでしばしば披瀝して、多文化主義や移民の存在に苛立ちを感じている社会層の喝采を浴びることが多い。

ところが、ヨーロッパの極右のなかで、自らを人種主義者と呼ぶ者は驚くほど少ないのである。さらに、自分たちが白人至上主義者と呼ばれることに、かれらは異議を唱えるだろう。なぜなら、アメリカ合州国の人種差別制度や国民社会主義《ナチス》者の行なったユダヤ人や少数者の大量殺戮が世界中の人びとに公開され弾劾されて以来、全地球的な規模で、言葉としての「人種主義《レイシズム》」は蔑称あるいは罵倒のための言葉となってしまったからである。また、植民地主義の残虐さと暴力性が一九世紀以来何度も非難されてきた歴史は、ヨーロッパ列強が世界の多くの地域を植民地化する歴史のなかで樹立された「白人」と呼ばれる社会層の特権化を、人類の犯した重大な誤りとする見解として広く普及させてきたからである。かつての植民地主義者の子孫のなかでも、植民地主義を肯定的に語る人びとは少なくなってしまった。もちろん植民地主義を「文明化の過程」とみて密かに肯定しようとする動きは後を絶たないのだが、今や、強姦や民族浄化、拉致（＝強制連行）などの言葉とともに、人種主義や植民地主義が何か極悪の行為、唾棄すべき偏見、弾劾されるべき傲慢さを表しているということを知らない人はほとんどいない。自らを国民主義者、菜食主義者、あるいは社会主義者と呼ぶ者はいても、自分から「私は人種主義者あるいは白人至上主義者です」と名乗りを上げる者はほとんどいなくなってしまった。

人種主義がこのように否定的に考えられている現実を前にして、ヨーロッパの極右はこんな風に弁明するのが常套である。

「私たちは白人が他の人種に比べて優越しているとは主張しないし人種に優劣があるとも思わない。問題は、人類すべてが同じ生活習慣、価値観、信仰や伝統を均質に共有しているわけではなく、異なった人種や民族には異なった生活様式があり伝統がある。異なった信念や信仰をもった者が同じ土地で、同じ政治制度のなかで共生すると、必ず紛争や差別などの不幸な事態が起こるのであり、人びとは同じ信仰、同じ価値観、同じ生活習慣、同じ伝統を共有する者同士で共同体を形作って「住み分け」するのが正常なのである。つまり、人びとの結束が共通の文化によって支えられている以上、人びとが自分たちの文化が最も優れていると感じるのは至極当然なのだ。だから、われわれヨーロッパ人にとって、ヨーロッパのキリスト教の伝統は最も優れたものであり、われわれがヨーロッパ文明を最も優れたものであると感じることは全く健全な感性であるといわなければならないのに、多文化主義者や移民を奨励する者たちは、この健全な感性を踏みにじろうとする。彼らは自虐的な倒錯者なのである。人が自分のアイデンティティに誇りをもつことのどこが悪いのだ」。

だから、日本を憧憬する彼らが日本社会を人種主義社会であるとすることはほとんどない。

「日本は健全な感性を維持している数少ない社会であり、その結果、日本には移民が引き起こす紛争はずっと少ないのだ。日本人は自国の伝統を重んじ、自分たちの文化に誇りをもつ敬すべき国民なのだ」。

興味深いことに、彼らの文化アイデンティティを強調する議論を聞くと、日本のとくに民族主義の傾向の強い人びとの多くはヨーロッパの極右に賛同せざるをえなくなってしまうだろう。移民導入反対の論拠に関するかぎり日本主義者とヨーロッパの極右のどこが違うのかは、よくわからない。

日本人は合州国の人種差別、ヨーロッパのホロコーストやインドの反植民地運動の歴史的事例を知っていて、アメリカの黒人たち、ヨーロッパのユダヤ人、インドの反英独立運動などの人種差別や植民地主義暴力の被害者の側に立ちたいし、立つことができると密かに信じている。自分たちは反人種主義者であると、少なくとも主観的には考えているし、下品な人種主義を嫌っている。だから、日本国民のなかで、日本が人種主義を肯定する社会であるとことさら言い募る人びとはほとんどいない。ヨーロッパの極右の基準をあてはめると、日本で人種主義を改めて問題するほどのことはないことになってしまうのである。そのようにヨーロッパの極右の水準に自分たちをおいてしまえば、人種主義は日本においてもことさら問題にするほどのことはなくなってしまうのである。

だが、〈レイシズム・スタディーズ〉の編集を担当する私たちにとって、ヨーロッパの極右は明らかに人種主義者であり白人至上主義者である。ただし、私たちが問題としたいのは、彼らを論駁することではなく、暗黙の日常化した人種主義を顕在化させそれにメスを入れることである。ヨーロッパの極右を参照したのは、彼らの主張や行動が現在進行形の人種主義を可視化するのに役立つかぎりであって、彼らを弾劾することで私たちが人種主義の呪縛から逃れられるとは全く考えてはいない。事態はそれほど簡単ではない。

むしろ、私たちが危機感をもっているのは、日本における人種主義への関心の低さであり、人種主義への関心の低さに反比例して野放図に放置された人種差別行為や発言であり、人種主義に限りなく接近してしまった国民主義なのである（日本の人種差別*）。

さらに、現在の日本の資本主義は転回点に到達している点を忘れるわけにはゆかない。少子化が進み、高齢で社会福祉に依存せざるをえない人口比率が肥大する一方で、若年労働者の比率はますます下がっている。このままでゆけば、年金制度や国民健康保険制度だけでなく、社会福祉制度一般が危機に陥ることは明らかであり、日本の資本主義が生き残るためには将来の労働人口を積極的に維持するための政策を基本から見直すことが急務である。つまり、移民を拒絶するという選択肢は、資本主義国家日本には残っていないのである。これは日本だけの問題ではなく、移民反対の声が強くなっているヨーロッパ連合（EU）でさえ、毎年受け容れる移民を一定数以下に切りつめることができなくなっている。なぜなら、年金制度や国民保険制度で、若年で制度の恩恵を受ける度合いが一番少なく制度へ貢献する度合いが一番大きい社会層が移民だからである。つまり、ヨーロッパの福祉制度はますます移民に依存するようになってきている。近い将来に、日本でも移民に依存することなしに、国民年金や国民健康保険を維持するのが難しくなることを隠しておくことができなくなるだろう。

それだけではない。日本の資本主義がその競争力を維持するためには、移民の人材を摂取する必要がある。合州国で現在最も国際競争力のある業種とみなされている情報産業では、企業で働く守衛や清掃員等の非熟練労働者をのぞけば、その高給労働者の過半数が移民である。知識や才能をもった移民を企業がどれだけ引きつけることができるかが、国際企業にとって経営上の生死を決める課題となっている。他方、低賃金・無権利状態で入ってくる移民労働者層の保護と彼らの家族の教育と福祉も、移民政策では、もちろん考察されなければならないだろう。日本のように犯罪率の低い社会でさえ、監視カメラの数は増え、守衛付きのマンションは外部者を拒絶する閉じた共同体になりつつある。「セキュリティ」が人びとを危険から保護するのではなく、逆に「セキュリティ」が日常生活に不安を持ち込み、地球化《グローバリゼーション》は国境を廃棄するどころか、国境に加えて数多くのアパルトヘイト（隔離）の壁を作りつつあるのである。労働市場に参入する移民労働者をめぐって、新たな差別のシステムが形成されてきているのである。

しかし、現在の日本のように移民についての長期的な政策をもたないとき、移民がもたらす社会的な変化にどう対処するのかが全く公的な議論の場に上がってこない。これから日本の資本主義に果たす移民の役割はますます重要になるだろうが、移民を日本につなぎ止めるためには何をしなければならないのか。これから多くの若者が日本から出て行かなければならなくなるだろうが、さらに植民政策でも棄民政策でもない日本からの移民はどうなるのか、といった議論を聞くことがない。

私たちは移民について、バラ色の未来を描くつもりは全くない。しかし、移民をめぐる人種主義はすでに日本でも猛威を振るっており、移民政策や移民を含めた共同性の形成の議論が欠如した現在の状態は、資本主義の合理性の視座から見ても、あまりに馬鹿げている。社会科学においてもまた人文科学においても、今や、移民の立場で社会変化を考える能力のない者たちは、知識人として失格していると考えざるをえないのである。古めかしい国民意識に固執するあまり、彼らには本気で新たな共同性を作り上げよう、身近な生活のなかで隣にいる人と連帯を紡ぎ上げようとする気がないらしい。彼らには、「身近にある」ことや「隣にいる」ことの意味が大きく変わりつつあることに理解が及ばないのである。このような移民問題に鈍感な論者と対決するためにも、人種と人種主義の検証は欠くことができないのである。

そこで、人種主義と資本主義の結びつきを考える端緒として、ヨーロッパの白人至上主義者のなかに日本のファンが多いことをどのように説明したらよいかを、歴史的に考えてみよう。この認識のギャップはどこから来るのだろうか。ヨーロッパの白人至上主義者の日本社会の認識はいい加減なものであるが、にもかかわらず、彼らの日本への憧憬は日本社会さらには東アジアの社会における人種主義と資本主義の現状に対する、重要な警鐘となっているのではないか。

科学的人種主義から文化主義的人種主義へ

そこで、人種主義とは何かについてまず見通しを立てておこう。これまで、多くの人びとが「人種」とは生物学あるいは生理学に関わる範疇だと考えてきたが、現在社会科学や人文科学で、生物学生理学的な範疇としての人種を認める人はほとんどいない。

たしかに人種は、個人の皮膚の色、頭髪の種類、骨格や体型などの人体の特徴を参照しつつ語られることが多い。しかし、私たちは、ある個人を認知するために、その人の顔つき、身長、体型、体毛の多寡、瞼の形態など身体的な特徴を参照するのが普通であり、人が「ハンサム」であるかそうでないか、「美人」であるかそうでないかは、相手の生理的な外観に基づいているが、生理的な個人の認知が直ちに人種と結びつけられるわけではない。

人体の特徴は他人の人種を決定するには役立っても、自分の人種は人体の特徴からは結論できないことはすぐに分かるだろう。ジャマイカに生まれ育った著名な社会学者スチュアート・ホールは奨学金をえて英国の大学に行くまで自分が「黒人」であることを知らなかったと告白しているし、小説家ジェームス・ボールドウィンは、合州国の黒人は自分たちが「黒人」であることに気が付かないが、思春期になり突然その自覚がやってきて、多くの場合この自己認識の傷から一生癒えることがないと述べている。つまり、他人の身体の特徴として与えられている限り「人種」は実は重要ではない。「人種」が重要な社会的な範疇になるのは、この内面的な傷のためである。

ある社会的な関係が、人体の特徴を通じて、反照して私と他者の自己画定《アイデンティティ》を同時に限定する時に、人種の範疇が成り立つ、といってよいだろう。人種は、ごく限られた身体的な特徴と個人の共同体への帰属をいわば無媒介的に結びつける実践系《レジーム》によって構成される社会的認知の体系である。したがって、肌の色が人種の象徴的な指標となっていると思われているにもかかわらず、「色黒」の日本人が人種において他の日本人と異なっていると認知されることはほとんどないし、日本人の肌をいわゆる白人の肌と比べて黄色の色素が多いと結論付けることも困難であるにもかかわらず、日本人は「黄人」の範疇に入れられてしまうのが普通である。★1 人種とは、生理的な特徴を選択的にかつ独断的に採り上げることで、ある個人の社会的な帰属を画定しようとする制度のことなのである。それは最も強力な自己画定《アイデンティティ》の制度である。だから、在日韓国・朝鮮人やヨーロッパのユダヤ人の場合に典型的に見られるように、身体的な特徴が識別できないときにも、個人が韓国・朝鮮人やユダヤ人の出自であることが知られた後で、後追い的に生理的な特徴を求めることが起こる。相手が在日韓国・朝鮮人であ

★1　一般に「黄人」ではなく「黄色人」が使われているが、他の人種が「白人」「黒人」と呼ばれている以上、「黄色人」は例外的である。自らを指示する概念については、ことさらオブラートをかけるようにするこの態度は、「国民主義」あるいは「民族主義」と言わずに「ナショナリズム」というような他の事例にも見ることができる。本稿では、そのような概念的な依怙贔屓をさけるために、「黄色人」は採用しない。

ると知らないときには「ごく普通の人」として交際していたのが、いったんその出自が知られると、「そういえばあの人には」と身体的な特徴を模索しはじめるのである。人種は、社会的な認知に基づく投射によって支えられている。★2

ということは、「人種」を生理的な分類、「民族」を文化的な分類、そして「国民」が政治的な分類に基づく、異なった画定の範疇として区分けすることには無理がある。「人種」、「民族」、「国民」は絶えず混同され、常に相互浸潤する。これから述べるように、民族の名におけるマイノリティの差別は、人種差別と区別できないし、国籍における差別も人種差別とみなされなければならない場合が多い。「人種」「民族」「国民」の間の関係は流動的で曖昧であり、私たちはそのような範疇が使われる個々の場面で、その歴史的、政治的な文脈に敏感にならなければならないのである。範疇としての「人種」が動員される場面では、性関係の政治、階級間の抗争、植民地支配の力学が取り込まれる。性関係、階級闘争、植民地主義を参照せずに人種主義の動態を理解することができないのも、このためである。

今日では、人種に生物学・生理学的な根拠を求めることができないことは承認されているし、人種は、生物学的な知とは無関係に、文化や政治の場面で機能することも知られている。一九世紀から二〇世紀前半に盛んだった科学的人種主義（生物学的人種主義とも呼ばれる）は、人種の根拠を生物学的な決定論に求めたが、科学的人種主義が全く失格した今日でも、にもかかわらず、人種を生物学的な分類に求める人は少なくない。

人種を生物学的な分類に求める人びとはおそらく次の二つの知見を生物学の科学的な知識から借り

てきているると思っているであろう。一つは、すべての生物は博物学の分類体系によって分類可能であり、あらゆる生命をもった個体は客観的合理性をもった分類の体系のどこかに帰属の場所をもっているのでなければならない、という信念である。もう一つは、生物の分類で中心的な役割を果たす「遺伝」という考え方である。★3 チャールズ・ダーウィンによって古典的な博物学の形而上学前提（キリスト教の創造説）が壊滅的に否定されて以来、生物の静的な分類体系の考えは、少なくとも知識人の間では、受け容れられていない。しかし、動的な形で分類体系は温存されていて（社会的ダーウィン主義はその典型的である）★4、分類体系を温存する形の遺伝と分類体系を混乱させる遺伝の区別が、重要な役割をもつようになる。分類の合理性と遺伝の論理が交差する領域は、今日、人口学、社会福祉、保

★2　精神分析でいう「投射」あるいは「投影」とは、主体が自分のなかにあるにもかかわらず、気が付かなかったり拒絶したりする資質、感情、欲望、さらにはそのような欲望の「対象」を、自分から排出して他人や物に位置づける作用をいう。

★3　哲学的人種主義の古典とみなされている『哲学における目的論的原理の使用について（*Über den Gebrauch teleologischer Prinzipieen in der Philosophie*）』（1788）のなかでイマニュエル・カントは、人類が異なった種に分類されることと各々の種について遺伝を通じて世代間に同じ形質が継承されることから（自然史における因果性）、人種概念の合理性を論じている。

★4　ダーウィニズムと社会的ダーウィニズムは厳密に分けておいた方がよい。両者の議論の建て方が違っているだけでなく、社会的ダーウィニズムにはダーウィンが一貫して主張した「永続した種の不可能性」という重要な契機が欠けているのである。

険業、免疫学、公衆衛生、優生保護、教育などの膨大な領域に広がっており、これらの生政治（bio-politique）の分野に民族や文化が接合されるとき、生物学的人種主義は新たな相貌をもって現れるだろう。「混血」とは、まさに後者の型の遺伝（分類体系を混乱させる遺伝）のことであって、正常性と異常性の区別にしばしば結びつけられる。生物学的な人種主義が最も露骨な相貌を現すのが、「混血」にまつわる事例であり、戦後日本ではエリザベス・サンダース・ホーム*から沖縄の混血児の事例に見られるように、人種差別の露骨な実践の例には事欠かない。

科学的人種主義が失格したからといって、人種主義が消滅したわけでは全くない。今日の人種主義は、ヨーロッパの極右の例でも見てきたように、その根拠を「文化」に求めるからであり、現在の人種主義の圧倒的多数は「文化主義的人種主義」である。もっとも一九世紀の人種主義を現在の立場から検討してみると、一九世紀の人種主義も「文化」を参照していたことが分かって来るから、二〇世紀前半までの科学的人種主義が文化主義的人種主義に変身したという物語には過度の単純化がある。もっとも「文化」の用語そのものにも歴史的変遷があるのであって、必ずしも、一九世紀に言及された「文化」が二〇世紀の「文化」の用法と一致したわけではなかった。

「文化」（culture）は個人の訓練や教育による訓化から始まっている。そのかぎりで「文化」は初め個人文化として登場したといってよいだろう。文化のこの用法は日本語では「教養」という訳語に保存されている。人が教養をもち教養のある個人になるためには、教育や躾といった訓練を受けなければならず、この個人を変化させる過程が「文化」であった。また、儒学では文-化は「文」の概念によって表されることが多く、文は野蛮人を文明化すること、「武」とは違った統治・訓化の方策を意味した。また一九世紀の近代化の過程でも、「文化」は個人を文明化することと連関して考察されたのである。

しかし、近代化において「文化」は大きな変遷を経ることになる。私が、人種主義を近代特有の現象であると考える理由もここにある。

そこで私たちは、「文化」と近代の国際世界の成立を考えておかなければならないだろう。

近代国際世界の成立と「西洋」

一五世紀から一六世紀にかけて、「ヨーロッパ」と呼ばれる奇妙な自己意識をもった地球上の一地域が登場する。それは、一つの帝国あるいは単一の宗教的な権威によって統一されることのない、地方的な王権が割拠しつつ、しかし緩い連合体を作る地域である。この地域では、それ以前には支配的であった普遍主義的な政治・宗教的権威を拒絶しつつ、相互の結びつきをはかろうとする王権の連合体が現出することになる。いうまでもなくこの時期は宗教改革の時期とも重なっており、このように現出したヨーロッパは永らく血みどろの宗教的な内戦を経験することになる。この抗争が一段落を見たのが、一六四八年に締結されたウェストファリア条約であり、一般に、この条約は近代的な「国際法（ヨーロッパ公法）」の始まりと考えられている。ウェストファリア条約以降、数多くの戦争と変遷を経つつ、ヨーロッパには「国際世界」と呼びならわされている近代世界の骨格が出来上がってゆく。もちろん、ナポレオン戦争やナチス・ドイツの第三帝国の試みに表れているように、ヨーロッパが外交関係における普遍主義を一貫して拒絶してきたわけではないし、現在の欧州連合も国際世界を超克しようとする試みの延長にあるだろう。一八世紀には、この国際世界の構成単位となる国民国家が生まれてきて、やがてこの制度の及ぶ範囲は、西ヨーロッパを越えて全地球的な広がりをもつことになる。確かに二〇世紀後半には全地球上に波及するわけであるが、「国際世界」が直ちに全世界であるのではなく、国際世界の「外」が地球上には存在したことを忘れるわけにはゆかない。

ウェストファリア条約は次のような国際法秩序（建前であるから、実際には国際法は何度も侵犯されてきた）を生み出すことになる。（1）国際世界の基本単位は主権国家であって、その主権の及ぶ範囲として領土をもち、領土の範囲は他の主権国家によって承認された国境によって画定されており、領土の外にその主権を及ぼすことはできない。（2）主権国家は国際法に則って、他の主権国家に帰属する個人の権利を尊重しなければならない。主権国家に帰属する個人は他の主権国家に対してその権利を保護することを要求できる。（3）領土の広さ、人口、富の量とは関係なく、国際世界においては一つ一つの主権国家は全く同等の法的な資格をもつ。国際世界は主権国家間の形式的平等によって維持される世界である。（4）主権国家は、他の主権国家の内政に干渉することはできないし、国内の統治について他の主権国家の干渉を受けることもない。

一七世紀にはヨーロッパには三百余の国家が併存していたが、これらの国家はやがて淘汰されて欧州連合内では現在は五十にまで減っている。ヴァチカン市国などの例外を除いて、ほぼすべての主権国家が国民国家の体裁をもつようになる。一九世紀後半から二〇世紀にかけて、国際世界は「西洋」と呼ばれ、西洋においては国際法が遵守されるが、「その他」（スチュアート・ホールは、the West（西洋）以外の非・国際世界をthe Rest（その他）と呼んでいる。つまり、「その他」とは世界のなかから西洋を引いた「残り」のことである)[★5]は、アジア、アフリカ、アメリカ、オセアニアなどに見出され、西洋列強の植民地となる。植民地化の過程において西洋列強が、本国では国際法を遵守しつつ植民地では国際法を無視して軍事暴力を使用することが許されたのは、「その他」が国際世界の外に位置づけられていたために、「その他」の住民は国際法の保護から外されていたからである。二〇世紀後半において植民地は次々と独立し、国際世界は全地球のほぼ全域を覆うようになったが、「西洋」に属する人びと(やがて「白人」とみなされることになる)と「西洋」に属さない人びと(有色人種とみなされる)の区別は人種体系のなかに保存されることになる。「白人」という奇妙な範疇が現出するのは、近代の国際世界においてである。人種主義の秩序は、この「白人」という無徴の項(正常性としての参照軸)を中心にして、「その他」を有徴化する(異常性として対象化される)[★6]。統計上は圧倒的な少数派であるにもかかわらず、「白人」が世界中で政治力学における多数派《マジョリティ》であり得るのはこのためである。

★5 「西洋」と「その他」という二分法は、多くの論者によって一九六〇年代から使われるようになったが、スチュアート・ホールが言説分析として整理し、植民地主義の研究者によって広く共有されるようになった。Stuart Hall, "The West and the Rest" in *Modernity: An Introduction to Modern Societies*, Stuart Hall et al ed., Wiley-Blackwell, 1996.

★6 注目すべき特徴をもった対象が人の注目を引くその性格のことを「有徴」とよび、「無徴」とはそのような注目を引く性格をもたないことを示す。文化人類学では、「無徴」を正常性、「有徴」は異常性を表すものと考えている。例えば、「人」一般は無徴であるが「目の見えない人」といえば有徴であって、「目の見えない」という修飾語はその人の例外性あるいは正常ではない特徴を表している。

明らかに、近代国際世界の秩序は植民地主義の現実と重なり合っており、西洋中心主義や白人至上主義を、近代的植民地主義を生んだ国際世界の秩序を度外視して語ることはできない。ただし、西洋が概念的な一貫性をもった統一体であると即断することは全く許されないことは記憶しておこう。ヨーロッパの内部でも植民地主義は猛威を振るい、英国はアイルランドを植民地化したし、東ヨーロッパは現在にいたるまで「その他」に置かれることがしばしば起こる。合州国では一九世紀後半までアイルランド人は白人とみなされなかったし、ユダヤ人だけでなく南ヨーロッパのイタリアやギリシャからの移民やロマ(ジプシー)が白人とはみなされなかった事例が掃いて捨てるほどある。つまり、西洋も白人も、歴史的にみると実に不安定で絶えず変遷しつつある非合理な範疇なのである。この化け物じみた「西洋」を考察の地平におかない時、人種主義の理解は必ず不十分なものになるだろう。「西洋」が概念としては整合性を欠いていること、その不安定性の原因、そしてその変身の力学を組織的に解析する「西洋の脱臼」(Dislocation of the West)という方法的考察を私が提案せざるをえないのもこのためなのである。

東アジア国際世界における主権国家と国体

東アジアでは、国際世界は一九世紀になって導入された歴史的には比較的新しい制度である。Inter-national つまり「国際」とは、nation 即ち「国民」がお互いに外在的に併存することであるから、国際世界は主権国家の併存の体系として構想されていて、主権国家としての国民国家は、他の主権国家と外在的な関係におかれる。しかも、形式的には、主権国家と別の主権国家は対等な関係にあることになる。また、領土の点でも、主権の範囲は国境によって画定され、一つの主権国家に帰属する個人が同時に別の主権国家に帰属するという多国籍者はできるだけ避けられるべきであるという原則が打ち立てられることになる。またある土地が、同時に異なった複数の国家の支配を受けるというような事態は異常な事態として避けられることになるだろう。例えば、明治以前の沖縄やシャム王国（現在のタイ王国）とビルマの間に散在した都市国家のように、二つ以上の国家に朝貢を通じて従属する国家は、国際世界が打ち立てられるにつれ、次第に消滅してゆかざるをえない運命にあった。

東アジアでは、当時の李氏朝鮮やシャム王国のように、清帝国に朝貢を差し出し恭順の意を示すことによって、中国の世界秩序のなかで一定の自律を維持するのが普通であった。したがって、一つの国家と別の国家の外交関係は条約という形式に依らない。というのは、朝貢は中国の帝国と周辺国家の間に主従の結びつきを表明することであり、対等な主権国家間の契約としての条約とは原理上相容れなかったからである。朝貢外交は国際世界が成立するにつれ消滅する。また、朝貢外交では、主権国家の領土がことさら排他的に争われることは少なかったし、一九世紀初頭の日本のように北方に向かって国境が画定していないことも珍しくはなかった。テッサ・モーリス＝スズキが見事に描いたように、アイヌの人びとにとって、北海道とシベリアの間に越えてはならない境界が存在したわけではなかった。[★7]

国際法によって律された世界は次第に東アジアに進出して来る。主権国家と主権国家が明確に画

★7　テッサ・モーリス＝スズキ『辺境から眺める』みすず書房、二〇〇〇年。

定された外在的な関係を結ぶ時、まず問題となって来るのは、福沢諭吉が「ナショナリチ」（英語のnationalityのこと）と呼んだ近代国際世界で欠くことのできない原則である。「ナショナリチ」には二つの重要な訳語がある。一つは「国籍」である。国籍は、個人が国家と一義的に帰属することを意味しているから、近代国家との関係が個人の自己画定の最も基本的な要件になるのである。個人は、個人と主権国家の間にある親族、藩、封建諸侯、教会などの中間体の媒介を経ずに直接国家に従属することになる。そして、国家への直接参加は、近代的個人が成立するためには欠くことのできない主体的条件の一つとなる。もう一つの訳語は「国体」であって、この用語の定義を福沢はジョン・スチュアート・ミルから借りてきている。後に、ナショナリチは「国粋」あるいは「国民性」とも訳されることになるが、これらの訳語のうち「国体」は明治以降さまざまな解釈を受け、とくに天皇の神聖性を表現する語として厳しい検閲の対象となったために、この語の福沢による当初の用法が忘れられてしまったきらいがある。しかし、この語は、国民共同体の基本的性格を見事に表しているので、福沢の解説に注目してみよう。

「故に「國體」とは、一種族の人民相集て憂楽を共にし、他國人に対して自他の別を造り、自ら互いに視ること他國人を視るより厚くし、自ら互いに力を尽くすこと他國人の為にするよりも勉め、一政府の下に居て自ら支配し他の政府の制御を受るを好まず、禍福共に自ら担当して独立するものを云ふなり」[★8]。

さらに福沢は続けて述べている。

「この國體の情の起る由縁を尋るに、人種の同じきに由る者あり、宗旨の同じきに由る者あり、或は言語により、或は地理により、其趣一様ならざれども、最も有力なる原因と名く可きものは、一種の人民、共に世態の沿革を経て懐古の情を同ふする者、即是なり」。★9

「國體」とは共感を共有することで結束を図る集団が、自分たちの仲間による政府だけを正統と認め、集団に属さない者たちによる統治を拒絶するときにえられる集団の統合性のことであって、「國體」は「血統」（王権の正系性）とも「政統」（支配体制の正統性）とも異なっている。この統合を支える感情は「國體之情」（feeling of nationality）と呼ばれる。国体之情の原因となるのは、人種が同じこと、宗教を同じくすること、さらには地理的に共存することなどが挙げられるが、最も強く働くのは過去を共有すること、すなわち「国民史」をもつことによって、自分たちが共通の運命を担っていると思い込む事実性である。★10

ここで、福沢はミルのいう「ネイション（nation）」を分かりやすく解き明かしているわけであるが、

★8　福沢諭吉『文明論の概略』岩波書店、一九三一年、三七頁。
★9　同上。
★10　「事実性（Faktizität）」とはハイデッガーが案出した用語であるが、おおよそ次のように要約できるだろう。人はさまざまな物や事象、あるいは他者とのかかわりを通じてこの世に存在しているが、自分がこの世に存在しているあり方が、過去からの来歴によって決定されてしまっていて、歴史的に決定されたさまざまな物や事象、他者とのかかわり方を「運命」として引き受けざるをえないとき、この人と世界との関係を事実性と呼ぶことができる。人が国民に帰属するとは、その人がその国民に特有の国体を事実性として受け取ってしまっている、ということが含まれているのである。

「ネイション」は普通「国民」あるいは「民族」と訳される。つまり福沢は国民あるいは民族としての「日本人」を問題にしているが、ここで忘れてはならないのは、福沢にとって「日本人」は未だに存在しない共同性であり、彼が引き受けざるをえなかった課題は、いかにして日本人という「国民」を作り上げるか（ネイション・ビルディングのこと）であった。「国民・民族」を作り上げる上で、彼が遭遇したのがミルの「国体之情」という言葉であったのである。さらに、過去に遡ってあたかも「国民」があった（「国民史」という想像的な制度）かのように仮想することによって、新たに国民が作り出されるというミルの見解から福沢は学んでいる点を忘れてはならない。

国民とは、共感を共有する新しい形式にもとづく集団であり、それ以前に存在した「封建的」な集団――親族、氏族、藩、幕藩体制など――とは全く異質の組織であった。福沢の半世紀後に中国の魯迅や朝鮮の李光洙などの東アジアの知識人が辿ったように、「国体之情」を作り出そうとする試みに賭けられていたのは、封建的な社会制度とそのなかで生きる人びとを、国民を作り出せる人間に変えること、「国民的主体」になりうる人間を育てるための社会的条件を整えることであった。一言でいってしまえば、福沢諭吉も魯迅も李光洙も（さらに東アジアを越えて）植民地主義のくびきから人びとを解放しようとする多くの知識人が担っていたのは、この国民主義者＝民族主義者としての使命であったのである。

では、彼らが破壊しようとした旧社会と新たに建設しようとした国民という社会はどのように違っていたのか。ここで注目しなければならないのが、彼らが共通に対決した儒学の伝統であった。福沢は実学（もともと実学という用語は儒学の学派のことである）を推奨して、儒学において制度化された知識や儒学に基づく倫理観を破壊しようとする（『学問のすすめ』）。魯迅は儒学の道徳観を親が子供を食いつぶす「食人」の風習に例えて、中国の社会の家族道徳を弾劾する（『狂人日記』）。李光洙は自由恋愛を描くことで儒学道徳の中で捉えられていた男と女の性関係を、親族関係から解放された個人と個人の関係に変換しようとする（『無情』）。

明治期になって「儒教」といいならわされることになる伝統は多様であり、歴史的にも多くの変遷を経ているから、彼らの儒学批判――「儒学」は近代社会に対する前近代社会を象徴する指標として使われている――を文字通り受け取ることはできないのだが、彼らが問題にしていたのは、儒学の倫理観の前近代的性格であるといってよい。儒学の倫理は、概ね、親族関係に基づいていて、倫理的行為者は親に対する子であり、妻に対する夫であり、兄に対する弟である、という具合に、倫理行為の相手との親族関係のなかで自己画定する個人として限定されている（関係的同一性：親族内では個人の自己画定は他の親族内の個人との相対的な関係によってきまる）。「仁」、「義」、「禮」、「智」といった道徳的価値に表れているように、行為の相手との対人関係が与えられていないとき、すなわち、親族関係内での自分の主体的立場が与えられていないとき、人は行為の規範を得ることができないのである。その意味で、儒学のなかには近代的な個人は存在しない。前近代的な社会では、「互いに相依り相依られ、相敬愛し相敬愛せられ[★11]」る相互扶助の道徳が支配するだろうが、福沢はこのような「優しい」相互依存の体制からの脱皮を「一身の独立」と呼び、「一身の独立」なしに「一国の独立」がありえな

★11　福沢諭吉「徳育如何」山住正己編『福沢諭吉教育論集』岩波書店、一九九一年、八三頁。

いことを説くのである。国民社会における倫理的な行為者は、親族関係を剥奪された独立した個人であり、これらの個人主義的な個人が互いに切磋琢磨して絶えず競争する社会が国民・民族であり、その個人は国民や民族の全体に帰属する個人である（種的同一性：生物の分類において個体が種に帰属するように、個人が民族・国民に帰属する）。福沢・魯・李が解体しようとしたのは、行為の相手との対話関係によって倫理的規範が決定され、自己画定が親族関係との連関で決まってくる儒学の関係的同一性の論理だったといってよいだろう。

「一視同仁」：全体化と個人化の総合

それでは、儒学の前近代的な倫理観に対抗して、福沢・魯・李に代表される東アジアの国民主義知識人が夢想した近代的な共同体はどのようなものだったのか。近代的な社会での個人の自己画定と共同性のイメージを考える上で、二つの方向を指摘しておいたほうがよい。一つは個人化の方向であり、もう一つは全体化の方向である。

親族関係における親と子、兄と弟、夫と妻といった、親族のネットワークにおける相対的な位置から独立した個人が倫理的な行為者として画定される点が一つある。福沢が「独立した一身」と呼ぶのは、このような親族の相互依存から切り離された人間のことである。親族関係から切り離された人間とは、まさに個人化された人間のことなのである。ただし、個人が全く親族関係の基盤をもたなくなるわけではなく、親族関係は社会関係の全体を覆うことがなくなり、個人の「私的」な領域のみにかかわる。すなわち、近代的な「家族」に親族関係の倫理は限定されるのである。そして、「独立した個人」が最も直接に帰属するのは家族ではなく、「公的領域」の全体としての「国民」である。社会は私的領域と公的領域にきっぱりと二分されるのである。

したがって、この独立した個人は、個人の帰属した集団の全体に直接的に帰属することになる。この帰属の形態は、近代の主権国家の主権の在り方に合致していることはいうまでもない。ただし、個人が帰属する集団の全体は、何よりもまず、想像的な在り方をしていることは記憶しておく必要がある。★12 ここで問題となっている集団は、家族でもなければ村落でもない。家族や村落の場合なら、帰属する集団の成員と顔馴染みであることは可能だろうが（たとえ全員を知らなくても、知り合いを次々に辿ってゆけば、間接的に全員に辿り着くことは理屈の上では可能である）、新たに創出される新しい共同体の成員のすべてを個人が知っているということは原理的にありえない。なぜなら、新たに個人が帰属する集団とは「国民」あるいは「民族」のことだからである。ということは、個人が国民の全体と、無媒介的にかつ想像的に結びつくということである。「国民」や「民族」は、原理的に無限の成員からなる共同体であり、その全体は想像されるしかないから、有限個の知り合いの知識を積み上げていっ

★12 ベネディクト・アンダーソンは国民国家の成立を、国民すべてが共有する均質な時間と、印刷技術の導入による複製技術が作り上げる新たな社会性のなかに求めたが、そこで強調されたのが「想像の共同体」としての国民であった。Benedict Anderson, *Imagined Communities: Reflections on the Origins and Political Cultures and Spread of Nationalism*, Shocken Books, 1983.（『想像の共同体』白石隆・白石さや訳、書籍工房早山、二〇〇七年ほか）ただし、アンダーソンの「想像」の限定は理論的に不十分であり、例えば個人の「自我」も想像的なあり方をするが、自我の想像性と国民の想像性の違いが説明されていない。

て全体を知るということはできない。「国民」は「知り合い」の共同体ではないのである。だが、「国民」が想像的でありかつ無媒介的であることは、「国民」が自然化の志向性から逃れ難くある、ということでもある。まさに想像的であることによって、「国民」は簡単に自然化される。

個人の国民への帰属は、したがって、身寄りや家族からの独立（個人化）と、国民の全体への想像的かつ無媒介的な参加（全体化）の二つの契機によって支えられていることがわかる。しかも、個人の自己画定において、国民の全体への帰属は、最も重要な要件となるのである。福沢はこの事態を「一身独立して一國独立す」という有名な句によって定式してみせてくれていた。全体への帰属が、孤立したようにみえる個人のいわば内面において[13]、自己画定の最も必須の条件になるのはこのようにしてなのである。国民への帰属の機制が孤立した個人の内面に直接訴えかけるほとんど宗教的な力をもつことは、国民共同体のなかで孤立し差別されたマイノリティの個人が、多数派以上に献身的に国家に翼賛する行為にしばしば現れてくる。日本帝国の植民地知識人にしばしば見られた（そしてアメリカ合州国の少数者に今でも顕著な）、日本人への憎悪と日本人になりたいという欲望が共存する機制は、すでに国民という自己画定の形態そのものに潜んでいたのである。

個人化と全体化の総合として、それまでの社会体制ではありえなかった新たな理念が登場し、この理念は国民国家の原則となる。それは、「平等」という考え方であり、この理念の下に、独立した個人と独立した個人の間の関わりが新たに構想されるようになる。

周知のように、明治政府は政権を奪取するや否や、国民国家建設のための政策を打ち出すが、その一つが身分制度の廃止[14]（「平等」の理念の実現）であり、「一君万民」体系として日本の国民を創出することであった。一君万民制は、想像体の制度であるが、「平等」の理念と個人化と全体化の総合の機制がどのように連携しているかを見事に説明してくれている。

「一君」即ち天皇は、全体の象徴であって、この前提の象徴との関係で国民の一人ひとりが、全体に総合されつつ個人化されるのである。「一君万民」体系の全体と個人化された個人の関係は「一視同仁」という慣用句によって見事に表現される。「一視同仁」とは、全体を体現する一者である天皇のまなざしの下では、すべての国民（＝天皇の赤子）は同じ「仁」（慈しみ）を受けることになる、というもともとはキリスト教宣教の決まり文句を盗用したものである。一九四五年の大日本帝国崩壊にいたるまで、主権国家における国民共同体の構造の要約としてこの決まり文句は政府から出される布告に何度も使われることになったのである。

「同仁」という表現には注意が必要だろう。というのは、「同じ」は共通の秤で測れるという国民の成員間の相互の比較の前に、そもそも認知の前提として、ある個人が天皇との一対一の関係にある、ということが確認されているからである。まさに、天皇のまなざしの下にあることが、同じ慈しみを受ける前提になっているのである。すなわち、天皇のまなざしの下で人が個人化する、他者には見え

★13　ただし、個人の内面を実体化することは避けなければならない。内面性はあくまで比喩であって、個人の内面が個人の所有物である、といった心理主義は避けなければならない。

★14　もちろん、身分制の廃止が一気に行われたわけではない。西ヨーロッパの近代国家の多くにも残存したように、貴族の称号や特権の一部は温存された。貴族制が撤廃されるのは、日本の場合、戦後憲法の施行によってである。

ないこの内面において天皇の慈しみを個人として受容している（個人化）ことが、他の国民の成員と「同じ」慈しみを受ける（全体化）ための十分条件となっているのである。天皇が個人に対する一対一の関係性（個人化の帰結）をもつことが、同時に、天皇は全体の象徴であるから、個人が無媒介的に全体の一部であることの保証（全体化）として機能するのである。

この機制がミシェル・フーコーが「牧人権力」[*]と呼んだ言説に類似したものであることに気づかれた人は少なくはないだろう[★15]。しかし、主として古代のユダヤ教とキリスト教の資料によるフーコーの分析を、そのまま近代の国民国家の制度である天皇制にあてはめることはできない。近代の天皇制においては、広範に複製技術や学校教育制度が動員されており、牧師とその信者の対面的な間柄と同じ間柄が天皇とその赤子の間に成立することはほとんどないからである。そのかわり、天皇とその赤子の間の間柄は、整備された空想の領域で再生産されるのである[★16]。ここで重要なことは、このようなまなざしの源泉としての天皇が生身の人間である必要はないことである。天皇は想像の機制における制度化されたまなざしのことであり、生身の人間としての天皇は実は重要ではない。

したがって、天皇は、国民的な共同性の要として、中間者の媒介を経ずに個人を全体へと統合するのである。この想像の機制に関するかぎり、戦後の天皇制も明治憲法下の天皇制と同等に扱って構わない。もちろん天皇のまなざしが国民によって意識される度合いはずっと少なくなってはいるが、戦後の天皇制も同じ働きをしていて、天皇＝総覧者としての権限が剝奪されたおかげで、国民的な共感の機制という点ではむしろ純化されている。個人化と全体化が綜合されるこの様態を、私は「共感」と呼んできた。だから、個人の無媒介的な全体への綜合から帰結するのが「共感の共同体」なのである。

平等と人種主義

人種主義を、種的な同一性が支配的な原理となる近代社会に特有な現象であると考えざるをえない理由もここにある。関係的同一性の隙間なく支配した社会に差別や排除がないわけでは全くない。前近代社会は差別が身分や親族関係によって固定されてしまっている社会であり、それは差別や身分を改変する「平等」の力学を欠いた社会なのである。これに対して、近代社会は、平等という原理によって、既存の社会秩序を改変することが許容される社会である。もちろん、この平等の力学は資本主義の社会改変の力学と連帯するのが普通である。そして、このような近代社会において、人種主義は最も深刻な問題となるのである。

人種主義は前近代の遺制ではない。近代化が進めば人種主義はやがて消滅するという、全く根拠の

★15 Michel Foucault, *Sécurité, Territoire, Population, Cours au Collège de France 1977-1978*, Paris, Gallimard et Seuil, 2004 とくにp.119-193の、一九七八年二月八日、二月一五日、二月二二日、さらに三月一日の講義が重要である。

★16 詳細は、拙稿、"The Body of the Nation: the Pastorate and the Society of the Sympathy"(『國體：牧人権力と共感の社会』) *Biopolitics, Ethics and Subjectivation*, Alain Brossat, Yuan-Horng Chu, Rada Ivekovic, and Joyce C. H. Liu ed., Paris, L'Harmattan, 2011: 91-120; 中国語版「國體與同情社會：天皇制牧養」Wei Yin trans. in *Router: A Journal of Cultural Studies*, vol.11 Autumn 2010: 10-35, を参照されたい。

ない楽天主義を密かに信奉する近代主義はたんに無責任であるだけでなく、国民主義に内在する人種主義の危険から私たちの目を逸らさせてしまう。このような近代主義的な誤謬を、私たちは〈レイシズム・スタディーズへの視座〉でまず指弾しておかなければならない。しかし、だからといって、私たちは反近代の議論に与するわけでもない。近代は、新しい社会闘争の力学をもたらしたのであって、この力学を「和」という間柄（日本古来の「和をもって尊しとする」精神）、調和的な階層秩序（「競争より権威への尊敬と社会秩序の尊重」）、あるいは苦しみを共有する共同性（「交わり」あるいはコミュニオン）などと引き換えに放棄することは許されないからである。

近代の社会闘争の力学の中枢におかれた価値が平等である。私たちは平等の理念を手放すわけにはゆかないのである。平等には、しかし、互いに矛盾する二つの面がある。「平等」には実定的な性格と、実定性に限られない理念としての性格が同時に備わっている。というのは、一方で人種主義は平等への要求を含んでいると同時に、平等の理念によって人種主義の批判が可能になるからである。

平等な社会関係が成立しているという判断を下すためには、複数の人間が比較可能とされることが必要である。比較可能とされるためには、比較の共通項あるいは共約性の場を想定しなければならない。給与が同じ、労働時間が同じ、過失に対する処罰が同じなどの点で平等がいわれるためには、比較される人びとの間に労働条件、権限、処罰、報酬などの比較可能性が設定されなければならない。幼児と成人、会社内の人間と会社に雇用されていない人間の間では、平等の比較可能性が予想されていないのが普通であり、例えば、幼児と成人の間で平等が問題とされることはほとんどない。このように、比較計量を確保するための場が社会的に認定されているときに、平等の制度化が可能となる。

つまり、ここで問題となっているのは制度化されたかぎりの平等である。もちろん、平等の制度化は平等の実現にとって必要であり、この過程を無視することはできない。

ところが、制度化された平等が実効性をもち、平等が制度として再生産されるためには見逃すことのできない条件がある。それは、比較される人びとの集団が限定されていることである。例えば、大学入学試験受験者は平等に扱われなければならない。親が大学に寄付をしたかどうか、あるいは大学の経営者と縁故があるかどうかにかかわらず、すべての入学受験者は平等に同じ基準で採点・評価されなければならない。しかし、平等が確立していなければならないとしても、全人類が平等に扱われるというわけではない。まだ高校を卒業していない高校一年生や二年生は入学試験への応募資格さえもたない。中卒で高校へ行かなかった者は始めから失格している。応募資格をもたない者を排除することによって、平等の比較計量の可能性が確保されるのである。平等が制度化されるとき、平等を語りうる集団が限定されるのであり、単なる理念としてではなく実定性として平等が語りうるようになる。有資格者の集団に属することが、平等を主張する必要条件となるのである。したがって、平等の主張は、平等の権限の有資格者であることの主張に伴われているのが普通である。

「天は人の上に人をつくらず、人の下に人をつくらずと云へり」という福沢の合州国独立宣言からの引用は、身分によって上下関係が定められた封建的な社会から平等を旨とする近代的な社会への移行を告げる名言として知られている。[★17] しかし、福沢は人間の平等が歴史的現実のなかですでに実現し

★17 『学問のすゝめ』初編の冒頭の文章である。岩波書店、一九四二年、一一頁。

ているとは、もちろん、述べていない。現実の不平等は競争の結果生まれることを認め、競争が平等に行われうる社会的条件の実現を模索したのである。さらに、彼は「自他之別」、つまり、自国民と外国人の区別を強調することを忘れてはいない。[★18] 彼が、平等を宣言する「人」とは、初めは全人類のことを指したようにみえるが、やがて、「人」はまさに彼が作り上げようとした日本人という国民以外の何物でもなかったことが分かってくる。彼がいう人間とは有資格者の全体としての「国民」のことだったのである。すなわち、天皇の一君万民制を掲げた福沢の国民国家論では、典型的な「国民人間主義」がすでに素描されていたのであるが、同時に「国民」に限定されない「人」の平等が全く無視されていたわけでもなかった。

その後日本がさらに植民地を獲得し、その領土を拡大するにつれて、「一視同仁」の及ぶ範囲は内地から台湾、朝鮮、満州等へと次々に再定義されていった。日本の帝国主義の展開に伴って、平等も再定義されていったのである。そこで、私たちは、国民主義に内在する普遍主義的な契機、帝国的国民主義に内在する普遍主義的な契機、さらに平等の理念に内在する普遍主義的な契機を、人種主義に即して、一つひとつ吟味することが必要になってくる。ここで下品な人種主義だけでなく自由主義的な生政治にも注意を払う必要が出てくるのであり、多民族を包摂しようとする帝国的国民主義を考察する必要が出てくるのである。

普通「国民」は、そのなかで平等がすでに成立した集団として空想される。明治以前のいわゆる封建社会では、理想的な社会秩序が身分の階層秩序と「身の程を弁えること」に見出されるのに対し、新たな国民国家では平等が理想的な社会秩序の基本の像を与えることになる。もちろん、国民という集団では直ちに平等が保証されているわけではなく、選挙権や教育権、国民皆兵などの制度がやがて徐々に実現されることになる。また、これらの制度ができたからといって国民社会の成員のすべてが平等の関係におかれるのではないにもかかわらず、国民社会はあたかもその成員のすべてが平等を享受し、平等を要求することができるという空想によって導かれる社会となるのである。

国民が平等によって導かれた集団であるという空想は「国体之情」の重要な条件であり、「国体之情」は成員のすべてが「同じ」である集団、さらには「均質」な集団という空想に、簡単に移行してしまうだろう。例えば、国民皆兵制を実質的に機能させるためには、平等の原則を看過することはできない。地縁や氏族共同体の人間関係に基づく義務感や忠誠心に頼らずに、国民の全体の利益のために死に直面する国民兵士の義務感と忠誠心を支えるためには、平等の建て前は欠くことができない[★19]。さらに、国民すべてに普及すべきとされた「国語」が国民教育を通じて強制される（と同時に国語の対照項となる「方言」が出現する）と、国民すべてが同じ言語を話すという建て前が打ち立てられる（と同時に、標準語を話せない人びとが対象化され有徴化される）ことになるだろう。

しかし、「同じ」になることから、直ちに平等が行き渡った共同体が成立していると結論することになるだろう。

★18　前掲注8の『文明論の概略』を参照。

★19　一九三〇年代に日本帝国の植民地の兵士を動員するために、平等原則を貫くことを避けることができなかった。戦時において、朝鮮や台湾の皇民化（＝国民化）を遂行するために、植民地住民を日本国民として平等に扱わざるを得なかったのである。その結果、朝鮮と台湾での制度上の平等化は急速に進行することになる。

ができるのだろうか。ここには、国民文化論（国民である以上、「われわれ」は「同じ」であるはずだ）と国民同化論（国民になるためには、少数者は「われわれ」と「同じ」にならなくてはならない）という二つの混同の典型的なパターンがあるように思われる。平等は限られた実践の場面での権限に関わる事項である。これに対して、兵士の忠誠心は義務に関する事項であり、国語は個人の能力に関する事項である。「同じ」といっても、他の人びとと同じ権限をもつことと、他の人のできることが自分にもできることとは、全く異なった事態を示している。にもかかわらず、同じ国民に属していることが、同じ権限をもつこと、同じ能力をもつこと、同じ義務感を担うことなどと混同され融合されてゆく。「国民文化」や「民族文化」は、同一性をめぐる混同主義を支えていて、「文化」を用いることによって国民集団のなかに同じ権限、同じ能力、同じ義務、同じ感性、同じ歴史が均質に普及したエーテルのごときものが予想されてしまうのである。教養や躾を意味したはずの「文化」が、集団に共通する「文化」へと変身し実体化されてゆく。そして、「文化」の実体化を通じて民族や国民の自然化が促進される。「文化」の概念は「同化」の概念を準備するとともに、少数者の差別をも正当化する役割をはたす。国民は、やがて、運命共同体になり、同じ能力をもつ者の集団となり、自然化されてゆき、国民共同体が生活の全分野にわたる、いわば自然の共同性を体現する共同体であるかのように空想されることになる。生活の全分野にわたって共同性が成り立っているかのように国民統合を空想することを、とりあえず自然化の傾向と呼んでおこう。いうまでもなく、国民文化論は現在の人種主義がとる典型的な形態である。

ところが、混同と融合の同じ過程において、同じ権限をもつ者であっても、同じ能力をもたないことや異なった習慣をもつことが国民共同体に帰属する資格に欠ける者、と見なされるようになってしまうことになる。運命共同体が樹立される過程で、逆に、「標準語」を話せないことや習慣の細微な違いが資格の欠落を意味するかのようにみなされるようになる。箸の置き方の違いから特定の子音の発音の違いが、生活の実践にとっては全くどうでもよいことであるにもかかわらず、人を差別し劣等感をもたせる原因としてことさら採り上げられることになる。つまり、自然化の傾向は、同時にマイノリティの有徴化と蔑視の過程になるのである。国民同化論は人びとに「同じになれ」と要求することによって「同じになれない者」への差別を正当化する。国民同化論は現在の人種主義がとりうるもう一つの形態であり、「国体」の成立に同伴して避けがたく起こる。

もともと、民族と国民を厳密に区別することは困難であるが、政治的な権限を共有する共同体の意味での「国民」が習慣や伝統の共有の共同体としての「民族」となるのは、このような融合と混同を経る自然化の傾向による。このような混同と融合の過程を経て、個人の教養を意味した「文化」が国民全体の習慣や能力を表現する「文化」へと転義されてゆくのである。

『文明論の概略』が発表された明治八年の段階で存在しなかった国民としての「日本人」は、やがて現存するものとなってゆく。もちろん、いつ「日本人」が誕生したかを年表上に同定することは難しい。さらに、「日本人」の成立とは、「国体之情」を支える諸制度(戸籍制度、国民教育、国民皆兵制、統一通貨、国語、民族文学・芸術、標準語による新聞・出版、国民史、家族制度、統一司法制度、天皇制など)の成立であり充実のことである。さらに、「国民」の成立を、全く何もなかった存在状態から完全に現存する存在状態に移行することとみなすこともできない。なぜなら、国民的主体性とは、その存在自体が否定性の契機を内包していて、国民は簡単に「ない」とも言えないし「ある」とも言えないのである。主体であるかぎり、国民とはその内に常に「無」を抱えていて、それはむしろ「なろう」とする者たちの集合のことであり、日本人とは常に「日本人」になろうとする者たちの空想された集団である。そのかぎりで、「日本人」は前未来の存在者（ある未来の時点で「日本人はいた」ということになっているであろう）であって、現在の日本人とはいつまでも「これから日本人になる、現在はまだ日本人のなり損ない」であるにすぎない。国民的主体性の、この性格を見過ごすとき、「国民」の実体化と自然化が直ちに帰結してしまうだろう。

だから、権限としての平等が、能力や習慣の共有、さらには運命共同体への帰属へと混同されるとき、共同体の自然化が起こるといってよいだろう。しかし、再三確認しておかなければならないのは、「国民」が自然な共同体として始まることは決してないし、民族として誕生する「国民」など決してありえない、という点である。国民とは「国体之情」を支える諸制度によって作り上げられる想像的な統一体である。

そこで、この考察から次の二つの見解が導出される。いうまでもなく、自然化の極限にあるのが人種概念である。したがって、国家が作り出した「国民」は、まさに「国民」が定着する過程で、簡単に「民族」にあるいは「人種」に横滑りを起こしてしまう。翻って、人種主義は国民共同体の解析を媒介せずに理解することはできない。これが、まず第一の見解。

第二の見解として留意しておかなければならないのは、差別と排除を旨とするはずの人種主義にも、じつは、人びとの平等への希求が表現されている点である。在特会（「在日特権を許さない市民の会」）*

のような運動のなかにも、一種の普遍主義の契機を看過すわけにはゆかない。しかし、彼らの普遍主義では、平等の権限の有資格者の集団としての民族が即自的に前提されてしまっているのである。彼らの排外主義には、資格のない者が国民社会の有資格者であるかのように平等の権限を享受してしまっている、という告発が含まれているのである。在特会の人種主義は、この点で、移民排斥の運動や先に見たヨーロッパ極右の論理と共通するものをもっている。現在の人種主義は、ますます「自他の別」を強調し、国民のなかに入って来る者に対する排外主義の性格を強めてきている。

「国体」と人種主義の共犯関係をごくおおざっぱに描いてみたが、これだけでも、人種主義が近代的な国民社会において起こる現象であり、人種主義と国民主義を因果関係で結ぶことは困難であっても、国民主義が人種主義の地平を造っていることは分かるだろう。

ところが、理念としての平等はこのような制度化された平等にだけ限ることはできない。平等には比較可能性を逸脱する潜在性があり、平等の理念には制度化された平等の比較の場を顕在化し、その限界を超えようとする運動が秘められている。「国体」の限定を受ける前の「天は人の上に人をつくらず、人の下に人をつくらずと云へり」という提言には、この比較可能性を逸脱する平等の理念の潜在性も表明されている。つまり、平等の理念は制度化された平等を乗り越え、平等を再定義する力をもっているのである。平等の理念に内在するこの力を、私は、民主主義と呼びたい。民主主義は、「国体」によっては包摂することのできない何かであって、私たちすべてに内在している社会性にその存在理由をもっているのである。それは「同じである」ことを旨とする共同性ではなく、「違う」ことをもとにして社会性や共同性を作り出す私たちに内在する能力に支えられている。民主主義とは

「異なった人」たちと共生しつつ社会を作り出す私たちすべてに備わった社会性のことなのである。

平等の理念は、制度化された平等で前提された有資格者の集団を再定義すること、平等が問題となる案件を新たに発明すること、などの潜在性をもっているために、自己完結的な回路を作ることができない。国民社会においても、平民と貴族の身分的差別の撤廃、選挙権の拡大（有権者の範囲も、納税者男性→男性成人一般→男女成人一般、と広がってきた）、性差別の廃止、同性愛者（や両性愛者）の権限承認（同性愛者の婚姻の法制化、個人が社会保障を受ける権利を異性配偶者だけではなく同性配偶者にも与えること）などの改革運動は、これまでも平等の理念を掲げることで達成されてきた。

しかし、現在問題となっているのは、人種主義の起源となってきた国民共同体の限界、つまり、人種主義の国民人間主義としての制約をどのように超えることができるか、であろう。人種主義を考える上で、最も先鋭的に問題化せざるをえないのは、国民主義と人種主義の間にある多くの共犯関係であると言ってよいだろう。さらに、私たちが注意を怠ることができないのは国民人間主義の制約を越えようとしているかのように見える帝国的国民主義の運動であり、帝国的国民主義の普遍主義と私が民主主義と呼んだ平等の理念に内在する力とを混同してはならないだろう。とくに、その国民主義が限りなく人種主義に接近してしまった戦後の日本のような文脈では、私たちは帝国的国民主義のもつ普遍主義に対する批判能力を失ってしまったかのように見えるからである。

人種主義と植民地主義

人種主義を考える上でどうしても見逃すことのできない契機に、一般に植民地主義と呼ばれている政治支配の形態があり、植民地主義に言及せずに人種主義を語ることは困難である。しかし、植民という生活形態や植民地と呼ばれる政治組織は古代から見られるものでとくに近代に限られたものではない。植民地とのかかわりで人種主義が注目されるのは、主に近代植民地主義の文脈である。本稿では、日本の国民国家がかかわってきた植民地主義を参照しつつ人種主義を考えてゆこう。もちろん日本の国民と植民地主義とのかかわりは一様ではなく、いくつかの異なった様態をもつ。

一九世紀後半に明治維新を経て日本列島に国民国家が成立したわけであるが、国民国家の成立を押し進めさせた動機の一つに日本の知識人の多くが植民地主義への恐怖を抱いていたことはすでに多くの論者が述べている。これまでに国際世界の構造について見てきたように、近代世界は国際法に準拠する「国際世界」(＝「西洋」(the West) と呼ばれることになる) と国際法の権限の埒外に置かれた「非国際世界」(＝「その他」(the Rest)) に分けられていて、国際法の秩序の外に置かれたとき、日本の国家もその住民も、一九世紀後半の時点で圧倒的に優越した西ヨーロッパ・北アメリカ列強の軍事力や経済力に無防備に曝されてしまうことは明らかだった。

「黒船の来襲」から「国際世界」の脅威を日本の知識人の多くが学んでいた事実を歴史家は私たちに教えてくれている。清帝国がヨーロッパ列強の侵略を受け、その威信を失ってゆく有様を知っていた日本の指導者層にとって、清帝国の命運は他人事ではなかった。一九世紀半ばの世界では、アジアやアフリカのほとんどの地域とその住民が、西洋列強による暴力と征服を被りつつあったのである。したがって、植民地主義の暴力から自らを守るためには、「非国際世界」に残っていてはだめで「国際世界」の仲間入りをすることがどうしても必要になる。明治初期に日本がなろうとした「一等国」

とは「国際世界」の正式の成員としての主権国家のことであった。しかも、「国際世界」に参入するためにはいくつかの満たすべき条件があって、その一つは議会や憲法を備えた近代的な国家組織を打ち立てることであった。もう一つの条件は近代的な国民国家にふさわしい「国体」(nationality)をもつような国民を造ることであった。そして、さらにもう一つ考慮しておかなければならない歴史的条件は、国際世界において他の国家による認知を獲得した主権国家が、近代的な国家に十分になりきれなかった隣国や地域を植民化することがあたかも当然であるかのような国際政治の了解が大手を振ってまかり通っていたことである。「一等国」とは植民地をもった強国のことであったのである。当然のことながら、日本の近代化は植民地帝国へと国民国家を作り上げてゆく企画となってしまったのである。植民地帝国の成立と国民国家の成立は互いに独立した二つの異なった企画であるというよりも、一つの近代化の運動の二つの側面と考えた方がよいだろう。

しかし、国民が造られ「国体」が普及してくると、人びとは国民化に内在する根本的な矛盾に気づかされることになる。標準国語の普及が方言を成り立たせるように、「国体」の成立は少数者の有徴化をもたらすからである。建前としての平等(福沢は同等と呼ぶ。「その同等とは有様の等しきことを言うに非ず、権理通義の等しきを言うなり。」)[20]が制度化されればされるほど、微細な「有様」の違いが少数者の異質な存在を顕在化させてしまう。「国体」が国民や民族の統合を目指し均質化をその目標に掲げるにもかかわらず、この矛盾から「国民」は逃れることはできない。さらに「一等国」になるために日本国家が選びとった植民地主義政策は、この矛盾をさらに増幅する。その結果、北海道、沖縄、台湾、朝鮮、樺太、太平洋諸島、青島、旅順、満州等が次々に日本国家の主権下におかれることになる。

国民国家のなかで「国体」による統合に内在する矛盾に、植民地主義は拍車をかけるのである。

人種差別は、この矛盾を最も如実に示す事例として植民地体制に必ずつきまとう。日本の帝国的国民主義も、この点では、全く欧米の植民地主義との違いはない。この矛盾に気づいた原住民は「民族自決」の主張を抱かざるをえず、当然独立への強い願望を抱くようになるだろう。台湾や朝鮮の独立運動を徹底的に弾圧したのは、差別された少数者が潜在的な謀反の意志をもっていることを日本植民地統治官僚は熟知していたからである。

原住民の叛乱を未然に防ぐために、植民地の住民の統合を日本国家は積極的にはからなければならなかった。北海道や沖縄では住民に内地の戸籍制度を適用したにもかかわらず、台湾や朝鮮では国家主権の統合における差別（内地と外地の区別）を許容したため、すでにその統治の法的な基礎において人種差別の現実があからさまであった。しかし、植民地の住民の「民族自決」の要求を懐柔して国民の統合性を保持するために、日本の国家は、他方で言語や文化政策における統合によって「国体」の維持に努めたのである。[21] 後者の統合の政策には日台結婚や日鮮同祖論のような、一見すると人種差別に反対するような政策が含まれていて、下品な人種主義のイメージではとうてい処理できない、ある種の普遍主義的な体裁を示している。しかし、このような統合政策におけるいわば上品な人種主義こそが私たちの厳密な分析の対象とされなければならないのである。そして、アジア太平洋戦争によっ

★20　福沢諭吉『学問のすゝめ』岩波文庫、一九四二年、二三頁。

★21　日本帝国の文化統合に内在するこの矛盾を追跡したいまや古典的な地位を獲得した著作として、駒込武『植民地帝国日本の文化統合』（岩波書店、一九九六年）を参照されたい。

て植民地帝国が崩壊した後では、今度は日本国の住民が上品な人種主義を被ることになり、新たな形式の植民地支配の下で、自らの人種主義への責任感を否認するとともに人種主義への批判能力を急速に喪失してゆくことになる。戦後の日本国民の大部分は、自分たちが上品な人種主義によって管理されていることさえ意識することができなくなってしまう。戦後のアメリカ合州国のヘゲモニー下の東アジアの現実について東アジア知識人は、上品な人種主義の批判のための努力を怠ってきた。とくに、パックス・アメリカーナの下で日本の知識人が客体としてかつ主体として、つまり被害者でありかつ加害者として、係わった人種主義の諸相を見逃すことはできない。

明治の初期から平成の現在に至るまで、日本の国民主義はいわば植民地主義の陰で展開してきたといってよい。日本の国民主義が植民地主義から自由であったことは、一九四五年の日本帝国の喪失後も含めて、一度たりともないのである。

すでに述べたように、日本が一九世紀の国際世界に参入しようとしたとき東アジアはもはや朝貢制度に支えられた華夷秩序の世界ではなく、西洋中心主義の国際世界に変わりつつあった。この新しい世界の基本秩序が人種主義として表現されていたのである。近代化して国際世界で生きられるようにするために、明治国家や啓蒙知識人が日本の住民に人種主義を教え込もうとしたことは、当時の国際世界の現実を後追い的に肯定する者たちにとって、実に理にかなった方策にみえたであろう。

第一次世界大戦は、それまで維持されてきた国際法に基づく西洋中心の国際秩序の崩壊を如実に告げる象徴的な出来事であった。国際連盟を通じて第一次世界大戦後の国際秩序を再興するにあたって、当然のことながら、国際世界に内在する人種主義が問題として採り上げられることになった。パリ講和会議において、日本は国際連盟が人種平等案*を採用することを提案するが全体としては承認されたにもかかわらず、英国とアメリカ合州国によって廃案とされてしまい、その代価として、日本は中国や太平洋にあったドイツの植民地の多くを引き受けることになる。さらに、合州国大統領ウッドロウ・ウィルソンの提案した「民族自決」の原則が国際的に承認される可能性も垣間見られた。しかし、日本を含める列強にとって、人種平等案と民族自決の原則は植民地を運営する上でとうてい受け容れられる提案ではなく、結局反古にされてしまったことは周知の通りである。

国際連盟の下に再興された国際秩序において、西洋中心性（国際世界と「その他」の区別）は維持されることになる。しかし、この国際連盟を基盤とする国際秩序は二十年もたなかった。やがて、第二次世界大戦を迎え、この国際秩序も崩壊する。その後に、アメリカ合州国と英国の発案で一九四二年に戦後世界を目指して出来上がったのが、国際連合に基づく国際法の秩序であった。福沢諭吉の時代には「万国公法」と呼ばれた国際法は、こうして、国際連盟を経て現在も国際連合を通じて管理された秩序として温存されている。しかし、この間に、主権国家として独立する国家の数は一気に増え、植民地の数は少なくなってゆく。国際世界が全地球的な規模で広がり、今や、「非国際世界」は縮小してしまったかのように見える。だが、ウェストファリア体制に内在していた人種主義と西洋中心主義が消滅してしまったわけではないのである。

一九世紀の国際世界では、国際法によって保護された西洋主権国家の国籍をもつ者はおおむね「白人」とみなされ、近代世界は「白人」を頂点とする有色人種の階層秩序として表象されることになる。

これに対して主権国家の国籍をもたない人びとは「有色人」となり、国際法による保護を期待できない膨大な「非国際世界」がカール・シュミットのいう「例外状況」におかれていたのである。というのも、一九世紀半ばの時点で、国際法による主権国家の条件を満たすことのできる国家は、ヨーロッパとアメリカ以外には皆無だったからである。しかも、世界の人種の位階は、歴史の目的論的な構成と重ねあわされて理解されたのである。その結果、最も進歩した人種が「白人」であり、最も遅れた人びとが「黒人」や「赤人」としてあり、その中間に「黄人」があるといった、なじみの歴史観が日本国民の常識として受け容れられることになる。こうして、東アジアの国際世界において、日本国民は国際意識を人種主義秩序を通じて学んでいったのである。「国体」の形成を経て日本の住民は初めて「日本人」になっていった以上、日本人という国民的自覚が同時に人種の位階の中での自己画定であることは避けられなかったのである。日本人の民族的アイデンティティは、こうして、人種主義の秩序のなかで造られていったのである。

日本だけでなく、アジアやアフリカの多くの土地でも、その住民によってこの人種の階層秩序は内面化されていった。フランツ・ファノンが解析を試みたように、政治的には植民地支配に強く反対するアジアやアフリカの知識人であっても、内面化された人種の位階秩序に抵抗することは情緒的に非常に困難であった。したがって、現在に至るまで、白人に対するいわれのない畏怖の念や憧れを抱いてしまう（逆に黒人や他の有色人に対するいわれのない軽蔑感や嫌悪感をもつ）有色人種の人びとは多く、この内面化された劣等意識を分析し、対象化し変革することがどうしても必要になる。

さらに重要なのは、これまで「人種差別」ではなく「民族差別」として扱われてきた分野での差別の実践である。これらの差別では日本人の劣等意識ではなく、むしろ、帝国の遺制としての日本国民の優越意識が問題となっているのであるが、「アイヌ差別」や「在日差別」、さらに「沖縄人差別」などは現在に至るまで一向に衰えを見せない。とくに戦後の日本のように、人種主義が知的な主題として取り上げられることがほとんどないところでは、人種主義がいかに強固に無意識を構造化しているかを指摘する作業はどうしても避けるわけにはゆかない。

人種主義と知識

人種主義と植民地主義の考察を進める上で、どうしても了解しておかなければならない事項がある。それは人種主義と知識の問題である。科学的人種主義に最も典型的に現れているように、一九世紀には人種主義は科学的な知識の体裁をとりつつ普及したのである。

人種主義は第一義的には知識の問題である。もちろん人種主義は知識人のみの問題であるわけではない。なぜなら、すべての人びとが知ることを求めるからであり、とくに社会的な矛盾に曝されている人びとは、自分たちの不幸を説明してくれる知識を切実に求めるからである。つまり、人種主義を考察する上で、人びとが世界のなかでの自分の位置や歴史の流れを知ろうとするときに依拠する知識のあり方を無視することは許されない。人種主義の知識論としての働きは、世界を人種の位階として想像することを人びとに教えるが、国民社会や植民地帝国の範囲だけでなく、西洋対東洋、あるいは、西洋と「その他」、等の文明論の範囲にまで人種主義の知識論は広がっているからである。そこで、「白人」「黒人」「黄人」などの人種概念だけでなく、「文明」や「文化」といった知識の基本概念を検討する必要が出てくる。

この文脈で、まずこれまでも問題となってきた「西洋」という範疇を考えてみよう。「西洋」は地理的な範疇であるが、しかしその機能は地理や文化論にとどまらない。近代的な科学の分類体系を考えてみると、この点がよく解るだろう。人文科学には、哲学や心理学、宗教学などと並んで、インド哲学や東洋宗教等の分野がある。哲学や心理学は地域や文明によって修飾されておらず、地域や文明の徴がついていないから、文化人類学でいう「無徴」の学問といえる。これに対して、インド哲学や東洋宗教は、それぞれ「インド」と「東洋」という修飾語によって徴つけられているから「有徴」の学問と言えるだろう。基本的に、無徴の学問は西ヨーロッパ起源の学問であって、西洋文明に起源をもつ知識を範型にした学問ということになっている。これに対して有徴の学問は、地球上の西洋以外の文明や地域に起源をもつ知識を研究する学問分野である。学問の分類も国際世界と非国際世界の二項対立を継承しているのである。

科学における「無徴」と「有徴」はもちろん人間の分類に対応している。文化人類学では「無徴」を正常性、「有徴」は異常性を措定するものと考えている。例えば、「人」一般は無徴であるが「標準語を話せない人」といえば有徴であって、「標準語を話せない」という修飾語はその人の例外性あるいは正常ではない特徴を表している。だから、近代的な国民社会では、「普通の日本人」は国語としての日本語を話し、標準語を話せない日本人は「変な日本人」となるのである。

この意味で、一九世紀から二〇世紀初頭にかけて地球上の各地で制度化された大学では、科学の体系は「西洋」を正常性とし「その他」を異常性とする分類体系が支配的になる。日本の大学では、

「哲学」といえば西洋哲学のことであり、「中国哲学」や「インド哲学」は哲学として扱われることはないし、こうした差別は哲学的な知識のあり方そのものにまで及んでいる。ベトナム哲学者による現象学を研究する人は「哲学」に分類されるだろうし、フランス人によって書かれたものであっても、サンスクリット語の文献を論じた文献は「インド哲学」に所属することになるだろう。この二十年ほど、学問の分類に多くの変更が見られてきたが、一九世紀の学問の分類の体系は未だに私たちを縛っている。いうまでもなく、科学の分類体系は、「白人」を正常性とし「有色人」を異常性とする人類の分類体系と無関係ではなかった。知識の分類が人間の分類と相関していたのである。ただし、これまでも何度も注意を喚起してきたように、知識の分類と人間の分類の間に整合性があるわけではない。すなわち、「西洋」がぴったり「白人」に対応し、「その他」が「有色人」にぴったり対応するというわけではないのである。また、西洋文明なる実体があるわけでもなく、「西洋」と「その他」の差別は、じつはその場その場の権力関係によって決まってくる。

第二次世界大戦後の世界では、国際世界がアメリカ合州国を中心にして再編されてきた[★22]。この過程で「その他」に関する知識は、新たに、「地域研究（area studies）」と呼ばれることになる。地域研究に先行して存在した人類学や民族学、アフリカ・東洋研究、南洋研究などの、未開社会（＝後進社会）の研究で、共同体内に均質に普及した文化を想定することが広く行われ、文化の統合性が言語の統合性として理解されることが多かったことは、すでに述べた。共同体、文化、言語がしばしば混同して想定されることがあったからである。

このような明らかな混同が放置されたのは、観察者である人類学者や民族学者と観察対象である原住民共同体の間の一方通行的な認識の関係によるところが大きい。観察者と原住民の間にお互いが学びあうという相互的な協力があるはずなのに、民族学や人類学の知識はこのような相互性を否認することによって成り立っていた。[★23] この関係は植民地主義権力の基本的なあり方を示していて、エドワード・サイード[*]の『オリエンタリズム』は、一九世紀以来の中東研究の延長としての地域研究に内在する、この植民地主義関係を見事にえぐり出した傑作として知られている。[★24] つまり知識の生成の形態こそが、植民地主義の権力のあり方を最も明瞭に告示しているのであり、植民地主義とそこにある人種主義を理解するためには、知識のあり方の検討を通過しなければならない。

帝国の喪失以降の日本の状況

そこで、「地域研究」の成立の前史を簡単に描いておこう。というのは、帝国喪失後の日本の人種主義の知識は、合州国の政策の圧倒的な制約の下にあったからである。戦前の日本の知識人は露骨な植民地暴力を披瀝せずに東アジアの植民地住民を支配する術を模索したわけだが、日本に対する合州国の植民地支配は新たな形態をとっており、戦前の日本の政策決定者・体制知識人による「満州国」経営に現れたような、植民地主義に見えない植民地支配、つまり、上品な人種主義を探求する努力を、見事に摂取・横領しているのである。その意味で、戦後の日本はいわば合州国にとっての「満州国」であった。

アジア太平洋戦争敗戦後の日本では、人種主義への関心が急速に失われ、この状態が現在も続いている。戦前は人種主義への関心もありまた研究も盛んであったが、連合国占領下で人種主義批判的な研究は姿を消してしまう。戦前にはファシズムに対抗する人種主義批判論があったが、戦後はファシズムの人種主義としての性格は知識人の関心を引かなくなる。[★25] これは当然のことであって、日本占領

★22 第二次世界大戦後の国際世界の再編にいたる歴史的文脈を分析した著作として、カール・シュミット『大地のノモス：ヨーロッパ公法という国際法における』(新田邦夫訳、福村出版、一九七六年) を参照した。シュミットによれば、近代の国際世界はヨーロッパ中心的に編制され、一九世紀末にその崩壊が始まる。一九六〇年代にシュミットが提供しようとしたのは、近代の国際世界を維持するための基本語彙であり、アメリカ帝国主義のもつ潜在的な力であった。彼はアメリカ帝国主義に、軍事・海洋支配能力あるいは経済・金融の国際的な富を支配する能力を超えて、政治・法的な概念を自由に作り替える能力を託していたのである。つまり、シュミットが国際世界の再編においてみていたのは、ヨーロッパ中心性を存続させるために知識を新たに再編する能力であった。

★23 この関係について最も優れた分析は、Johannes Fabian によってなされている。彼は民族誌や文化人類学の成立を、原住民の時間と観察者の時間の分離に見て、原住民と観察者が共有する時間 (coevalness) の否認と呼ぶ。*Time and the Other – How Anthropology Makes its Object*, New York, Columbia University Press, 1983.

★24 Edward Said, *Orientalism*, New York, Vintage Books, 1978. (『オリエンタリズム』今沢紀子訳、平凡社)

★25 合州国は第二次世界大戦後、連合国のヘゲモニーを確立するために、第二次世界大戦を自由主義陣営 (連合国) 対ファシズム陣営 (枢軸側) のあいだの戦争とし、連合国の勝利によってファシズムは消滅したという語りを採用した。この語りによれば、戦前の日本もファシズム国家とみなされることになる。この歴史判断は必ずしも誤ってはいない。しかし、重大な問題は、戦後の日本からファシズムが消えてしまったという断定の方である。戦後日本の社会にはファシズム的な傾向がむしろ温存されたのではなかったのか。

にあたって連合国最高司令部が最も恐れたのは白人至上主義の批判であり、人種主義一般の批判であった。一九二〇年代から、日本だけでなく東アジアの知識人は、合州国の移民政策が人種差別政策と合州国内の人種秩序を反映していることをよく知っていた。日米戦争でアジアの民意を測る鍵が人種主義にあることを合州国の政策決定者も日本の政策決定者も熟知せざるをえなかったといってよいだろう。ヨーロッパ戦線とは異なって、太平洋戦線では反植民地闘争が多くの地域で活発化しており、反植民地主義闘争に携わった原住民の知識人は植民地体制に伴う人種差別に無関心でいるわけにはゆかなかった。彼らは、朝鮮で、中国で、フィリピンで、インドネシアで、ビルマで、そしてインドで、露骨な人種差別を体験していたのである。しかも、そのような人種差別に対する批判の議論がすでにアジアの各地で展開されていた。例えば、中国の五四運動は、第一次大戦後に日本がドイツの植民地特権を継承し、植民地体制にまつわる人種主義を存続させようとすることへの怒りに端を発していたのである。

アジアで戦争を遂行するためには原住民の協力が必要であり、彼らの人種主義に対する憎悪を無視して戦線を維持することはできなかったのである。また、アメリカ合州国も日本もともに植民地をもつ帝国と化した国民国家であった。帝国的国民主義では人種差別の現場を隠そうとしても嫌が応にも可視化されてしまう。人種主義にまつわる現実を看過することができなくなるのである。

そこで人種主義が東アジアの政治で重要な役割を果たすとき、次の二つの契機があったことを見逃すことはできない。

一つには、植民地原住民の国民への統合と国内に存在する差別をどのように処理するのかという問題意識である。国内の少数者は潜在的にいつでも叛乱の可能性を保持している。日本国内では、朝鮮人の叛乱、沖縄人の叛乱、台湾原住民の叛乱の不安は、ほとんどすべての日本の為政者を捉えていた。同じように、合州国国内では、黒人層の叛乱、日系アメリカ人の叛乱、を憂慮する白人知識人は真珠湾攻撃以前から数多くいた。[★26] 日本では、一九三〇年の台湾の霧社の蜂起の後、叛乱した高砂族を強制収容所に移動させて隔離した。合州国では一九四一年の日本海軍の真珠湾攻撃の後、米国本土にいた日系アメリカ人を強制収容所に収容した。両方の強制収容所の事例とも、いかに帝国的国民主義が少数者の叛乱の潜在性に強迫的な恐怖をもっていて、その恐怖に促されて様々な政策を案出するかを見事に示している。この多数者がもつ少数者に対する恐怖は強迫症的なものであり、少数者の実際の行動や発言に基づくものではない。関東大震災直後に広がった「鮮人襲撃」の風評に呼応した朝鮮人虐殺や沖縄戦直前に行われた日本軍による沖縄現地人の処刑・虐殺は、この少数者に対する恐怖がどのような暴力を喚起するかを如実に示している。

そこで、日本内地の知識人は原住民の知識人による人種差別批判に対して極度に敏感になると同時に抑圧的な態度を見せる。しかし、この強迫症的な不安は、同時に、少数者に対する平等の制度化を推進する役割も果たしている。人種差別を解消するのではなく、人種差別が引き起こす叛乱の不安を

★26 最も典型的なものとしては次のノーベル賞受賞小説家による警告がある。Pearl S. Buck, Letter to the New York Times on November 15, 1941. Reprinted in *American Unity and Asia*, New York, The John Day Company, 1942: 11-21. さらに、少数者の叛乱に対する強迫的な不安は、二〇〇〇年に公開の場で発表され、人びとを呆れさせた東京都知事石原慎太郎の三国人発言*（二〇〇〇年四月九日）にも現れている。

処理するために行われる、国民統合の政策をこの不安は推進するのであり、このような国民統合の政策を「上品な人種主義」と呼んでおこう。[★27] 平等の制度化が行われたからといって、そこから直ちに人種主義批判の意図を汲み取ることが間違いであることが、ここからも分かるだろう。

　二つは、すでに植民地体制が成立している英国植民地（ビルマ、インド、マレーなど）、オランダ植民地（東インド）、合州国植民地（フィリピン）、フランス植民地（インドシナ、一九三九年から日本に委託されていた）だけでなく、中国の揚子江流域、華北、さらに実質的に日本の植民地だった満州国、などでは、植民地主義体制撤廃の約束なしに、原住民の支持を期待することは難しかった。したがって、彼らの支持を得るためには、植民地主義反対の修辞を用意する必要があったのである。

　他方、英国、オランダ、国民党中国は合州国にとっての同盟国であり、これらの帝国主義勢力（もちろん国民党中国は入らない）の植民地支配を否定することは、連合国の連帯を著しく傷つけることになる。日本は、一方で枢軸同盟国（ドイツとイタリア）の人種主義に表立った反対を掲げることなし（内部的にはドイツの人種政策は評判が悪かった）に、植民地主義からの解放の修辞を積極的に用いた。これに対して、合州国も表立って植民地主義反対を標榜することはできなかったが、植民地主義への嫌悪を表明する義務を負っていた。つまり、日本も合州国も、それまでの植民地体制をまるまる肯定することはできなくなっていたのである。しかし、合州国の反植民地主義の主張を単なるご都合主義として切り捨てることは許されない。というのも、第二次世界大戦後、英国や仏国の戦前の植民地帝国を復活しようという試みに合州国は躊躇を示したからである。合州国が戦後のパックス・アメリカーナを樹立する上で、まがりなりにも、反植民地主義の修辞を使えたのも、まさにこのような政策上の躊躇の所為であった。つまり、国内あるいは植民地内での実際はいざ知らず、対外的に植民地主義はその正統性を失いつつあったのであり、合州国の政府は植民地主義との絶縁をプロパガンダとして用いたのである。

そこで、旧来の植民地主義とは異なった、新たな植民地主義には見えない植民地主義を案出することが、日本にとっても合州国にとっても緊急の課題となる。つまり、太平洋戦線においては植民地支配は新たな歴史的段階に入っていた。反人種主義の旗を掲げて、アジアの人びとを説得できた帝国だけが太平洋のヘゲモニーを獲得することができるはずであった。そこで、日本政府は白人至上主義からのアジアの解放のプロパガンダを行うとともに、帝国内の「八紘一宇」を具体的に実現する方策を考えざるをえなかった。一見すると独立国に見える満州国を日本はでっち上げる。一九二〇年代から三〇年代にかけて、人種主義や民族主義研究が盛んになり、帝国内の少数民族や植民地の原住民を統合しようとする研究が盛んに行われたのは、このような事情があったからである[★28]。

しかし、日本帝国の敗北によって、日本は植民地の多くを喪失し、それまで二つの帝国のせめぎ合いによって規定されたアジア太平洋の政治状況は、合州国の一元的な東アジア支配体制へと移行する。

★27　上品な人種主義と下品な人種主義という用語は、タカシ・フジタニの近著 *Race for Empire* (Berkeley and London, University of California Press, 2012) から示唆を受けたものである。フジタニは、それぞれ、polite racism と vulgar racism という用語を使っている。この注目すべき著作で、フジタニは、一九三〇年代から四〇年代にかけての日本と合州国の民族政策を検討しているが、この時期の日本の人種主義と合州国の人種主義には大きな違いのないことを、見事に立証している。

戦後の日本は合州国の一種の植民地になる。そこで、合州国の政策決定者や地域研究者と日本の知識人の関係は、戦前の日本内地の知識人と植民地の知識人の関係に類似したものに変わってゆく。そこで、戦前からの人種主義研究は全く異なった状況におかれることになる。植民地体制における原住民による人種主義批判が政治的に何を意味し、なぜ植民地統治者が人種主義の議論や研究そのものを恐れるかは、改めて論じる必要もないだろう。人種主義の組織立った議論そのものが、植民地統治に内在する欺瞞や検閲の暴露になってしまうのである。したがって、連合国最高司令部は、人種主義を検閲するのではなく人種主義の批判の方を検閲したのである。日本のマスコミには、この人種主義の批判を検閲・抑圧する体質が深く刻印されたのである。この点で、現在にまだ尾を引く日本における人種主義への関心の低さは、日本が未だに植民地体制下に置かれていることを如実に示しているといってよい。

戦後の合州国の政策決定者は、第二次世界大戦において連合国の政策を正当化するために、次のようなおおざっぱな図式を採用した。連合国は資本主義的合理性に沿った自由主義を掲げるのに対し、枢軸同盟国は全体主義的なファシズムを信奉した、と。自由主義は反人種主義であるのに対し、ファシズムは人種主義を擁護する。ドイツの人種主義政策の凄惨な結果が次々と公開されるなかで、この図式は強力な説得力をもってしまったのである。その結果、反ファシズム論壇にあって戦中に合州国の人種主義の批判を行ったような日本の知識人も、次々と、多民族国民主義を放棄して民族主義へと転向することになる。[★29] 丸山眞男の天皇制ファシズム論に見られるように、自由主義陣営対ファシズム陣営の図式を受容した上で日本のファッショ化を分析しようとする議論が日本国内でも支配的にな

る。★30

敗戦に伴う思想界の転向で見逃されてきたのは、戦前の日本がファシズム体制であったかどうかを語ることが妥当であったかどうかではない。一九二〇年代から三〇年代にかけて、日本では多くの論者がファシズムの危険を論じていたが、ファシズムと呼ばれて当然な様々な傾向や運動も存在した。

★28　国内の多民族統合から、中国国民主義研究、さらに多民族的国民論から東亜協同体論に至るまで、多民族国家論、反ファシズム論や人種主義批判論に携わった日本の知識人は多い。高田保馬、小松堅太郎、新明正道、三木清、尾崎秀実、矢部貞治、蝋山政道、加田哲二、清水幾太郎などの他に、若手の家永三郎や丸山眞男も日本の指導の下のアジアの近代化の議論に積極的に加わっている。

★29　例えば民族主義やファシズムに一貫して批判的な立場を取ってきた高田保馬は、一九四五年の日本敗戦の後すぐに民族主義の立場へと転向する。

★30　戦争中に『国家学会雑誌』に三度にわたって（一九四〇、一九四一、一九四四）発表された『日本政治思想史研究』では、丸山眞男は日本の儒学‐国学の思惟様式の近代性を中国における歴史の停滞とのかかわりで論じている。第二章「近世日本政治思想における「自然」と「作為」」でも、丸山は一君万民体制を近代的な国体の証しとみて、その起源を荻生徂徠に探っている。第一章と第二章において、丸山はカール・シュミットの主権論を参照しつつ天皇制＝近代的政治意識を基軸として議論を進めているのである。しかし、第三章（一九四四年脱稿）にきて、日本政治思想の近代性は「西洋」の近代性に比べて不完全なものという立場を取り始める。そして、戦後になると、天皇制ファシズム論に転向し、天皇制は日本の前近代性を表すものへとその評価を逆転させることになる。戦中から戦後への人種主義の議論の転向にほぼ匹敵する変化がここでも起こっていると考えざるをえないのである。

私は、戦前の日本がファシズム国家であったことを否定するだけの理由を見いだすことができないと考えている。ここで問題とされなければならないのは、戦前ではなく、戦後である。連合国が占領し、戦前の明治憲法に基づく立法、司法、行政制度が改変され天皇元首制は廃止され国民主権が確立する。しかし、国民主権が樹立した戦後日本で、ファシズムの社会的条件はなくなったのだろうか。「民主主義」が導入されたからといって、日本にはファシズムを生み出す条件がなくなったのだろうか。

政治運動としてのファシズムの特徴の一つは、民族主義との親近性である。ファシズムは国家に対決する民族の運動としていわば草の根から盛り上がって来るものとして自己規定することが多い。戦前のファシズム批判論には、ファシズムと民族主義の共犯関係を考察するものがあったが、戦後のファシズム論には民族主義批判の文脈がほとんど見られないのである。

しかし、日本の人種主義への関心の低さを合州国による抑圧にだけ見ると、私たちは大きな誤りを犯すだろう。むしろ、戦後の国民主義には、帝国的国民主義がもっていた少数者をいかに統合するか、植民地の原住民の叛乱をどのようにして未然に防ぐか、つまり、人種差別に反発する少数者をどのように懐柔するかという問題意識そのものが失われている。つまり、合州国による植民地支配と日本の民族主義が見事な共犯関係を結び、植民地支配に伴う人種主義のもとで戦後国民主義が醸成されてきたと考えるべきではないか。そして、この共犯体制を支える機制を文明論的転移《トランスフェランス》と呼んでおこう。

西洋と文明論的転移《トランスフェランス》

そこで日本研究の例をもとにして、「地域」に関する知識の生産のなかで、どのように植民地主義的な権力が働き、どのようにこの権力が人種主義を生み出すかを簡単に検討してみよう。
日本が異国趣味の対象として合州国の富裕層の一部の関心を引くことはあったが、第二次世界大戦に至るまで、欧米での日本研究はむしろイギリスやオランダなどヨーロッパで発展していて、アメリカ合州国で日本を専門に研究する大学人の数はごく少数であった。国家の政策として日本研究が始まったのは、合州国と日本が交戦状態に入った一九四一年以降であって、アジアや合州国内での日本政府のプロパガンダの影響の分析、日本軍の戦略を解明するための専門家養成、諜報活動のために日本語を理解できる要員を確保することなどの、戦争目的に直接結びついた活動においてであった。さらに、日本人の行動を系統的に理解・予測するために、日本の歴史と文化に関する知識が必要とされたので、ルース・ベネディクトのような有名な文化人類学者も動員され、その成果は『菊と刀』として今でも有名である。[31]
真珠湾攻撃のあった翌年の一九四二年には、すでに日本占領のための戦後天皇制の構想と政策が論じられており、合州国の日本研究は、当初から、日本占領のための知識生産の制度としてはじまった。地域研究がもつ合州国の世界戦略に奉仕する知識生産の制度としての性格は、当初から刻印されていたのである。
連合国の勝利の後に試みられた合州国の地球規模でのヘゲモニーの樹立と、朝鮮戦争以降の日本経

★31 Ruth Benedict, *The Chrysanthemum and the Sword*, Boston, Houghton Mifflin, 1946.（『菊と刀』長谷川松治訳、社会思想社ほか）

済の急速な回復に伴うアジアにおける日本の重要性が確認されたことを通じて、大学教育制度としての日本研究は、合州国内においてその基盤を樹立する。日本を近代化の優等生とみる「近代化論」が地域研究を席巻したのは、冷戦が全世界を覆う既成事実として成立するこの時期であった。近代化論が日本を近代化の見本として称揚した背景には、冷戦の現実があったのである。

社会主義にたいして寛容な民主主義勢力が、日本国内で政権に影響を与えることをいかにして防ぐか、日本が中国やソ連に接近しないように合州国の側につなぎ止める方策は何か、が日本研究の重要な課題になったのもこの時期である。戦中に日本占領のために天皇を利用することを提言して、天皇制温存の推進役であったエドウィン・ライシャワーが日本大使として東京に就任したのも、安保闘争の直後の一九六一年であった。近代化論は、いわゆる「伝統」社会がいかにして進歩の軌道に乗り、あるいは乗り損ない、近代化するあるいは近代化に失敗するかを、社会科学的な方法論を駆使して論じていて、冷戦下の自由主義経済圏正統化の歴史観を表明している。ただし、戦前のヨーロッパでの東洋研究を含めて、「国民性研究」も「近代化論」も、一貫してサイードがいうオリエンタリズム言説の性格を失うことはなかった点は忘れてはならない。

近代化論が地域研究を席巻した理由として、地域研究がその基本構造としてアメリカ合州国の世界戦略の正統化の任務を引き受けている点を挙げなければならない。さらに、世界中の社会を伝統的傾向と近代的傾向の二つの対立する要素によって分類し、伝統的社会は資本主義的合理性を受容する能力に欠けるとし、近代的社会は伝統的傾向を近代的合理性が克服することによって進歩を実現したとする、露骨に植民地主義的な世界観を肯定した点も上げなければならないであろう。戦前の世界史が西ヨーロッパを人類の発展史の頂点に位置づけたとすれば、近代化論は近代化の可能性をもつすべての社会は、いずれは、アメリカ合州国社会のような資本主義的な合理性の最も徹底した社会になるとする歴史観を臆面もなく提示したのである。アメリカ合州国社会が資本主義的な合理性の最も徹底した社会であるかどうかは、大いに疑問を呼ぶ点であり、合州国社会が多くの前近代的な側面をもつことは、やがて一九八〇年代に地域研究者のあいだでも意識されることになる。

地域研究の知識生産には、このような西洋中心主義とアメリカ合州国の国民的自慰の性格が構造として存在していたので、ベトナム戦争で合州国が敗北した一九七〇年代には、少数の研究者による批判が現れてきているが、大多数の日本研究者は在来の研究姿勢に疑問をもつことがなく、現在では合州国資本主義の主導性がもはや既存事実として扱うことができなくなったにもかかわらず、近代化論的な思考法がまだ残っている。今こそ、近代化論の徹底的な再検討が改めて必要になってきているのである。

合州国におけるポストコロニアル研究は、このような地域研究との対決から生まれた学問であるといっても言いすぎではないであろう。現代では、ポストコロニアル研究から突きつけられた問いかけに、地域研究としての日本研究は応える能力を失ってしまったようである。現在の日本研究は、その正統性を見失い、もっぱら惰性によって存在しているかのように見えるのである。

このような「西洋とその他」の配置を温存したままで、日本の側からも地域研究に対する反動として日本に関する知識が生産されてくる。その最も典型的な例が「日本人論」であって、これは原住民の知識人による、西洋の地域研究者（とくに合州国研究者による「国民性研究」）にいわば応答する知識の生産の様式を典型的に表している。植民地体制で生産される知識の形態をとりつつ、これは同時に日本人論者による民族主義の言説であって、合州国による植民地支配と日本の民族主義が見事な共犯関係を結んでいることが示されている。

ここには重要な教訓がある。福沢諭吉の時代の国民主義と違って、アジア太平洋戦争後の国民主義は植民地主義に対抗するものではないし、すべての国民主義が植民地的従属に抵抗するのでもない。植民地的従属の延長としてある国民主義が可能であって、戦前の日本の知識人は、日本の帝国的国民主義を維持するためにアジアに独立国の体裁をもった植民地を構想し始めていたのである。満州国はそのような試みであって、再三言うように、逆に戦後の日本は合州国にとっての「満州国」と言ってよいだろう。

「日本人論」はほとんどが、日本人著者によって日本語で書かれ、日本文化や日本社会を題材としているから西洋人によって読まれたり、論評される可能性はほとんど皆無であるはずなのに、その仮想された読者は西洋人なのである。日本社会や日本文化が分析されるが、その分析は西洋との比較に基づくものがほとんどであって、西洋社会や西洋文明との対照でその議論が成り立っている。比較の対照として、アフリカの社会が採り上げられることも、中国が採り上げられることも、東ヨーロッパの社会が採り上げられることも、ほとんどない。比較の対照が、日本の著者と読者の多くが感じている不安の起源の地域あるいは文明に限られてしまっているからである。比較される西洋も、実は明確に規定されていることは少ない。著者がたまたまよく知っている西ヨーロッパや北アメリカの場所であり、西洋が厳密に定義されることは皆無である。西洋人は「白人」のことであるらしいのだが、この白人にはルーマニア人が含まれているのか、トルコ人が含まれているのか、フィン人が含まれているのかに配慮する著者はほとんどいない。

　この西洋像の曖昧さは、「国民性研究」や「近代化論」で前提されている「西洋」の視座の曖昧さと対応しているといってよいだろう。地域研究においては、西洋は分析の対象ではなく、「語りの位置」(positionality)にすぎないのである。同じように、「日本人論」においても、西洋は分析の対象である前に「語りの位置」にすぎないのである。こうしてみてくると、地域研究に内在していたオリエンタリズムの言説と「日本人論」が転移*の関係を造っていることが分かってくる。「日本人論」は、一見すると、オリエンタリズムへの抗議であり、反論である。それは、西洋人による誤った日本人や日本文化理解について論駁し、修正しようとする。ところが、地域研究の言説を解析することも、近代化論がはらむ権力関係を開示しようともしない。したがって、地域研究が掲げる、西洋人が「その他」の文化に出会い、そこで非西洋文化を記述しているという、「語りの位置」の配置を無批判に受け容れてしまうのである。語りの位置としての「西洋」あるいは「日本」そのものが構成されたものであるという自覚がそこには欠けている。地域研究がそれを突き動かしている「西洋」の自己画定の欲望を対象化できないように、「日本人論」は「日本」の自己画定の欲望を対象化できない。

　したがって、「日本人論」が求めるのは、そこで語っている自分が「日本人」であることを西洋人によって認知してほしい、自己画定を西洋人によって承認されたいという欲望以外にはなくなってしまう。西洋対日本、あるいは「西洋」対「その他」という枠組みそのものからずれることによって、植民地的な権力関係から出ようとする可能性が封印されてしまうのである。日本文化を論じた狭義の

「日本人論」だけでなく、江藤淳などによって声高に主張された日本人アイデンティティ論そのものが、「文明論的転移」であることが見えてくる。そこにあるのは、アメリカ人によって日本人として認知されたいという植民地被支配者特有の健気な願望であり、この願望は何度も何度も反復されるのである。★32

「日本人論」に現れた語りの位置の固定化によって追求されるアイデンティティ・ポリティックスは、日本人として自己画定する者を植民地的な権力関係の下に捕縛する典型的なオリエンタリズムの言説である。さらに、この知識の生産の言説によって、「西洋とその他」という最も典型的な植民地体制が維持されるのであり、オリエンタリズムの言説は人種主義の一つのあり方として私たちの研究語彙に登録しておかなければならない。

結び——人種主義には実定的な外部は存在しない

人種主義は膨大な問題群を占めており、人種主義についていっておかなければならないことはまだ尽きない。

性関係の表象と人種主義。慰安婦問題に対する日本人大衆の反応に見られるように、性関係の表象は人種主義の問題系への糸口として私たちは見逃してはならない。人種差別は性差別と深く結びついており、異人種間の性関係の禁止は、人種差別の最も古典的な例を提供しているし、性関係の空想を理解せずに男性性（男らしさ）の機制を知ることはできない。人種主義の空想が最も如実に現れるのが、性関係の空想の領域なのである。

「混血」と非正統的な性関係。性関係の表象は、女性の家父長による所有（あるいは「同胞としての友＝兄弟」（fraternity）に所有された姉妹たち＝国民のなかの女性）と切り離して考えることはできない。強姦の比喩が、植民地主義の暴力と植民地の征服を表現するために頻繁に用いられるのもこのためである。「南京虐殺」は英語では「南京の強姦」（The rape of Nanjing）である。しかも、この性関係の比喩は直ちに「遺伝」の比喩につながる。「混血」が、一方で、社会秩序を攪乱することを象徴し、他方で、植民地主義の屈辱の徴として忌諱されるのも、この文脈においてである。

移民と人種主義。また、人種主義の理解にとって、移民の問題がますます重要になってきている。移民と国民の弁別はますます不安定化し、誰を移民と呼ぶのかも次第に分からなくなってきたし、移民という存在を例外的な存在として扱うことができなくなっている事実は、今や人種主義研究の自明の前提になりつつある。移民は、歴史研究や社会研究にとって、かけがえのない視座なのである。

人種主義と翻訳。さらに、移民は翻訳の問題へと私たちを誘うだろう。なぜなら、これまで「国体」の自明性を支えていた国語や民族語の概念が、大幅に変更されなければならない時期に来ているからであり、「国民」を前提にしてきた歴史の考え方を、大幅に変更しなければならない段階に私たちは今立っているからである。

そして最後に、私は政治実践的な課題を確認しておかなければならない。それは、一言でいえば、

★32　日米二国間の文明論的転移の詳細については、拙著『日本／映像／米国』（青土社、二〇〇七年刊）を参照されたい。

「人種主義には実定的な外部は存在しない」、という自覚である。実定的な外部、すなわち、人種主義に汚染されていない、人種主義から完全に潔白になれるような場所は、少なくとも私たちの歴史の地平にはないのである。ということは、私たちの人種主義との戦いは、何らかの形で人種主義に関わってしまっており、自分を人種主義から完璧に解放された非人種主義者とみなしたうえで、他の人種主義者を論難するというスタンスはとれないのである。人種主義を弾劾することに、私たちは、躊躇しない。しかし、人種主義を弾劾するからといって、私が人種主義の外に立つことができるわけではない。すなわち、私たちは、ガヤトリ・チャクラヴォルティ・スピヴァク*が「戦略的本質主義」(strategic essentialism) と呼ぶものがどうしても必要になるような政治的な文脈が存在していて、人びとは人種主義の錯綜する力学のなかで、人種主義の暴力と戦わなければならないこともあるのであり、そのような文脈を正確に認識することは、私たちの人種主義批判とその研究の第一歩であり、同時に最も難しい課題だからである。なぜなら、人種主義の批判によって私たちが求めているのは、自分たちの潔白や倫理的な正しさを証明することではなく、私たちを分断し、競争させ、孤立させてゆくものを見いだし、その代わりに、私たちが人びととつながること、新しい共同的な生を探し求めること、そして、人びとと協力しつつ、これまでとは違った未来を一緒に築いてゆくことだからである。

グローバル化されるレイシズム

テッサ・モーリス＝スズキ

レイシズムの定義

二〇〇五年、国連人権委員会の人種差別問題に関する特別報告者であるドゥドゥ・ディエン氏が日本を訪れ調査し、日本政府に対する勧告書を提出しました。その勧告書でディエン氏は、日本のなかにはさまざまなグループに対する人種差別が存在すると指摘しています。ディエン氏は、とくにアイヌ、被差別部落、在日朝鮮韓国人に対するもの、沖縄やニューカマーの外国人労働者への差別などを取り上げました。日本政府は差別撤廃にかかわることを法制化し、実権を有する人権委員会を設立すべきであるとディエン氏は勧告しました（ドゥドゥ・ディエン報告*／日本の人種差別*）。

このディエン報告は、日本の大手メディアで無視されたか、小さくしか報道されなかったと記憶します。報道された際でも、ディエン報告に批判的なものが多かった。被差別部落問題は人種的・民族的なものではない。あるいは、在日朝鮮韓国人と日本人は同じ黄色人種だから人種差別ではない、といったような種類の批判でした。じつはこの種の反論は、日本側からだけではなくて、たとえばアメリカの日本研究者であるウィリアム・ウェザオール（William Wetherall）も展開しました。

もちろん、人種差別、民族差別、レイシズムといった用語にはさまざまな定義が可能でしょう。そこで、本題に入る前に、すこしだけレイシズムという言葉の定義を話してみようと思います。

レイシズムは文字通り人種主義、人種差別のことです。「race（人種）」という言葉から派生しているので、人種――肉体的な形状や肌の色に関する差異――的要素を含むことは、説明の必要がないでしょう。しかし、可視的な人種的差異がなくても、レイシズムは存在するというのが、現在の人文科学界での多くの研究者の考え方だと思います。

レイシズムの定義については、ジェンダー研究をしているオーストラリアの研究者レイウィン・コンネル（Raewyn Connell）の「ジェンダー」定義が参考となります。コンネルは、「ジェンダーは、特殊な社会的構造である」と定義しました。当然にも男女間の肉体的差異は存在しますが、ジェンダー問題、ジェンダー関連問題は、そういう出自的肉体的差異が争点ではない、と指摘しました。ジェンダーは、私たちの生きている社会が、その肉体的差異をどう認知し、どう解釈するかという問題に収斂するというのです。その認知と解釈の方法は、いつも社会的構造と歴史に基づきます。

レイシズムについて語るとき、まったく同様のことが言えるのではなかろうか、と私は考えます。レイシズムは特殊な社会的行動です。不平等・不公平な社会構造を維持・継承するアクト、あるいはそれをつくりだすためのアクトです。自らの集団と他者の集団との間に存在する不平等・不公平な関係を構築・継承するために、他者集団に対する負の要素および否定的なイメージをつくりだす行動です。あるいはもっと直接に、排除の制度をつくる行動です。

レイシズムの場合は、自らの集団と他者の集団との境界線は、先祖から引き継いでいる（と思われている）特徴となります。ジェンダーのように性差とか、政治的立ち位置の差異ではありません。先祖から引き継いでいる特徴は、体の形、肌の色のちがいにもなりますが、場合によっては先祖から継承する言語とか文化とか宗教とか、またある社会では先祖から引き継いだ社会的位置にもなります。

北アイルランドの事例がわかりやすいかもしれません。北アイルランドでは、長い間、プロテスタントとカトリックの間に対立と差別が存在します。他のヨーロッパ諸国で、プロテスタントとカトリックの違いは「民族」になりません。信教の相違は差別の基準にならないことがある。ところが、歴史的条件によって、北アイルランドでは宗教の違いが差別構造に組み込まれました。カトリックとプロテスタントは一種の民族ないしは「race（人種）」となったのでした。

なぜ、他国では民族やraceと成りえなかったものが、北アイルランドではそうなってしまったのか？　歴史的背景です。アイルランドはもともとカトリックが多数派を占めていたのですが、プロテスタントの国イギリスに植民地化されました。独立運動後、南北に分裂し、イギリス領として残った北アイルランドの支配層は、プロテスタントだったのです。信教の相違は、イギリスの植民地支配にとって、好都合だったわけです。それゆえその相違は当局によって利用される。プロテスタントとカトリックの間の非常に不平等・不公平な構造が構築され固定化されて、信教の相違が民族化・race化されていきます。北アイルランドの住民間で、民族差別あるいは人種差別（レイシズム）が起こりました（アイルランド問題*）。

グローバル化の背景

現在、私たちはグローバル化された世界に生きています。三十年前、四十年前と比べると、越境的な人やモノの移動、越境的な情報の流れなどが信じられないほど活発となりました。さまざまな国民間の交流が増大しました。それにもかかわらず、レイシズムはなくなっていない。むしろ、最近あらゆるところで、「グローバル化されたレイシズム」と呼びうる現象が顕著となってきました。

どうしてでしょうか？　なぜ、越境する交流が増大しても、私たちはレイシズムを乗り越えられないのでしょうか。

その説明のために、私はレイシズムにかかわる三事例を検証してみたいと思います。

最初の事例は、オランダの極右政治家ヘールト・ウィルダースと彼の運動。

二番目は、二〇〇五年一二月にオーストラリアで起きた人種差別的な暴動事件。

三番目として、日本の「在日特権を許さない市民の会」*について。

各個の事例を検討する前に、グローバル化の社会的影響にすこしだけ触れてみたいと思います。グローバル化されるレイシズムの背景には、以下の五点の特徴を指摘できるでしょう。

1. まずグローバル化される経済の激しい競争があり、ほぼ世界的規模で導入されている新自由主義的政策の結果として、国と国の間だけではなく、一国のなかでも、格差が広がっている。
2. 新自由主義的経済政策の帰結として、多くの先進国にそれまで存在していた福祉制度が侵食された。労働者の低賃金化競争が激化すると同時に、雇用が不安定となった。
3. 世界経済が密接に接続するシステムとなっているので、一国で起きた経済的波紋は越境し、遠く離れた国の経済社会に大きな影響を及ぼす。最近での顕著な例は、二〇〇八年のリーマン・ショックですね。ギリシャ危機、アイルランド危機と続き、その影響は東南アジアや日本にまで及びました。

4. グローバル化は越境するモノ、金、人のフローを増大させ、加速化します。私が強調したいのは、越境する人びとのフロー自体がレイシズムを生み出すものではない、ということです。ただし、不安定な状況下では、新規参入者、移民を含むマイノリティはレイシズムの標的にされる傾向が強まります。

5. グローバル化する世界では、経済の形だけではなく、戦争の形、戦争の様式も大きく変化しました。冷戦構造の時代にあったような、二つのスーパーパワー間の相互完全破壊を含む核全面戦争の危険性はすくなくなったかもしれませんが、その代わりにいわゆる「テロとの戦い」が注目されるようになりました。この部分では、メディアの役割が重要です。テロに関する報道では、いつか自分や自分の家族がテロ事件に巻き込まれるのではなかろうかという不安感が煽られます。日本のような国で、実際にテロと遭遇する可能性は低いにもかかわらず、完全にはゼロとはならないので、メディアは不安感を商品として売る。「テロリストの怖いのが平気で日本をうろうろしている」という鳩山邦夫法相（二〇〇七年一〇月当時）の発言は好例でしょう。

グローバル化した世界は、比較的に豊かな国に住む人びとにとっても、不安の時代です。こうした不安定な状況が、さまざまな国でレイシズム的、民族差別的動きを促します。保証されているといままで信じていた相対的に豊かだった生活水準が、もう保証されなくなっていることに多くの人びとが気づきました。

今日は仕事があっても、明日は解雇されるかもしれない。失業すれば、未来は暗澹たるものになるという恐怖があります。親の世代には保証されていた年金、福祉などが、子の世代にはもうほとんど保証されていない、という不安感。

朝日新聞で「かけていたつもりの年金欠けていた」という川柳が入選しましたけれど、保証されていたと思ったものがどこかへ飛んでいった。

毎日実感している不安の原因を探しても、みつけるのはたいへん困難です。不安感の本当の原因はとてもわかりにくい。本当の原因は突き止めづらいから、自分の不安感の原因の矛先を、比較的簡単でわかりやすい対象に向けます。つまり私たちの雇用、私たちの年金、私たちの福祉がどこに行ったかと考えると、だれかがそれを奪った、と考えるのが一番簡単です。悪玉が必要となります。そして、その不安の原因の矛先は、決して自分たちには向けられず、他者、よそ者、外部の人、外国人に向けられる場合が多い。

典型的なフレーズ

二一世紀にグローバル化されつつあるレイシズムを検証してみると、それぞれの国のレイシズム運動の中にある類似点に気がつきます。それぞれの国でのレイシズム運動を誘発する、経済的・社会的な背景は同様だ、といってもそれほど間違っていないかもしれません。またそういったレイシズム運動がつくりだす他者、よそ者等に対するステレオタイプとかジェンダー的な意味づけには、深い類似性が認められる。

ここですこしアメリカの人権活動家であるジェーン・エリオットの分析について触れます。エリオットは長い間、アメリカ合州国で反人種主義教育の講座を開催してきました。彼女がおこなう教育プログラムには、さまざまな評価があります。私としてはすこし疑問を感じるある部分もあります。しかし、彼女の分析で私が注目するのは、「レイシズムは、典型的なフレーズを繰り返す」という箇所です。

グローバル化されるレイシズムの発言を検証すると、国は違えども、同じような典型的なフレーズに遭遇します。たとえば、次のような発言です。

「「われわれ」がこんなに苦しい状況に置かれているにもかかわらず、政治家たちは耳を傾けてくれない。しかし、政治家たちはどうして「かれら」のためだけに様々な特別な優遇策を立案するのか」。

「「かれら」の存在が、「われわれ」の国の美しい伝統を脅かす」。

「「かれら」はなぜ自分たちのアイデンティティをあれほどまで強調するのか。どうして「かれら」は「われわれ」の社会への同化義務を怠るのか。「われわれ」の社会に適応できないなら、出て行け」。

こういった典型的な発言の構造は、どこを見ても基本的に同じながら、その批判対象とされる「かれら」は、国や地域によって異なります。ある国での「かれら」はイスラム教徒であったり、また別の国では難民であったり移民労働者となります。オーストラリアやアメリカや日本では、先住民・少数民族ともなります。もちろん「かれら」は重なり合う部分も生じます。どうして国や地域によって「かれら」は異なるのか？　レイシズムの対象はそれぞれの国・地域での歴史的背景に基づくからです。

世界的な規模で、これまで十分に清算されてこなかった歴史的差別が、現在のグローバル化された不安定な状況で再利用・再生産されています。

以上では、すこし抽象的かもしれないので、前述した三つの具体例を検討してみましょう。

オランダ極右のメディア利用

最初の事例は、オランダの極右政治家であるヘールト・ウィルダースです。

彼は「自由のための党」(Partij voor de Vrijheid)という名の極右党の党首です。党の名前自体が興味深いメッセージを伝えている、と私は考えます。

「われわれオランダ人の自由は、あの悪賢いかれらに奪われつつある。だからこの政党が、われわれの自由を守る」という含意がある政党名ですね。この場合の「かれら」はイスラム教徒です。もうすこし具体的に下位区分すると、オランダに住む移民、あるいは移民の子どもたちのなかのイスラム教徒を意味します。

この背景を理解するためには、オランダの歴史を遡らなければなりません。二〇世紀半ばくらいから、元植民地だったインドネシアとかスリナムの人たちがオランダに移民しはじめました。オランダには、その後一九六〇年代、七〇年代の資源ブーム(主に天然ガス)の際には、南ヨーロッパ、中近東、北アフリカなどからも、大量の移民労働者が入りました。

オランダはもちろんEU(ヨーロッパ連合)の一員であるけれど、相対的にEUでは経済規模の小さな加盟国ですから、多くのオランダ人は、自国文化がEUのなかで侵食されているという恐れをもちます。また、九・一一同時多発テロ以降、イスラムに対する恐怖感がヨーロッパ全体に植えつけられました。世界金融危機や経済成長の停滞もあります。

オランダでイスラムにかかわる衝撃的な映画を作ったテオ・ファン・ゴッホという監督が、イスラム教徒によって二〇〇四年に暗殺されました。メディアはショッキングな形で、この事件を繰り返し報道しました。この事件は、現在にいたるまでオランダの世論形成に大きな影響を与えています。

そうした状況下、ヘールト・ウィルダースが、古いヨーロッパのイスラム嫌いを再生産・再利用し、多くのオランダ人が経験している不安感に、ひじょうに単純でわかりやすい原因説明を提供しました。

たとえば、ウィルダースは次の発言をしています。

「これは戦闘である。われわれは自衛するしかない。近いうちに教会よりモスクの数のほうが多くなってしまう」。

「イスラム化をやめろ。われわれの自由を守ろう」。

すなわち「悪いのはイスラム教徒であり、われわれの伝統や文化などを破壊しているのはイスラム教徒の移民である。だから、そのイスラム教徒を追い出せば、おのずから問題は解決する」という主張です。

ここで強調しておきたいのは、ウィルダースとその一味が新しいメディアをとても上手に利用している点です。この部分は、各国で台頭するレイシズム運動の共通する性格だと思います。ウィルダースとその一味は、イスラム教およびイスラム教徒にかかわるたいへん差別的・暴力的な短編映画をつくり、インターネットで流しました。すると、その映画に対して批判が湧き起こりました。これはウィルダースとその一味が、あらかじめ計算にいれておいたことだと思います。

批判を受けたウィルダースとその一味は、あの映画ではイスラム教徒たちではなく、自分たちこそが「被害者」であると強調します。悪いイスラム教徒たちがわれわれの「表現の自由」を抑圧しようとしている、と主張しました。

もちろんオランダ国内で、そういったレイシズムに根差す運動に対する反発はありました。しかし重要なのは、ウィルダースの「自由のための党」や他のレイシズム的動きが注目を集めると、保守派の政党が、人気回復のためにレイシズム運動の主張に迎合してしまう部分でしょう。

たとえば二〇〇六年にはオランダ国会でIntegration Law（同化法）が成立しました。移民はオランダに住んで三年後には、オランダ語とオランダ文化に関する試験に合格しなければならない、といった内容の法律です。ひどい法律ですね。でも、その法律の支持者たちの多くは、こういう法律によってレイシズムや「民族的・宗教的摩擦」が減少すると考えていたのかもしれません。

移住者、移民が「主流文化に同化」しさえすれば、レイシズムはなくなる、とする考え方ですね。しかしこれは、本末転倒です。そのような法律では、レイシズムはマイノリティ、移民やイスラム教徒の側に問題があるから起こる、とするメッセージを伝えてしまいます。実際、レイシズムは、被害者であるマイノリティの側にではなく、マジョリティの側に問題があるのです。ですから、マジョリティ側がもつ問題を見据えないと何も解決はできないと私は思います。

オーストラリアの人種差別的暴動とラジオ

二番目は、「クロヌラの暴動」と名づけられた、オーストラリアで二〇〇五年一二月に起こった人種差別的事件です。この事件は、日本でもすこしだけ報道されました。

これはオランダのヘールト・ウィルダースが主導しているような運動ではありません。一見、自然発生的に起きた事件と思われていますが、その背景にはシドニーの社会経済的格差が存在します。シドニーという都市の構造をまず説明します。

シドニーはオーストラリア大陸の東海岸にあります。クロヌラは、シドニー都市圏の南に位置する町です。いちばん豊かな郊外は、シドニー湾に面するイーストです。クロヌラは、イーストから南下して、やはり海に面していますが、シドニー湾ではなく、外洋に面します。たいへん美しい場所ですが、相対的には不動産価格はさほど高くありません。クロヌラの住民たちは、ほとんどが中産階級に属するといっても、それほど間違っていないでしょう。大都市の中心部からそれほど遠くなくて、風光明媚な場所に赤い瓦屋根の一軒家が連なる。ここに住むことは、一種のオーストラリア人の夢(オージー・ドリーム)です。

住民の圧倒的多数はオーストラリアのマジョリティである白人、イギリス系の人たちです。クロヌラの内陸部に向かうと、比較的貧しいウエストと呼ばれる郊外があります。より最近の移民、ここ二、三十年くらいの移民であるアジア系、中近東系の住民がウエストには多い。また、ウエストは比較的失業率が高いエリアです。

九・一一の同時多発テロ以降、オーストラリアでもイスラム教徒に対する蔑視・差別が高まってしまいます。その蔑視・差別の主な対象となってしまった人間集団のひとつは、レバノン系のイスラム教徒でした。オーストラリアにはレバノン系の移民数は多いのです。

クロヌラの暴動は、学校が夏休みに入ってから発生しました。その時期に、オーストラリア東海岸の夏は暑いですから、内陸部に住む人たちもビーチに出掛けます。車で半時間もかからないのですから。

ある日、小さな事件が起こりました。レバノン系の若者たちがクロヌラの浜で、地元の若者と喧嘩になり、地元側の一人が怪我をしました。その反発で地元の住民たちが、「レバノン系の若者たちを「われわれ」の浜から排除しよう」という運動を組織しました。デモをする予定だったのですが、直前にその計画はメディアで大きく報道された。携帯のネットワーク等でいろいろと怪しげな情報が流されました。バイキー・ギャング、日本でいえば暴走族となるのでしょうが、そういったかなりの暴力的な白人の若者たちが、各地から集合し、何も知らずにビーチにいたレバノン系と思われる若者たちを襲撃しました。怪我人もかなりでています。

ところがレバノン系と一言でいっても、見ただけではその出自はわからない。ですから、襲撃の対象となった人のなかには、イタリア系などの若者たちもかなりいました。

同じ日の夕方、今度はレバノン系の一部の若者たちが、その報復を計画します。クロヌラ周辺に駐車する車に放火するといった騒ぎがあった。

クロヌラ暴動に関して触れた書籍が日本でも出ています。『移民国家ニッポン』（日本加除出版、二〇〇七年）というタイトルで、著者は長い間、法務省入国管理局の高官として勤めていた坂中英徳と名古屋大学の浅川晃広です。

クロヌラの暴動に関する章を書いたのは浅川ですが、彼は暴動の原因として、シドニーの地域格差だけではなく、「一九八三年から一九九〇年代中頃までの労働党政権下では、「家族移民」が重要視され、このため、英語能力といった、豪州社会での適応に必要な能力を、必ずしも持たない人々が移住」した点を指摘しています。そして、その政策の背景として、「労働党の選挙区には多数の移民が居住しており、それが労働党の大きな票田になってきた」ことを取り上げました。「こうした、「多文化主義」の問題が表面化したのが、二〇〇五年一二月一一日、豪州シドニー郊外のクロナラ《ママ》海岸で発生した、いわゆる「人種暴動」事件であった」そうです。さらに浅川は以下のように解説します。

「〔保守党の〕ハワード政権は、一九九六年に一九八三年から一三年間続いてきた労働党政権から政権を奪取し、二〇〇四年の選挙では歴史的な四回連続の勝利を収めている。ハワード政権における移民政策の特徴としては、明らかに「経済政策」としての移民政策を打ち出したことで、前の労働党政権下で数的に中心であった、豪州滞在者の血縁的関係者を受け入れる「家族移民」重視策を改め、高度の技能や、多くの資産を有する「技術移民」中心の政策に改めた」

テロ事件や人種暴動を避けるためは、日本はハワード政権から学んで「社会統合能力」の高い「技術移民」を選択する政策を導入すべきである、と浅川は結論しました。

この解説には、まず歴史的な間違いがあります。オーストラリアの「多文化主義」的な移民政策の基盤は、労働党政権というより、一九七八年から八三年の間の保守党連立政権によって設定されました。移民をより厳しく選別する政策は、たしかにジョン・ハワードの保守政権によって導入されましたが、その導入はクロヌラ暴動の十年前でした。そういった政策が、はたして「人種暴動」を防ぐ効果を持っているのか、たいへん疑わしい。

しかし、浅川のクロヌラ暴動にかかわる分析のもっとも根本的な誤りは、レイシズムの原因をレイシズムの被害者たちに転嫁している部分だと私は考えます。被害者たちがもっとオーストラリアに同化し、もっとオーストラリア社会に適応してさえいれば、レイシズムの被害者とならなくなる、とする考え方です。

クロヌラ暴動のもっとも基本的な原因は、オーストラリアのマジョリティがもつレイシズムにある、と私は疑いなく思います。

そのレイシズムを形成させる要因として、教育の問題を含めさまざまな構造的なものがあるのですが、クロヌラ暴動に関しては、メディアが果たした役割が非常に大きかった。クロヌラ暴動の一週間くらい前から、メディアでレバノン系移民に対しひどく差別的な言説が繰り返されました。浅川はその分析で、この件に関して触れていません。

オーストラリアは車社会ですので、ラジオの影響力が強い。多くの人たちは通勤しながらラジオを聴きます。シドニー圏のラジオ番組では、極右のパーソナリティで知られるディスクジョッキーが三人いて、その人たちが担当するプログラムは、「ディスクジョッキー」ではなく「ショックジョッキー」と呼ばれます。

そのなかの一人はアラン・ジョーンズです。彼は当時ハワード首相のとりまきで、親しい友人の一人と言われています。最初の小さな事件（地元側が一人怪我をしたもの）以降、ジョーンズは自分の番組で、レバノン系の人たちを“Lebanese thugs”（レバノン系の悪漢）とか“scum”（くず）とかたいへん差別的な言辞で誹謗します。それだけではなく、白人のバイキー・ギャング（暴走族）たちにその「くず」を「処理する」ようジョーンズは煽った。あまりにもひどかったので、彼は放送規則違反で罰せられたのですが、一時停職というその処分はあまりにも軽かったので、多くの人々がとても怒りました。

在特会の映像詐術

三番目の事例で、最近日本のメディアに頻繁に登場するようになった「在日特権を許さない市民の会（在特会）」を検証してみましょう。

在特会は、二〇〇七年一月に設立され、外国人参政権反対、在留特別許可反対、朝鮮学校への攻撃、アイヌ先住権反対、反民主党政権等の運動を展開します。中心人物とされる桜井誠は、サスペンダーに蝶ネクタイという奇抜な格好でデモを指導します。

在特会の運動の特徴は、インターネットをうまく利用する点だと思います。ウェブ上での煽動的なプロパガンダを流します。自分たちのデモの映像など、上手に編集します。ですから、いったい何人くらいがそのデモに参加していたか把握するのは難しい。周囲で見物している人たちまで、あたかもデモ参加者であると錯覚してしまいます。

在特会の主張は、前述した「レイシズムの典型的なフレーズ」がとても多いと思います。在特会の主張の場合は、悪い「かれら」は、イスラム教徒や難民ではなくて、主に在日朝鮮韓国人、アイヌ、被差別部落の人びと等となります。

つまり、日本のなかで長い間存在してきた差別、清算されてこなかった差別が、再生産・再利用されているわけです。偏見や差別、いままでの日本の教育のなかでしっかりと教えられてこなかった歴史に関する無知を利用します。

一例を挙げてみましょう。在特会のウェブサイトでは、生活保護問題に関するビデオが流されています。このビデオは、上手につくられている。テレビのインタビュー番組を模倣します。在特会の会員が、会長である桜井誠にインタビューする。ですから、桜井誠があたかも社会福祉政策「専門家」であるかのように誤解してしまいます。

桜井は、さまざまな統計資料を語ります。平成十六年度の日本国民の生活保護率は一・〇八パーセントであったのに、在日朝鮮韓国人の生活保護率は五・〇九パーセントであった、と解説します。在日コリアンのなかで生活保護を受けている者の比率は、日本国民の比率の五倍となっている。これは「とんでもない差別である」と桜井は強調します。いま本当に苦しい生活をしている日本国民のなかでも生活保護をもらえない人が多くなっているというのに、どうして在日韓国人、朝鮮人は、そんな恵まれた状態（！）にあるのか、と桜井は続けます。その原因は、地方公務員が在日の人たちに対して、甘い基準を設定しているからだそうです。地方の左翼勢力が地方公務員に圧力をかけるから、そうなる、と。最後にひじょうに深刻な顔をして、「生活保護などの福祉政策はあくまで公平に行うべきである」という結論を桜井は導き出します。

事情を知らない人たちは、この奇妙な論法に説得されてしまう可能性があります。桜井が持ち出した統計が、たとえ正しい数字であったとしても、生活保護を受給することがはたして「特権」なのでしょうか。

また、在日コミュニティのなかで生活保護受給者の比率が、日本国籍をもつ人たちよりも高くなるのは、ある意味で当たり前のことです。なぜなら一九八二年まで、在日の人たちは、日本国の年金制度と保険制度から法的に排除されていたのですから。八二年にその排除が終わっても、ある程度まで年金支払いをしていないと年金はもらえません。たとえば八六年までに定年退職した人たちは、年金をもらえない仕組みになっている。さらに、一部の在日の身体障がい者たちは、年金と保険のシステムの枠外に置かれていた（在日韓国・朝鮮人の無年金問題）*。そうであるなら、在日コミュニティのなかで生活保護を受給する比率が高くなるのは、当然です。

このプロパガンダ・ビデオを見て、在特会の人びとは無知である、と結論してしまう人たちも多いでしょうが、私はそう考えません。桜井誠は、在日の人たちの一部が無年金状態に置かれていることをよく知っています。なぜなら、無年金状態に陥ったことに関する裁判を起こそうとしている在日の人びとを、桜井は激しく攻撃しているからです。

ところがこのプロパガンダ・ビデオでは、在日の人たちの無年金状態という重大な側面についてはいっさい触れられません。そうではなくて、お伽話を創作し、自分の将来に大きな不安を感じる人びとに、在日に対する差別を煽るのです。一九五〇年代に日本の新聞・ラジオを中心として、在日朝鮮韓国人への偏見と差別に満ちた報道が繰り広げられましたが、このプロパガンダ・ビデオはそれを想起させます。偏見と差別がリサイクルされている。

以前にあった偏見と差別が、清算されないまま再生産・再利用される。ヨーロッパ、北米、オーストラリアにあるイスラムに対する恐怖感と同様です。ヨーロッパ中世に存在した偏見と差別が、リサイクルされ再利用されている。

これがグローバル化されたレイシズムの顕著な特徴である、と私は考えます。

レイシズムへの対抗策

グローバル化されたレイシズム現象に、いま私たちは直面しています。それに対してどう対抗していくのか？　もちろん簡単な解答はない。それでもここでいくつかの提案をしてみたいと思います。

1. 社会的格差、経済的不安感が、グローバル化されるレイシズムの基礎要因ですので、その対応には、基本として富の再分配が必要となります。しかし公平な富の再分配を実現するのはとても難しいし、たいへんな時間を必要とします。長期的には公平な富の再分配を目指します。しかし短期的な対抗策も考え実践していかなければいけない。

2. すぐにも日本で実践可能な案は、レイシズムに対抗する法制度の整備です。たとえば差別撤廃法を整備する。「あらゆる形態の人種差別の撤廃に関する国際条約（通称・人種差別撤廃条約）」は、国連で一九六五年に採択され六九年に発効しました。現在では百六十カ国以上の国々で批准されています。日本も、他国にずいぶんと遅れ、九五年に批准しました。

この国際条約を批准した多くの国では、批准と同時に、人種差別にかかわる国内法の整備をしました。ヨーロッパの国にもオーストラリアにも人種・民族差別撤廃にかかわる国内法があって、完全ではまったくないけれど、ある程度まで効力を示している。ところが、日本は「人種差別撤廃条約」を大きく遅れて批准したのみならず、批准時に関連国内法の整備をまったくしなかったのです。なぜか、という疑問に、だいたいの想像はつきます。

国内法の整備は絶対に必要だとおもいますが、もちろんそれが万能薬とは考えません。国内法の内容によって効果は異なります。それにもっとも重要な点は、人種・民族差別撤廃に関する法律が、司法の中でどう解釈され実践されていくかなのですから。

3. グローバル化されるレイシズムへの対抗として、教育はとても重要です。

現在ほとんどの国で反差別教育の実践が行われています。もちろん日本でも、多くの学校で反差別教育が長い間実践されています。また大阪の人権博物館のような公的施設でも、差別に対抗する教育活動が行われています。ところが、橋下徹氏が市長に就任してから大阪市は突如その博物館に対する補助金打ち切りの方針を決めました。報道によると、橋下氏ら行政側は「子どもが夢や希望をもって将来像を描く施設になっていない」という理由を掲げています。

人種差別・民族差別は諸悪の根源である、という合意が、世界ではできあがっている、と私は考えます。ところが日本では、新自由主義的立場をとる首長がいる地域では、教育委員会がその逆の方向性を持つ教育を主張することも稀ではありません。

オーストラリアのひとつの事例です。前述したクロヌラ暴動の後に、Multicultural Australiaというウェブサイトが立ち上げられました。これは、ニュー・サウス・ウェールズ州政府といくつかの大学が協同で作成したウェブサイトです。このサイトには、学校で先生たちが授業で使える反差別教育の資料が載せられています。各国の反差別教育を比較し、いい事例はどんどん自国の教育でも取り込んでいくべきではないでしょうか。

また国連が作成しているウェブサイト「サイバー・スクール・バス」(Cyberschoolbus) にも注目すべきでしょう。このサイトには様々な国の教育材料が載せられています。ほとんどが英語の資料です。レイシズムに対抗する教育の重要なリソースになると思います。

4. グローバル化するレイシズムに対抗する手段として、メディアは大変重要です。主流メディアでも、新しいメディアでも同様に重要です。

オーストラリア政府は、一九七九年に、多文化主義*を推進させる目的で新しいテレビ局を立ち上げました。SBS (Special Broadcasting Service) という名のテレビ局です。SBSでは、いろいろなオーストラリアのマイノリティ言語の番組あるいは多文化主義に関する番組をつくって放映しました。NHKニュースも見られます。影響は大きかったと思います。しかしよくある問題が発生します。新自由主義的政策で公共放送局の予算は削られました。結局SBSですら広告収入に頼るようになってしまい、番組の質が著しく低下しました。

批判はしましたが、それでもまだSBSは面白い番組をつくります。一例ですが、クロヌラ暴動のあとには、イスラム理解のための情報を流す目的で、サラーム・カフェ(Salam Café)という番組をつくりました。トークショーです。イスラム教徒の若者たちが、政治家とか有名人をスタジオに招いて、インタヴューするのです。ユーモラスに人種差別問題を討論します。かなり人気の高い番組です。

最後に、これからのレイシズムへの対抗なのですが、冒頭での指摘のように、グローバル化されたレイシズムの背景には、経済的・社会的な不安感が必ず存在しているのだと私は考えます。経済格差、教育格差、失業、不安定な雇用、自殺等々、それぞれの国にそれぞれの問題が存在します。そういう克服しなければならない課題に対し、新しい政策の提示を試みる社会運動は、さまざまな国で盛り上がりつつあります。

日本でも、ホームレス、雇用、ジェンダー差別、自殺等の諸問題に向き合う新しい社会運動が、すこしずつ広がっています。それを私はたいへん嬉しく思うのですが、不満もあります。たとえば日本でのホームレス問題に関する社会運動、あるいは自殺に関する社会運動は、多くの場合、日本の国内問題としてだけ対応しようとしているのではないでしょうか。

若者たちの自殺は、日本だけの問題ではなく、韓国でもそうですし、中国でもそうです。アジア全域、いや、地球全体、まさにグローバルな問題であるわけです。ですから、越境的に社会運動の連帯をおこなえば、社会問題を乗り越える力だけではなくて、ある意味でレイシズムを乗り越える力も出てくるのではないかと信じます。

問題の解決は他者(かれら)にはありません。じつは他者(かれら)も、同じ経験をして、同様に苦しんでいるのです。ですから他者（かれら）を排除するのではなく、連帯し手をつないで、グローバルに展開される経済・社会問題に立ち向かう必要がある、と私は信じます。それは同時に、グローバル化されるレイシズムに対抗する方法なのですから。

二〇一〇年二月二一日、本願寺札幌別院本堂で行われた「東アジアの平和のための共同ワークショップ」のシンポジウム「レイシズムを超えて　～私たちが創る東アジアの和解と連帯」での講演に加筆。

移民／先住民の世界史

イギリス、オーストラリアを中心に

テッサ・モーリス＝スズキ

（聞き手：李孝徳）

イギリスからオランダ、ソ連、日本、韓国、オーストラリアへ

――テッサさんのイギリスでのもともとのご専門は経済史でしたね。

博士論文は日本の経済社会史です。戦前から戦後までの商社や多国籍企業がインドネシアでどういう活動をしたのかを扱いました。書き出したのは一九七五、六年ぐらいで、その前の一九七四年に田中〔角栄〕首相が東南アジアに行った際に暴動（マラリ事件*）があって、日本企業の海外進出がかなり話題になっていたときです。

ただ正直にいうと、ほんとうにやりたいと思っていたのは、日本企業の韓国への進出です。でもそのときは日本語を勉強していましたので、韓国語を同時にやるのは無理だと思ったんです。私はオランダ語ができますから、戦前のインドネシアの研究ならやれるということがあって。

――オランダ語も勉強されたんですか?

十一歳から十三歳のあいだに二年間、オランダに住んでいました。

――韓国を研究したいと思われたのは?

私が初めて日本に着いたのは一九七三年一一月で、金大中拉致事件の直後でした。その事件に関す

るニュースを読んで、韓国の政治に興味をもつようになって、翌年七四年の夏に初めて韓国に行きました。朴正熙独裁政権の最中でしたから、かなり暗い雰囲気でしたが、それでも民主主義のための戦いが続いていたことは印象的でした。韓国を離れた日はちょうど朴正熙の奥さん、陸英修が暗殺された日ですから、そのときの緊迫した状態が記憶に残っています。

学部生のときは別にアジアに興味はもっていなくて、ロシア語と東欧の歴史を勉強したんですが、卒業してから何をやりたいかわからなくて、ともかく旅行したいと思って（笑）日本に来て、英会話の教師をやりました。一九七三年ですね。それで日本に興味をもって。ちょうど石油ショックのときで。

―― ロシア語も学ばれたんですね。折しも冷戦の真っ最中だと思いますが。

一九七〇年に一ヶ月ぐらいソ連にいたんです。興味深い経験でした。モスクワからおよそ五十キロ離れた労働者のための休暇施設に泊まっていましたから、周りのひとたちと会話する機会は多かったです。もちろん、会話の内容は制限されていたのですが。そのときでも、小規模の闇市がかなり盛んで、まわりのロシア人（ウズベク人などもいましたが）が私たちといろんな商品を交換したいといってきたのには少し驚きました。また、七〇年代になっても、第二次世界大戦の影がまだ大きく、出会った人々の中で、大戦で親戚を失っていた人々が多かった、ということも印象的でした。

―― そのころ（冷戦下）のイギリスでは共産主義のイメージはどうだったんですか。伝統的にマルクス主義が強い国だという印象がありますが。

そうですね。共産主義諸国に対する批判や恐怖感はもちろんあったんですけど、アメリカほど強い敵対感はなかったですね。イギリス共産党は政治的に強くなかったのですが、労働党左派に、ある程度まで共産主義諸国に対する親近感を持っている人々はいました。戦前・戦時中、イギリスのエリート層の中に、共産主義に強く影響されていた人たちも少なくなかったのです。ケンブリッジ大学を卒業してソ連のスパイになった有名な五人もいました。その一人、ドナルド・マクレーンという人物は、実は私の親の友人で、スパイであることが発覚したとき、ソ連に亡命しました。彼の知り合いが皆とてもショックをうけました。

イギリスとアメリカとの関係にはかなり微妙なところがあります。政治的には近いんですけど、イギリスではアメリカの文化的影響力に対する反発が、とくに五〇年代、六〇年代に強かったです。

―― イギリスにとってアメリカは、以前は植民地だったにもかかわらず、二〇世紀半ばからは国際世界のヘゲモニーを奪われる形になりましたからね。ただ、最近の映画なんかでは、若者にとって「憧れの地」として案外直截に描かれていますね。

イギリスの移民問題

―― 日本では英国の人種問題がアメリカのように取り上げられることは少ないのですが、実は戦前から多くの人種問題を抱えていますよね。日本では二〇〇〇年代になってからようやくフランスの郊外蜂起がメディアでカバーされましたが、そうした暴動なら実は以前から起きていたわけですし、イギリスでも五〇年代からあったわけです。フランスのルペンの国民戦線*（Front National）よりも前に、英国には国民戦線*（British National Front）が存在していたわけですし。

英国民党*（BNP：British National Party）の前身である英国民戦線は、私がイギリスに住んでいたころにはすでに存在していました。そのときはほんとうに極右で、議席をとることなど想像できなかった。いまはかなり主流になっていますが。

――イギリスの国民戦線はフランスのルペンの国民戦線とは関係ないんですか？

直接関係はないですね。どちらかと言えば、フランスの国民戦線が、英国民戦線から距離を置く努力をしています。

――人種暴動と言えば、日本では最近のフランスの郊外蜂起とか、その前でいうとアメリカのロス暴動とか公民権運動*以降のブラック・パワー・ムーヴメントがイメージされがちですけど、実はイギリスでもかなり早くから起きてますよね。五〇年代後半には人種差別に反発した移民労働者たちによる暴動が起きていますし、一九六五年に人種差別を規制する人種関係法ができた後でも起きています。★1

五〇年代、戦後の経済成長のときに、旧植民地からの移民が増えました。イギリス政府も企業も、積極的に西インド諸島とインド、パキスタンから労働者を導入したんです。でも六〇年代に入って失業率が高くなると反動が出て、人種問題が起きたんです。

★1　主要な都市のものでは、一九五八年にノッティングガムとノッティング・ヒルで、一九八一年にはブリックストン、一九八五年にハンズワス、ブリックストン、トトゥナムで、一九九五年にブリックストン、二〇〇一年にはブラッドフォードとその周辺都市で人種暴動が起きているし、六八年にはブリックストンで若い黒人たちが人種差別や暴力に対抗するためにブラック・パンサー運動を開始している（巻口勇次『現代イギリスの人種問題』信山社、二〇〇七年参照）。

そのころアメリカの公民権運動はイギリスで大きく報道されていました。私が住んでいたところは、中産階級的なところで、多くが教育を受けた人たちだったので、公民権運動に対して共感してはいたんですけど、それはまさにアメリカの問題としてだけとらえられていました。自分たちの国には、アメリカとちがって法律上の人種分離（segregation）がありませんでしたから、人種差別もあまり存在しないと信じていた人が多かったかもしれません。

しかし、イーノック・パウエル*が移民排斥発言を始めたとき、そうしたばら色の見方は完全な幻想であることが明らかになりました。パウエルの移民排斥運動が出てくると、イギリスのリベラリズムのなかの偽善主義がみえてきました。そのころ私は高校生ですから、ある程度興味をもっていたんです。周りの大人たちの会話を聞くと、イーノック・パウエルの発言は極端でちょっと受け入れることはできないけれども、失業している労働者などが移民に対して反発するのは当たり前だから、その意味でパウエルの発言を理解できないわけではない、と。失業しているかわいそうな労働者の話をいままで一度もしたことがないのに、どうして突然そういうことを言いだしたのか、不思議でたまりませんでした。

――そのころのイギリスは、アイルランド問題*が激しいころでもあったと思いますが、アイルランド問題が旧植民地系移民の問題と同じように植民地主義や人種関係の問題として考えられることはあったんですか。

アイルランド問題はメディアなどのなかでは、治安問題、宗教的対立の問題としてとらえられたんですね。それは「向こうの問題」、「北アイルランドの問題」として描かれて、大英帝国の植民地主義が引き起こした問題として捉えることはほとんどなかったです。私のおばあちゃんはアイルランド人でカトリック、母や私もカトリックでした。ですけど子どものころはそういうアイデンティティ意識はほとんどゼロだったんです。一度もアイルランドに行ったことはなかったし、学校でもアイルランドの歴史はぜんぜん教えられていなかった。ただそのころ、北アイルランドの問題が「公民権運動」という名前でもりあがって、それで初めて考えるようになって、アイルランドの歴史に興味をもつようになりました。

当時のメディアの扱いとしては、植民地主義とアイルランドの問題は分かれて報道されていました。大学生のころになると、これは植民地主義の問題だと、やっとわかるようになった。ですからアイルランドの問題と移民排除の問題は分かれて語られていたんです。

——人種差別を規制する人種関係法が六五年以降にでき、いくどか改正されてきてはいるわけですが、人種差別による事件が後を絶たないわけです。[★2] 戦後のイギリスはそうした人種問題・人種関係をどういうふうに吸収してきたのでしょうか。

ちゃんと吸収できていないのだと思いますよ。今の「テロ」の扱いを考えると、その歴史の続きだと思うんです。イギリス社会はその問題にうまく直面できなかったから、疎外感を感じている人たちはまだ多いと思います。とくに南アジア系の若者ですね。

——いまイギリスにいるジャマイカ系の人々は、合州国がマッカラン＝ウォルター法＊（一九五二年）でジャ

★2　近年では、一九九三年の黒人青年スティーヴン・ローレンス殺害事件や二〇〇〇年にはナイジェリアからの移民であるダミロラ・テイラーの殺害事件がある。

マイカ移民を排除したからイギリスに行った人たちだそうですね。
そのときはイギリスは積極的にジャマイカ移民を受け入れたんですね。
―― 国別に見ているとなかなかわかりませんが、移民史は世界史的に考えなければならないことがよくわかります。

労働運動における人種問題の不可視化

―― 五〇年代後半から現在にかけてまで、いわゆる人種暴動が起こってきたわけですが、イギリス社会ではどのように「人種問題」は意識されていたんですか。

あるていどまでは報道されていましたけど、かなり表面的な扱いで、深い原因についてまではあまり報道されなかったですね。学校でも植民地問題とか帝国主義に関する教育は受けたことはありません。最近は植民地帝国の歴史に関する教育がもっと普及していると思いますが、まだ十分教えられていない側面は残っています。とくに、脱植民地化のプロセスに関する多くの幻想が残っているでしょう。大英帝国の終わりは実に暴力的な出来事でした。独立のための戦いで、植民地の多くの人々が植民地当局あるいはイギリス軍によって殺されたことは確かなのに、その歴史はあまり教えられていないし、映画、テレビなどでも十分には描かれていません。

―― ポール・ウィリスの『ハマータウンの野郎ども』（熊沢誠・山田潤訳、ちくま学芸文庫、一九九六年。オリジナルは一九七七年）でも人種関係はおざなりにしか扱われませんよね。イギリスの労働者階級の子どもたちの研究で、エスノグラフィを用いた階級分析として大きな影響力をもったものですが、時期的にも移民が増えて、労働現場では競合もしているのに、それがほとんど扱われないのが不思議なんです。レイモンド・ウィリアムズ*も、ああいう文化研究をやりながらカラードの問題は出てきません。だからポール・ギルロイ*がレイモンド・ウィリアムズを批判するのもよくわかるんです。エリック・ホブズボーム*なんかもナショナリズムの問題をあれだけ論じながら、イギリス内部のカラードの問題は扱わない。こうした英国のマルキストの学者が人種関係・人種問題をあまり取り上げないのが不思議なんです。

——あれだけ労働問題が扱われていながら、戦後の労働争議のひとつの中心だったと言っていい移民労働者の問題が扱われないのはなぜなんでしょう。

私は若いころエドワード・P・トムソン*に影響されましたが、トムソンのなかにもほとんどないですね。

その当時の雰囲気を考えると、あるていど理解できます。階級研究はイングリッシュ、イングランドのなかの階級問題で、ウェールズとかスコットランドもあまり出てこないですね。実は、イギリスではもっと古くからある問題です。一八世紀、一九世紀にロンドンのステプニーやホワイトチャペルのようなところ（その当時は郊外だったのですが、今はロンドンの真ん中にあるところ）に、フランスから亡命したプロテスタントの人びと、東欧のユダヤ人などの移民労働者が多く住んでいました。また、一九世紀から、リバプールなどには帝国各地から労働者が入ってきましたから。もちろんアイルランドからの移民もひじょうに多い。

——リバプール出身のビートルズは、たしかアイルランド系ではなかったでしょうか。ジョン・レノンには「血まみれの日曜日」や「ザ・ラック・オブ・ジ・アイリッシュ」という歌（いずれもジョン・レノン&ヨーコ・

オノ『サムタイム・イン・ニューヨーク・シティ』（一九七二）に収録。前者で取り上げられているのは「血の日曜日」事件*がありますが。もちろん彼ら自身がどこまでアイリッシュのアイデンティティをもっているかはわかりませんが。

マッカートニーもアイルランド系だと思いますが、ジョージ・ハリソンとリンゴ・スターはどうかわかりません。「血まみれの日曜日」はレノンの歌としては珍しく政治的ですから、彼は自分のアイルランド系のアイデンティティをかなり意識していたと思います。マッカートニーも同じくらいの時期に「アイルランドをアイルランド人に戻せ」（Give Ireland Back to the Irish 邦題「アイルランドに平和を」）という歌をだしましたが、レノンの歌もマッカートニーの歌もイギリス国営放送（ＢＢＣ）で放送禁止になりました。

―― あの時代にイギリスのなかでそういう視角を持った研究はなかったのですか。

一九七〇年代前半までほとんどなかったでしょう。しかし「血の日曜日」などの衝撃的な事件がある程度まで学者にも影響を与えて、七〇年代半ばから、北アイルランドの問題を植民地主義の問題としてとらえる研究が増えました。でもそれは主流のメディアや一般の世論にあまり影響を与えなかったと言っていいと思います。

―― 「カルチュラル・スタディーズ」にしても、イギリスでは七〇年代まで、カラードの人たちがいかに不可視化されていたのかということをちゃんとやらないと、スチュアート・ホール*が出てきたことの意義がわからないのではないかと思うんです。階級分析とか文化研究があっても人種への視点がないというところで出てきたわけで、言ってしまえばカルチュラル・スタディーズの中心は植民地主義が生み出した人種関係・人種問題ですよね。後にジェンダーの観点が欠落していると批判されることにはなりますが……。ところが日本では

「植民地主義」や「人種」の観点は希釈されてしまいます。

ただ、その後のイギリス、とくにサッチャー政権のときなど社会がかなり右傾化したわけですけど、移民の問題はあまり強調されなかったような気がするんですが。

移民の二世、三世に世代が移って、移民社会のなかに格差が出てきたことが大きいのではないかと思います。いまイギリスのなかで、南アジア系や西インド諸島系の人で、すごく成功している人たちもかなりいます。メディアのなかにも出てきて、有名な政治家になっている人もいます。いまイギリスに行って、私が住んでいたときと比較してみると、ひとつの大きな変化はそれだと思います。私が住んでいたときにはまだ、南アジア系や西インド諸島系の政治家は一人もいなかったと思うんですが、いまは多くなっています。メディアも変わってきています。しかし、それでも差別をうけて社会的に疎外されている南アジア系、西インド諸島系、アフリカ系のイギリス人・イギリス住民はもちろんとても多いです。

――イギリスの一般向けの映画、それこそヒュー・グラントが出てくるような映画では、若者が食べ物や飲み物を持ち寄って食事するシーンがよくあるんですけど、九〇年代まではそこにカラードがいなかったんです。それが最近、出てくるようになってきていて、変わったなあという印象を受けました。

私がイギリスに住んでいたときのテレビ・ドラマには、ほとんどいなかったですね。オーストラリアに移住する二、三年前から少しずつ出てきたんですけど、ひじょうに新しいことだった。たしかに今はかなり変わっていますね。

同時に、大きな格差が出て、排除されて社会的問題に直面している人も多いです。その意味では変わっていないともいえて、解決されていない大きな問題として残っています。

イングランド、スコットランド、ウェールズ、アイルランド

——英国ではアイルランドやウェールズなどの問題がありながら、エスニックな問題として受け止められていないというのは不思議ですね。

それも複雑ですね。アイルランド人に対するレイシズムはかなりあったんですね。けれどそれも階級と重なっています。ですから労働者階級の地区に、労働者として入ってきたアイルランド人に対しての差別は厳しかった。ウェールズの場合も、炭鉱が多くて、たいへん搾取されていた労働者が多かったですから、ウェールズ人に対する差別が階級差別と重なった部分もあったと思います。

——九〇年代のことですけど、私がロンドンに行ったとき、ある家庭に招かれたことがあったんですが、その小さな子どもが私のことを「チャイニーズ」と言ったんです。すると母親が「ちがう」と子どもに言うんです。「彼はコリアンだ。アイリッシュとウェルシュとイングリッシュがちがうように、チャイニーズとジャパニーズとコリアンはちがう」と(笑)。

それから、『トレインスポッティング』(一九九六年)というエジンバラの若者たちを描いた映画で、主人公が「こんな最低のスコットランドを支配した最低のイングランドに支配されたスコットランドはもっと最低だ」と罵る場面があって(笑)、大笑いした覚えがあります。九〇年代の話ですけど、いまだ〈ちがい〉自体は意識されているわけですよね。

意識されていますが、ひじょうに複雑です。抑圧された側の、アイルランドやウェールズの人たちのアイデンティティ意識は強いですね。そこにはヒエラルキーもあります。いちばん上はイングランドで、次はスコットランド、そしてウェールズ、最後にアイルランド。
スコットランドに対しての差別もあったんですけど、かなりロマンチシズムもあるんですね。たとえば、ウォルター・スコットの人気小説がイングランド人のスコットランドに対するイメージに大きな影響を与えました。またイギリスの王室はスコットランドに大きな土地をもっていて、休みのたびにそこへ行って、スコットランドの踊りをやったりとか。ですけどウェールズとかアイルランドに対してはそういうものはあまりないですね。アイルランドの場合は宗教的なちがいもありますけど。

――一方で、ブリティッシュ〔英国〕という意識はきちんと共有されていたりするんですよね。

ええ。しかし、「ブリティッシュ」というアイデンティティは本当にイングランド人、スコットランド人、ウェールズ人が平等に共有できるかという問題は残ります。ブリティッシュというアイデンティティには、いつもイングランドのアイデンティティが中心的な役割を果たしていると思います。また最近は、スコットランドとウェールズは政治的な自治権をあるていどまでもっていますので、ブリティッシュというアイデンティティが弱くなって、かわりにイングランドというアイデンティティが強くなっています。むかしはイングランドの道を歩いても、イングランドの旗を見るのは珍しかったですが、いまはどこに行っても見られます。

――ではアイリッシュやウェルシュの人々を人種差別的に見るということは、もうあまりないのでしょうか。

どうでしょうか。たとえばウェールズ人だから仕事をとれないということはないと思います。しかし偏見をもっている人たちはまだいます。私が若いときに、アイルランド人に対するたちの悪い冗談が、いっぱいあったんですね。

私の場合、父はイングランド人ですが、母方の祖父はスコットランド人で、母方の祖母はアイルランド人です。若いとき、スコットランド人のアイデンティティはもっていたんです。休みのときにスコットランドに行って、スコットランドの踊りとかをおぼえていたんですけど、アイルランドのほうはなぜか消えてしまったんですね。大人になるまでアイルランドに一度も行きませんでした。意識的な差別ではなかったかもしれませんが、あとで考えると、無意識的な差別だったと思うんです。

——テッサさんはカトリックですから、イギリスのなかではまたちがう意味でのマイノリティですね。

ええ。あまり熱心じゃないですけど。若いときには教会に通ったこともあるんです。ハイスクールはカトリックの学校でしたけど、小学校はちがったんです。当時カトリックは金曜日に肉を食べちゃいけなかったので、私たちカトリックだけ、金曜日に自分のサンドイッチを学校にもっていきました。一種の誇りでしたね。ほかの子どもとちがうと。

——テッサさんがイギリスにいたころは、宗教的なバックグラウンドによって社会的な差異が強くあったわけでしょうか。

けっこうあったと思いますね。たとえばカトリックとプロテスタントのあいだの結婚のときに、場合によってはまだ反発があった。アイルランドの場合には、ある意味で宗教が人種のようになっています。プロテスタントの人たちの大部分はスコットランドから移住した人たちで、基本的な境界線が宗教になってしまったんですね。まったく人種的なちがいがなくともレイシズムはあると思うんです。ユダヤ人に対する差別も、人種とどういう関係があるのか、というのも難しい。

——イギリスのアンチ・セミティズム*はそれほど強くなかったんだ、という話がされることがあるようですが。

けっこうあったと思いますよ。

——むかしはオクスフォードなどの大学には入学できなかったんですよね。

ええ、むかしはアングリカン（英国教徒）しか入れなかった。戦前にはそういう制限は撤廃されていたんですけど、かなり差別があったと思います。まあもちろん、一九世紀にはベンジャミン・ディズレーリ（一八〇四‐八一）みたいに首相になったユダヤ系の人もいますが。しかし、ジョージ・オーウェルが第二次世界大戦中に書いた論文で、イギリスでもアンチ・セミティズムはかなり強かったと指摘しました。オーウェルによると、第二次世界大戦の勃発以降、イギリス人のアンチ・セミティズムはさらに強くなりました。しかし、戦後、ナチスが行ったホロコーストの現実が知られるようになって、アンチ・セミティズムに対する反発は確かに出てきました。それでも、私の若いころも、差別は完全に消えていたとは思わないですね。

——アメリカのなかでもアイリッシュやスコティッシュへの差別があったわけですが、イギリスとはちがう感じでしょうか。

たぶんもともとイギリス社会の構造と関係があったと思います。イングランドから移民がアメリカに渡り、そのあとアイルランドの移民が大勢入ったわけですから。アイルランドの多くの移民が大飢饉から逃げてアメリカにわたって、都市の一番貧しい地区に住みついたのです。デイヴィッド・ローディガーやノエル・イグナチエフが指摘するように、ある一九世紀の人種論の研究者が、アイルランド人は人種的にアフリカ人に近いと主張しました。そうした差別と社会的な状況がアメリカにいるアイルランド系の移民の地位に大きな影響を与えたと思います。

オーストラリアの白豪主義と移民問題

――テッサさんがイギリスからオーストラリアにわたられたのは何年ぐらいですか。

一九八一年です。

――ちょうどオーストラリアが白豪主義*から脱皮して多文化主義*へ向かうころですね。当時のオーストラリアは、まだ白豪主義が残っていたのでしょうか。

あんまり感じなかったですね。多文化主義がいちばん盛り上がっていた時期ですから、むしろ多文化主義の新しさを感じました。

――でも七〇年代でも白豪主義的な雰囲気はかなり残っていたと言われますね。人種主義的な体制としては、公民権法*制定以前のジム・クロウ法*下の合衆国南部やアパルトヘイト*下の南アリカは有名ですが、オーストラリアの白豪主義もそれに勝るとも劣らないものです。ただ地政学的な問題もあってそれほど注目されていなかったのでしょうが、そのぶんメチャクチャなことをやっていたようにも思われます。そのことは歴史的にどんなふうに反省というか……。

じゅうぶん反省しているかどうか……。あるていどまでは歴史教育のなかでそれは教えられていると思います。オーストラリアには移民博物館がいくつかの地域にあるんですが、そこでは白豪主義について説明されています。

――具体的な転換は、いつごろからどういうかたちで進んだものなのでしょうか。

いくつかのポイントがありますね。アジア太平洋戦争の終わりくらいまでは、移民してきたのは圧倒的にイングランドからでしたが、アイルランド系の人もけっこういましたし、ドイツやイタリアからの移民も戦前でも少しはいました。戦後の高度成長期に入ると、労働力不足になって、そのときにイギリスだけでなく南ヨーロッパ、東ヨーロッパから移民を導入しました。それがひとつの転換の契機ですね。もちろんその当時イタリア人移民やギリシャ人移民に対する差別はかなりあったんです。次にコロンボ・プラン*（一九五〇年〜）。アジアからの留学生を受け入れるようになったんです。日本からの戦争花嫁*は別として、七〇年代まではアジアからの移民が特殊なカテゴリーとしてだけ入ってきていました。増えたのは七〇年代終わりから八〇年代。ベトナム、インドシナからの難民が多く入ってきた時期です。このころも大きな転換点ですね。

――イギリスやフランスのように、人種関係的な摩擦や対立が大きく起こることなく、七〇年代以降の非白人系移民は受け入れられたのでしょうか。

その当時移住した人たちの話を聞くと、差別はひどかったんですね。ただ、あまりオーストラリア全体を一般化できないと思います。場所によって差別の問題は変わってきますから。もうひとつは先住民アボリジニに対する差別ですね。

アボリジニとオーストラリア社会

――社会的にアボリジニの問題を考え直そうという動きはいつぐらいからあったのでしょうか。

それも同じくらいの時期ですね。その前に長い間、保守党政権が続き、七〇年代に入ると労働党政権になりました。労働党政権は必ずしもアジア移民に対して積極的ではなかったんですけど、少なくとも人種差別問題に対して意識が高かったのです。アボリジニ社会の中では戦前から差別反対運動が続いていて、六〇年代に入るとアメリカの公民権運動の影響もあって、その運動がさらに盛り上がりました。六五年に、公民権運動に刺激されて、アボリジニと白人の学生たちが「フリーダム・ライド（自由の行進）」を行って、アボリジニ人口が多い田舎町をバスで回って、様々な人権に関するイベントを開催しました。そのときからちょっとずつアボリジニに対する態度も変わってきましたし、教育の内容も変わってきました。

アボリジニに対する抑圧と差別はオーストラリアの根本的な問題のひとつだと思います。奪われた土地の問題はまだ解決されていませんし、白人社会とアボリジニ社会のあいだの格差もまだ大きいです。平均寿命をみますと、二十年間ぐらいの差があります。もちろんアボリジニ社会のなかの格差も大きい。成功している人たちもいますけれど、ほんとに辛い生活をしている人もいます。

――オーストラリアの社会政策に翻弄されている面もあると思うんです。近代化や都市化が進展すると、もとの居住地を離れてスラムに住まざるをえず、アボリジニであることを否定されて主流社会に同化することを強いられる。一方、アボリジニに対する政策が変わって、本人がアボリジニであることを認めると救済措置が出るというので申告者数が増えるとか。痛ましいのは、スラムで生まれ育ったアボリジニの人たちには自らの歴史だとか文化を知らない人もいるので、アボリジニに対する保護政策の一環として、「白人」の側から自らの歴史だとか文化を「国策」として教えられるようなことが起きていることです。

ただ、こうしたアボリジニの人々の状況を具体的にイメージするのは日本ではなかなか難しいですね。『裸足の一五〇〇マイル』（原題 *Rabbit-Proof Fence* 二〇〇二）という、子供時代に親元から強制的に引きはがされて白人の養子にされたり、養護施設に入所させられたりした、いわゆる「奪われた世代（Stolen Generation）」のアボリジニに対する同化政策を扱った映画はありましたが……。

様々な問題がありますね。「奪われた世代」のなかで、自分のルーツがわからない人々もいますし、親子関係を知らない人々も多いです。そうすると、自分で結婚して、子供を生むと、いろいろ悩みますね。都市のスラムに住んでいるアボリジニだけではなく、砂漠のコミュニティに住んでいる人々も、その問題に直面しています。また、砂漠のコミュニティでは、住宅、医療・福祉のサービスなどの状態はまだとても悪いです。最近、砂漠に住んでいるアボリジニの若者たちを描いた映画がつくられました。『サムソンとデリラ』（原題 *Samson and Delilah* 二〇一〇）という映画で、カンヌ映画祭で賞を獲りました。監督のワーウィック・ソントンはアボリジニです。現在のオーストラリアにおけるアボリジニの状況がとてもよく描き出されていますね。

―― オーストラリアでは、アボリジニの問題を含めて過去の清算みたいなことをやっているんですか。

いくつかの段階があります。まず土地権の裁判があって、あるアボリジニのグループは自分の土地を取り戻すことができましたけど、それはひじょうに限られています。次はいわゆる「奪われた世代」の問題で、いまの労働党政権が謝罪しました（オーストラリアの先住民への謝罪*）。それは新政権になっていいことをやったと思ったんですけど、謝罪しても、あるていどまでは新しい社会政策、とくに住宅をつくる政策などを行ったんですけど、それはあまりうまくいってないようですね。まだ「奪われた世代」の賠償問題は残っています。

いまの政権は、謝罪を行い、政策を導入しましたけど、個人に対しての賠償はしない。

――先住民に対する社会政策の問題でいうと、ハワイでは先住ハワイアンは歴史的な迫害や差別もあって低所得者層に多いため、州政府は保護政策の一環として無料に近い金額で住宅を提供しているんです。そのときに「先住民」の定義の問題が生じるのですが、それが先住ハワイアンの血をどれだけひいているのかという血統によって決められているのですね。つまり差別を解消するための社会政策が血統の〈純度〉によって「人種」を再決定してしまうようなことが起きているわけです。

また、現在ハワイの観光資源になっているフラ・ダンス、ハワイアン・ミュージック、カヌーなどは、七〇年代から八〇年代にかけて盛り上がったハワイアン・ルネッサンスという民族文化復興運動で見直されたものです。ハワイ語にしても、禁止された時代もあってほとんど消滅しかけていたのが、こうした文化復興運動によって復活を求める声が高まり、一九七八年に合州国では例外的に英語とともに州の公用語になった。ですからハワイ語やハワイ文化の保護政策というのはまだ始まったばかりと言っていい。

そんななか、ハワイ語やハワイ文化の教育を主眼とするカメハメハ・スクールズという先住ハワイアンの血統の子弟しか入学を認めていない私立学校があるんですが、そこに入学を拒否された非ハワイアンの子どもが、カメハメハ・スクールズの入学基準は人種差別的だとして訴えることが二〇〇〇年代に入って二度起きているんです。こうした規定に絡む問題を見ると何とも言い知れぬ気持ちになるのですが、アボリジニにも「規定」上の問題が起きていたりするんでしょうか。

いまの規定は血統的に何パーセントといったことではないのです。いつか、どこかにアボリジニの先祖がいて、自分をアボリジニとしてアイデンティファイして、周りのアボリジニからアイデンティファイされていると、法律上はアボリジニになります。見た目ではアボリジニとわからない人たちで自分がアボリジニであると主張する人たちはけっこういます。アボリジニのなかには、白人家庭の養子になっている人たちが多いからです。

アイデンティティの難しさをはっきり示すいくつかの自伝もあります。一つは、「奪われた世代」の一人でした。サリー・モーガンという西オーストラリアの画家の自伝です。モーガンのお祖母さんは「奪われた世代」の一人でした。お祖母さんは、差別を避けるため、アボリジニとしてのアイデンティティを隠して、自分はインド系だと主張していました。ですからモーガンは、大人になって、自分のルーツを探しに行くまで、自分もインド系だと信じていました（Sally Morgan, *My Place*, Fremantle, 1987）。

もう一つの事例は、ゴードン・マシューズの自伝です。マシューズが自分の家族のことを知らないまま白人家族の養子になっていたんです。見た目がアボリジニに見えることがあっていろいろ差別を受けた。オーストラリアにはアボリジニを公務員として採用する制度があるので、彼は大学卒業後、その制度で公務員になったんです。かなりアボリジニの権利運動にかかわっていた人だったんですが、途中で自分のルーツを探りたいと思って、探って探って、けっきょく、母親は白人で、父親もアボリジニではなくて、コロンボ・ファンドで入ってきたスリランカの人だとわかったわけです。それで自分のアイデンティティが宙吊りになってしまったうえ、さらにアボリジニのグループに自分が実はアボリジニではないと言わなければならなくなってしまった。いろいろな反応があったんですけど、あるアボリジニの人たちから、「いや、アボリジニである」と言われたんですね。ずっとそういうアイデンティティをもって、そういう待遇を受けていたんだから、アボリジニではないかと言われたんです。そうした経緯を描いた彼の自伝が刊行されています（Gordon Matthews, *An Australian Son*, Melbourne,

William Heinemann, 1996)。

――アボリジニの問題といえば、シドニー・オリンピック（二〇〇〇年）のときのキャシー・フリーマン*も思い浮かびますね。

彼女はとてもいいと思います。自分のアイデンティティにかんして発言する人ですから。

――しかしシドニー・オリンピックの開会式は考えさせられました。白人の少女とアボリジニのおじいさんがオーストラリアの歴史を古代からたどるというストーリーだったんですが、自然をアボリジニが表象し、文明や近代を白人の少女が表象するという感じで。白豪主義が出てこないのはまあ仕方がないにしても、多文化主義がこれなのか、と（笑）。

でも閉会式はなかなかよかったでしょう？　オーストラリアの（当時）人気バンドであったミッドナイト・オイルが、閉会式の舞台で「SORRY」という言葉が大きく書かれたティーシャツを着て、アボリジニに対して謝罪しようというメッセージを伝えました。

――はい（笑）。

アイヌと日本

近年、アボリジニの人たちとアイヌの人たちの間に交流があるのは興味深いですね。ただ、日本にはアイヌ文化振興法*はあるんですけど、アイヌの人たちには経済的な権利が認められていない。アイヌの人びとにとっては、土地も重要ですけど、資源を利用する権利も大事です。

それからアイヌの人権はいつも北海道の問題であると思われていますけど、北海道の次にアイヌの人口が多いのは東京ですし、他の場所でも暮らしていますから、決して局所的な問題ではありません。

―― 幕末から明治にかけて、松前藩による搾取と迫害、明治政府による同化政策が徹底的に行われ、日本社会における不可視化があまりにも「成功」してしまった感があります。ですからアイヌの人たちの問題を、エスニック・ジャパニーズ（日本民族）ではないエスニック・マイノリティの文化保護の問題として扱うだけでは不十分だという議論をしなければいけませんよね。テッサさんがおっしゃるように、歴史を鑑みて、補償や賠償を含め、具体的な権利問題から議論を起こさなければならないと思います。

そもそもアイヌ文化振興法のアイヌ文化の定義自体が古い時代のものですね。たとえば二〇世紀のアイヌ権利運動などは文化の定義にはあまり入ってきません。しかしそれを教えるのはとても重要です。そういう運動は、アイヌの歴史の大事な部分であると同時に、日本の歴史の大事な部分であることを教育することが何より大事です。

―― それからテッサさんが『辺境から眺める』（みすず書房）で指摘されているように、戦後は国境ができてしまったので「国民」の記憶から抹消されていますが、樺太のニブヒといった、戦前には日本臣民とされていた北方少数民族の問題も一緒に考えないといけないですよね。日本国籍を喪失した（剝奪された）とたんに、権利問題も消失してしまうというのはあってはならないことです。

そうですね。日本では、樺太のニブヒとウィルタの歴史はほとんど知られていないと思います。日本の場合は、近代国家ができてから国籍といわゆる民族が一緒になってしまいました。「大和民族」の神話は、日本は単一民族がそのまま古代から同じ広さの国土を治めてきたという考え方をベースにしています。しかし、実のところは、ご存知のようにこの百年間でも日本の国境線というのは劇的に変化し続けてきたのです。そのようななかで、北海道や樺太の原住民など、国家によって開拓地とされた土地にもともと住んでいた住民は、国家が拡張と収縮を繰り返すことで同化や排除の対象となりました。彼らが「大和民族国家」の歴史の中で描かれることはありませんでした。近年日本でも外国人が増えていますから、単一民族主義的な神話はかなりくずれていると思いますが、それでもエスニック・ジャパニーズ（日本民族）が〈本当の〉日本人だという意識は強くあるのではないでしょうか。

――日本の人種差別*に関しては、日本人が「アジアの白人」だという意識から脱却できるかどうかが大きなポイントだと思うんですね。さすがに一時のような「西洋」至上主義とそれに対する気持ちの悪い同一化は相対化されてきている感じがあるので、そうしたエスニック・ジャパニーズネスが見直される可能性がなくはないと感じているのですが。

中国にかんする意識が大きくて複雑だと思います。中国といい意味での交流ができないと、危ないのではないでしょうか。

多文化主義、教育とメディア

――八〇年代にカナダとオーストラリアで多文化主義が盛り上がって、日本でもモデルにしようという雰囲気があったわけですが、冷戦体制の崩壊後に浮上してきた「慰安婦」問題などの植民地支配責任の議論からバックラッシュが起こったことや経済的な凋落もあって、多文化主義を目指す意識自体が冷えきった感がありますし、実際にイメージを超えて現実的な多文化主義の社会を構想しようとしなくなっているように感じられます。

問題は、その次が見えてこないことです。いま多文化主義といってもインパクトがあまりないんですね。

――テッサさんが文章を寄せている、ガッサン・ハージの『ホワイト・ネイション』（保苅実・塩原良和訳、平凡社、二〇〇三年）を読んだのですが、あそこで展開されているオーストラリアの多文化主義批判は見事ですね。

――多文化主義に一見賛成している白人も、実は自らの統治権に裏打ちされた優越性をこれまでと同じように維持するために多文化主義を利用しているにすぎないという批判で、日本でもそのまま通用するというか、既視感が強烈にありました。ただ多文化主義を主張するマジョリティというかホスト側としては、あそこまで徹底的にやられるとどうすればいいのか分からなくなってしまうのではないでしょうか。

彼は鋭い人ですね。

多文化主義の概念には二つの側面があると考えています。一つは、同化主義とエスノセントリズム（自民族中心主義）に挑もうとする対抗的な概念。もう一方は、多様な文化集団の主張を押さえてコントロールしようとする統治的な概念があると思います。ハージの研究というのは、後者の統治的な概念としての多文化主義に対する説得的な批判であると思います。しかし、私は、日本を含めた多くの国において、対抗的な概念としての重要な役割を多文化主義が担えるのだということも強調したいです。

――そのあとに彼が書いた『希望の分配メカニズム』（御茶の水書房）も読んだのですが、感心したのは、いわゆるニュー・カマーの責任も論じていることです。白人がオーストラリアを征服したからこそ、その後の非白人系の移民も利益を享受できているということ、そしてそれにかんしてどう社会的な責任をとらなければならないのかという議論をしているんですね。彼自身がレバノンの内戦を逃れてきた移民ですから、誠実な人だなあと思いました。

ちょうど彼が『ホワイト・ネイション』を書いているころは、ハワード政権（一九九七 - 二〇〇六）の時期で、非白人系の移民に対するバックラッシュが強かったと思いますが、いまはどうなのでしょう。

かなり複雑ですね。世論調査によると多文化主義を支持している人が多いんですけど、それでも差別やレイシズムは存在しますから。またメディアが難民問題を無責任でセンセーショナルな形で報じて、難民受け入れに対する反発が出ることもありますね。それは簡単に克服できないと思います。まだ教育の面で十分にやってないと思います。特に反差別教育をもっとしっかり行う必要がありますね。オーストラリアでは教育は州別でやっています。各州に教育政策があって、また学校によって大きくちがいます。反差別教育をちゃんとやってるところもあるんですけど、あまりやってないところもあります。

―― 日本では数年前に初めて高校の歴史教科書に「在日コリアン」の項目が書かれたんです。それくらい多文化主義的な歴史教育は遅れているのですが、日本でも地域差はやはりあり、関西などは歴史的背景もあって人権の観点からの多文化教育が多少なりとも行われていますね。

私の息子が通ったオーストラリアの小学校では、アボリジニの文化や言語も学ぶことができました。ちょっと珍しい学校だったんです。でも若者のなかにはまだレイシズムはあります。五年くらい前の人種暴動も、白人の若者たちがやったんですね（クロヌラ人種暴動*）。それにしてもメディアの影響は大きいです。右翼がラジオで排外主義的なことを言っているのに、影響を受けた感じがありましたから。

――いまでもラジオで排外主義や人種差別が垂れ流されているのがすごいですよね。アメリカでも地域によってはレイシズムのかたまりのような放送が平気で流されていたりしますから。しかもそのパーソナリティは結構人気があったりして。

それは車社会であるかどうかに関係していると思いますよ。車社会だと通勤しているあいだにラジオをどうしても聴いてしまいますから。しかし、それが将来ちょっとずつ変わる可能性はあると思います。いまは車のなかで、ラジオより、インターネットからダウンロードされた音楽などを聴く人々が増えていますから。人種主義をなくすには、もちろん根本的に重要なのは、経済格差と福祉問題を乗り越えることでしょう。経済格差は人種差別の大きな原因ですから。ただし富の再分配は、とても重要ではあるとはいえ、かなり長い目でみたときの問題です。

短い目でみると、やはり重要なのはメディアと教育ですね。そのなかでも必要なのは植民地主義や帝国主義の歴史を教えることです。メディアでは、表現の自由の問題がありますから、どこまで制限できるのかということはありますが、どの国にもあるていどまでは表現を規制する法律があります。表現する側の自由と表現の対象となる側の人権のバランスを踏まえた上で、このような問題に対応することが重要だと思います。

また、差別を制限することも重要ですけど、逆に積極的に、マイノリティの人びとをいろいろな場面で見えるようにするのも重要ですね。ニュース番組のキャスターとか、そういう衆目の集まるところに、様々な人が出てくればいいと思います。

インターネットにもさまざまな問題はありますが、これからもう少しインターネットをうまく活用して反差別活動を行う可能性はあるでしょう。カナダの反差別ビデオ・コンテストは面白い事例だと思います。カナダ政府が三年ぐらい前から毎年、反差別ビデオ・コンテストを行い、中学生・高校生が撮った一番いい反差別ビデオをウェブ上に載せています。最近、若者たちのビデオ制作技術はたいへん高くなっていますから、その反差別ビデオ・コンテストではいろいろ印象的な映像が見られます。

差別と政治

日本の場合だと、韓国系、朝鮮系の人がいつ首相になれるのかということがありますね。帰化した人は多いですし、ダブルの人たちも多いですから、そのうち出てくるはずですね。

――村田蓮舫という、民主党政権で財政支出のチェックを行う「仕分け」を担当して脚光を浴び、菅政権では閣僚に入った女性議員がいますが、彼女は台湾人と日本人のダブルです。その彼女を平沼赳夫という政治家が「キャンペーンガールだった女性が帰化して日本の国会議員になって」と、何ともお門違いな批判をしたんです。レイシズムとセクシズム（性差別）・ミソジニー（女性嫌悪）は融合するという典型的な例なのですが、さらに問題なのは、彼女が帰化したのは一九八五年なのですが、それまで日本では母親が日本籍でも父親が外国籍だった場合、外国籍の父親の認知を前提にして日本国籍を取得することは法律上できなかったんですね。平沼という政治家はそんなことも知らないまま／知ろうとしないまま、ああいう差別的な発言をしているわけですから、無知蒙昧にもほどがあります。

そういえば、だれかから聞いた話ですけど、最近のアメリカの世論調査では、かなりの割合の人々がオバマをムスリム（イスラム教徒）だと答えたみたいですね。ちょっと驚きました。

——ニューズウィークが二〇一〇年八月二五・二六日に行った世論調査ではないでしょうか。「オバマの信仰」を尋ねたところ、クリスチャンという答えは四二パーセントに過ぎず、二四パーセントがムスリムだと答えたということでした。たしかにオバマの父親はムスリムですが、大統領選のときにオバマの信仰についてはかなり議論になり、彼がクリスチャンであることは繰り返し確認されましたし（トリニティ合同教会信徒）、そもそも彼が政治家になったきっかけはキリスト教会をベースにしたコミュニティ活動で実績を上げたことだったわけで、そのときのメンターである牧師がオバマの大統領選中に合州国批判を行った際に生じた両者の確執も相当報道されましたから、いまごろオバマがムスリムだと思い込む人の数が増えているというのは何とも信じられない話なのですが、背景には九・一一以降の宗教的人種主義といっていいイスラム・フォビア、合州国の経済的・政治的覇権の凋落に伴って出てきたティーパーティー運動*に見られるような保守化、何より彼が黒人であるという人種主義差別的な要素が作用していると思います。

オーストラリアでは、カラードの首相はまだ出ていないのですか。

まだいないですね。いま、オーストラリア議会にはアボリジニの議員が一人しかいません。ケン・ワイアットという人で、二〇一〇年に保守党の議員として選ばれた人です。アボリジニの人よりは、まずアジア系の人が首相になる可能性が高いと思います。いまペニー・ウォンという中国系の女性が金融担当大臣になっていて、彼女はとても能力がありますから、いつか首相になるのは、不可能ではないですね。

——オーストラリアはギラード政権に代わったわけですが（二〇一〇年六月）、どういう様子でしょうか。

ほかの先進国に比べて、オーストラリアはさほど最近のグローバルな金融問題に影響されていないのです。経済成長がまだ順調です。なぜなら、オーストラリアは資源輸出国で、中国やインドの経済成長に大きく影響されています。

――いま最大の貿易国は中国になっているんですか。

輸出相手国としてはそうです。

――オーストラリアは、アジア人意識みたいなものをうまく組み込んでいくんでしょうか。一九九九年の国民投票では、英連邦からの脱退（共和制への移行）はギリギリ否定されたようですが。

〔英国女王を元首とする立憲君主制を脱して、大統領を元首とする〕共和国になることに関する議論はまだ続いています。大多数のオーストラリア人は共和国になる計画を支持していますが、具体的な大統領の選び方などに関する様々な意見があります。いつかは共和国になる、と私は信じていますが、それは必ずしも英連邦からの脱退とはつながらないのです。オーストラリアはアジアの一部かどうかという議論も二十年ぐらい前からあるんです。オーストラリアにも中国に対する恐怖感はあるていどまであるんですけど……。ただ、前の首相だったケビン・ラッドは、とても親中的で、中国語ができるんです。中国に行ったとき北京大学で中国語で講演してもいます。

ヨーロッパの普遍主義と人種差別

――日本では、フランスの移民系の人たちの暴動がメディアで流されて以来、フランスを中心にヨーロッパの人種問題に対する関心が多少は高まってきている気はしますが、暴動を引き起こす人種差別問題というのは報道されることがまだまだ少ないように感じます。そもそもこうした人種暴動が起きるのは、非白人系移民の排斥や人種差別による暴力が継続・強化されているからで、現在のEUの各地ではこうした事態が無数に生じているわけですよね。実際、サルコジ〔前大統領〕は、非正規滞在者のロマを国外追放（強制送還）し、移民系の犯罪者から国籍を剝奪することまでやっています。フランスやEU内でこうした措置への反対運動が起きているのは救いですが。

フランスのことを考えると、移民の歴史も古いですね。戦前にはポーランド、東欧からの移民が多かった。フランスの場合も、何十年間も議論されてますけど、まだうまい対応策はみえてこないです。サルコジのお父さんは移民ですが、彼の政策には大きな問題があります……

―― 彼はハンガリー系でしたっけ。

そうですね。フランスの場合も、階級の問題と民族の問題が複雑に絡んでいるでしょう。サルコジのお父さんは確かに共産主義革命から亡命したハンガリーの貴族でした。とても成功している移民の子孫もいますけど、すごく排除されている人もいます。

―― しかし、戦後からヨーロッパであれだけ問題になってきたことが、EUの時代になって、二〇〇〇年代になってもまだ、フランスをはじめヨーロッパ各地で起こるのは、何とも言いがたいですね。決して十分ではないとはいえ、戦後には、世界人権宣言があり、人種差別撤廃条約や国際人権規約、子どもの権利条約などがつくられ、EU内でも種々の人種差別を規制する法律ができて、社会認識においてもそれなりの変化もあったはずですが、根本的なところでは人種関係が変わっていないということなんでしょうか。排外主義の論理にしてもやり方にしてもまったくの繰り返しじゃないですか。「われわれとあいつらとは本質的にちがう」という。

それからフランスの知識人は、共和主義*の普遍性を信じているからなのでしょうか、多文化主義やアファーマティヴ・アクション*を嫌うことが多いようです。ピエール・ブルデューとかツヴェタン・トドロフといった、左派や移民系の学者たちもアファーマティヴ・アクションを批判しています。反普遍主義だ、コミュニタリアニズム（共同体主義）*だということが理由のようです。

そう、そこには普遍主義の難しさがあると思うんですね。その意味で私はアメリカの哲学者であるウィリアム・コノリーの議論にも影響されています。コノリーは世俗主義・普遍主義を批判して、フランスなどのいわゆる「普遍主義的」な世俗主義が多くの場合、深いエスノセントリズム（自民族中心主義）に基づいている、と指摘しています。たとえば、二〇〇四年に成立した法律で、公立学校に通う学生たちが「目立つ」宗教のシンボル（特にイスラムのベール）を着ることは禁止されています（スカーフ問題）*。しかし、何が「目立つ」か。それは明らかに文化の問題です。キリスト教徒の生徒たちが以前から十字のネックレスなどをつけていても、それはぜんぜん問題にされていません。なぜかというと、それが「目立たない」からです。二〇〇四年の法律は、そうした「世俗主義」や「普遍主義」の限界を明確にしているのではないでしょうか。

――フランスでは、普遍主義を盾に第三世界、非正規移民、ムスリムやマグレブなどの宗教的、民族的マイノリティを攻撃する知識人たちがいますが★3、そこにはユダヤ系の知識人も少なからずいて★4、何とも複雑です。

オーストラリアでは、何人かのユダヤ人学者が多文化主義の問題とか反人種差別でよくがんばってますね。たとえばアンドリュー・ヤコボヴィッツ*というすばらしい学者がいます。彼の来歴にはおもしろいエピソードがあるんです。彼のおじいさんは、戦争中、何人かのユダヤ系の人たちと東ヨーロッパから船で日本に逃れた人なんですが、代表として日本の当局と面会したとき、担当の日本人から、ドイツ政府はどうしてあんなにユダヤ人が嫌いなのかと聞かれて、彼のおじいさんはとても頭がいい人だったので、ちょっと考えて、「私たちはアジア人ですから」と答えたというんです（笑）。

また、ユダヤ系の知識人ジョン・ドッカーがメディアでシオニズムを厳しく批判していて、かなり影響力をもっています。本当に複雑な問題ですね。しかし、少しずつ非ヨーロッパ系移民の二世・三世やアボリジニの学者、論客たちの声が公的な場で聞こえるようになっていますから、まだ全く十分ではないのですが、少し「未来」が感じられますね。

★3　日本語では、ロイック・ヴァカン『貧困という監獄』（菊地恵介・森千香子訳、新曜社、二〇〇八年）で、こうした知識人の「退廃ぶり」に対する分析・批判を読むことができる。

★4　日本語で読めるものとしては、アラン・フィンケルクロート『思考の敗北あるいは文化のパラドクス』（西谷修訳、河出書房新書、一九八八年）、アルーベル・メンミ『脱植民地国家の現在』（菊地昌実・白井成雄訳、法政大学出版局、二〇〇七年）。

共和主義とレイシズム

フランスと中東問題を中心に

鵜飼哲
（聞き手：李孝徳）

アラブ・ナショナリズムから「イスラム原理主義」へ

――鵜飼さんがフランスに留学したのはいつだったでしょうか。

一九八四年です。イラン革命*が起きて五年目でした。レジス・ドゥブレ*が八一年に『政治的理性批判』という本を出し、「政治というものは内在的体系をなさず、超越的なものの回帰がこれから生じるだろう」と書いていました。その「超越的なもの」とは、この本の文脈では、「イラン革命からラスタファリズム*まで」をカバーする広い範囲の事象でした。八〇年代半ばには、「最近パレスチナ被占領地に行くとベールをかぶっている女性が増えている」というような話が伝わってくるようになります。

――当時のフランスでは、中東の問題はどんなふうだったんでしょう。

中東から来るジャーナリストは当時、「イスラム原理主義」が広まっているのは北アフリカだと言っていました。同じアラビア語の「アッラー・アクバル」（字義通りに訳すと「アッラーは偉大である」）という言葉が使われるにしても、アルジェリアとは違って、レバノンでは挨拶程度のことで、宗教的な意味合いはないと。実際、八〇年代のフランスではレバノン問題*の絡みで爆弾が破裂することはたびたびありましたが、〔アラブ系の〕キリスト教徒によるものでした。思想的にはアラブ・ナショナリズムが背景にあり、まだ宗教に完全に軸が移っていなかったとも言えます。

しかし八〇年代も半ばを過ぎると、アラブ系の書店へ行くとみんな暗い顔をしていて、「最近はアラブは話題にならない」などと言うようになる。「毎日テレビでやってるじゃないですか」と言うと、「あれはイスラムであってアラブじゃない」という答えが返ってくる。つまり西側ではこの時期アラブ・ナショナリズムはもう「片付いた」問題で、「西洋対アラブ」という構図は過去のものにされつつあったわけです。

〔フランスの大学で出会った中東からの〕同世代の亡命者に話を聞いてみると、キャンパスで共産党やトロツキズム系の運動をしていた人たちは、みんな「イスラム原理主義」にやられたと言っていました。この「原理主義」という言葉には十分注意しなければなりませんが（西谷修・鵜飼哲・港千尋『原理主義とは何か』河出書房新社、一九九六年、参照）、中東の左翼学生は自国の大学のキャンパスでムスリム同胞団*とやりあわなければならなかった。そのとき中東諸国の体制側、西洋帝国主義の同盟者の側は、そうした団体による左翼潰しを使嗾し援助した。その目的のために同胞団を使ったと言ってもいいでしょう。ムスリム同胞団自体はエジプトの場合一九二九年から存在する歴史的組織ですが、アラブ・ナショナリズム左派と社会主義勢力を中東の青年層から一掃するため、体制の側は体よく「イスラム原理主義」を利用したわけです。そのための資金源は、サウジアラビアを始めとする中東のオイルダラーでした。

フランスの異邦人

―― 当時は移民問題も大きくなっていた時期だったわけですが、そうした中東問題との関連はどうだったんでしょう。

当時、フランスに移民問題があるということは知っていたけれど、具体的な知識は乏しかったのです。日本にはそうした問題を扱った本が一冊もなかったんですね。しかし八四年、フランスに行く数ヶ月前に、林瑞枝さんの『フランスの異邦人』という本が中公新書から出ます。この本を読んでから留学にいった最初の世代が私たちでした。

『フランスの異邦人』はいい本でした。たんにマグレブだけじゃなくてアルメニア人のこと〔アルメニア人虐殺*〕や、八二年の「サブラ・シャティーラの虐殺*」のあとに、ユダヤ系の人たちのあいだで生じた動揺、ずっとイスラエルを擁護していた有名な哲学者ウラジミール・ジャンケレヴィッチが初めて反戦のデモに行ったことなども書かれていました。林さんはずっとフランスにいて、MRAP*という組織と一緒に活動していたんですね。いま読んでも感動的な本です。だから、フランスではこの本を手引きにしてMRAPの集会に行ったりもしました。

一九八四年はミッテラン〔社会党〕政権の三年目にあたり、右派の動きが突出してきた時期です。その理由のひとつは、ミッテランの経済政策の失敗です。最初は「大きな政府」で福祉政策を充実させようとして、産業の国有化なども相当進めたのですが、うまくいかなかった。世界的な景気の循環と合わなかったこともあったでしょう。それで「新しい貧困者《ヌーヴォ・ポーヴル》」といわれる路上生活者が目立つようになる。

――その「ヌーヴォ・ポーヴル」のなかに移民や移民の子弟はかなりいたんですか。

いや、路上生活者は主にヨーロッパ系フランス人だなという感じでした。移民の子弟はまだ共同性が生きていたからか、あるいは郊外に留まっていたからか、パリ市内の路上では見かけませんでした。路上生活者はどこにも行くところがなくなる人たちですから。シテ（郊外の移民集住地区）に住んでいた人々は、また別の貧困のかたちを強制されていたのだと思います。

――今から思えば無知なことこの上なく、恥ずかしい限りなのですが、私が初めてパリに行ったとき、街を歩いたらカラードの人しか見かけなくて驚いたんです。「フランス人がいない！」という感じで（笑）。

地区によってはヨーロッパ系の人は数えるほどしかいませんね（笑）。まず出会うのはアラブとアフリカの人たち。これはロンドンとはちがいます。英仏のコロニアリズムの性格の違いにもよるのでしょうが、フランスでは、とくにアフリカ系の人たちは一般に民族衣装で暮らしています。フランスの支配形態が民族文化を抑圧するタイプのものだったので、解放以後、フランスでも自国でも、伝統的な服飾文化が定着するようになったようですね。アラブ人も、西洋風の服を着ない人が多いです。

――パリにはアジア系のコミュニティもありますよね。一三区でしたか。ショワジ地区ですね。ただフランスの場合、アジア系の人たちにかんしていうと、一九七五年で政治的な傾向が入れかわります。フランスにいた左派の人たちは革命が起きたので帰る。それ以降、一三区にいる人たちの多くは七〇年代後半にフランスに来たボートピープルで、革命政権から追われた人たちです。現在は大陸からの中国人も多いのですが、八〇年代には主としてカンボジア人とベトナム人でした。

――その人たちへの差別はなかったんですか。

ボートピープルの人たちに対しては扱いが少し微妙です。かつて植民地であったインドシナの人たちだから大切にしなければいけないという、いわば「帝国の責任」論のような考え方も世論の一部にはありました。このタイプの言説は、なぜか日本では出てきませんね。ただ、当時まだカンボジアは内戦中ですから、クメール・ルージュ*のシンパもいるのではないかなど、政治的背景をともなった偏見があったことも事実です。

――トルコ移民*というとドイツを思い浮かべますが、フランスにも案外多いと聞きました。同じムスリム(イスラム教徒)でも中東やアフリカの人々とはコミュニティ形成も異なるんでしょうか。

メーデーに行くと、移民労働者で最も大きい隊列を作っているのはトルコとクルドです。トルコ国内では敵対していますが、フランスでは隣りあわせでやっている。しかも延々とつづく隊列で、アラブの人々に比べるとはるかに統制されている。トルコは帝国としての過去があるし、西洋的範型に合致した国民国家であることも大きいのでしょうか。一方、アラブやアフリカは国家の規定力が弱く、「部族」という言葉は注意しなければなりませんが、中間的な共同体の力がより強く作用する結果、国家単位の隊列は、独立運動で大きな役割を果たした歴史的な全国的労働運動があるチュニジアをのぞき、すくなくとも当時は、あまり見られなかったように記憶しています。

アフリカとイスラム

――エマニュエル・トッド*の『移民の運命』(藤原書店、一九九九年。オリジナルは一九九三年)を読んだんです。

教えられる点は多々あったものの、その反動的ともいえる共和主義ぶりに正直辟易したんですが、気になった箇所のひとつに、フランスでは、ブラック・アフリカ〔サハラ以南〕の人たちとマグレブの人たちで受け入れられ方がちがうという指摘があったんです。これはどうなんでしょう。*

脱植民地化の過程の違いが関係している部分はあるかもしれません。ただこの言い方も微妙ですね。八〇年代くらいまでは、ブラック・アフリカとアラブといえば、マジョリティの側からは民族単位で知覚されていたわけです。しかし、今イスラムということになると、ブラック・アフリカでもマリなどは基本的にイスラム国であってイスラムは民族を横断してしまいます。この点については、八〇年代と同じように、マグレブとサハラ以南を峻別はできなくなっているのではないでしょうか。

――トッドの議論では、その社会の家父長制の形態、たとえば長子相続や一夫多妻制が、民主主義の受容・発展に大きく前提されるため、ブラック・アフリカの人々よりも家父長制が強いマグレブの人々は、フランスの共和主義／民主主義にはなじみにくい、というのが受け入れられ方の違いにされているようなのですが。

実は、マグレブにはもともと一夫多妻はあまりなく、むしろブラック・アフリカのほうにそういう例はいろいろとあった。ですからトッドの議論はかなり乱暴というか、非歴史的な本質主義になっていると思います。この点についてはジェルメーヌ・ティヨンの『イトコたちの共和国』（みすず書房）がぜひ参照される必要があります。

そもそもイスラムという宗教が七世紀にできたとき、当時行われていた一夫多妻制を認めたのは、戦災孤児を保護する必要からでした。一方で、富者にはとんでもない一夫多妻の例が見られたのでそれは制限した。財産にしても、女性にも相続の何分の一を渡さなければならないと、コーランは非常に具体的に規定しています。ティヨンは、当時の世界の時代状況のうちに起き直すなら、おそらく最もフェミニズム的な規定のひとつを与えたのはムハンマド〔イスラムの教祖〕だと言っています。奴隷も禁じていますし。

ただ、八〇年代までのブラック・アフリカ／マグレブという分け方も問題ですけど、九・一一以降、イスラムが一面的に強調されることで、いっそう整理がつきにくくなっている面もある気がしています。たとえばナイジェリアで女性が石打ちの刑にあうと、西洋のメディアではタリバンが、つまり南アジアのアフガニスタンが、いきなり類比の対象として出てきてしまう。広大なイスラム諸地域が無差別に「イスラム」という全体的表象でとらえられるようになってしまった。

移民と郊外

――中東やアフリカの問題と、郊外の移民労働者の問題は、当時結びつけられて考えられていたんでしょうか。

郊外のイスラムということが言われだすのは私が留学を終えるころです。それまで郊外というくくりは別なものとしてあった。サルトルが「第三世界は郊外から始まる」と言っていますが、当時郊外は主として人種差別を背景とした貧困問題でした。

パリの一八区にあるグット・ドールという所は、一九世紀にはゾラの『居酒屋』で描かれていた世界で、もともと貧困層の居住地域です。その後、ヨーロッパ内部からの移民が住むことになり、三〇年代以後、今度はマグレブからの移民労働者の集住地区になりました。ヨーロッパ系の移民が多少豊かになって貧困地区から抜け出すと、そこにマグレブからの移民がかわりに入っていったわけです。メトロの駅でいうと、二号線のバルベス・ロシュシュアールの周辺ですね。でも、それは郊外ではない。パリの市中です。「移民」というと「郊外」を連想してしまうようになっていますが、パリ市内にも移民が主に住む地区はいくつもあるということは、忘れてはならないでしょう。パレスチナ支援のデモなどがあると、バルベスの交差点であっというまに人が増える。アラブ系のレコードを買おうと思えばバルベスのCD屋さんに行く。アラブ、ベルベル、ブラック・アフリカの人もかなり多い。

郊外は、七〇年代の初めくらいまでは「赤いベルト地帯」と言われていて、共産党の地盤でした。一九世紀からプロレタリアートの居住地域でしたから。そこに高度成長期に工場をつくり、モロッコやアルジェリアから移民を入れて住まわせ、工場労働者として働かせる。七〇年代後半、景気の後退とともに工場が操業停止になると、人びとだけが残されてしまった。

――ヤミナ・ベンギギのドキュメンタリー映画『移民の記憶』*では、そうした点が鮮やかに描かれていますね。驚かされたのは、九七年にこの映画が公開されるまで、移民問題の実際を知らなかったフランス人や移民二世が数多くいたという事実です。つい最近まで、在日朝鮮人の存在すら知らなかった日本人がいたことを思い出させられます。

七七年には、マグレブ系移民に関しては、「送還しよう」という話も出て、補助金を付けた移民労働者の帰国奨励も行われたわけですよね。

八一年にミッテラン政権が成立すると同時に廃止されましたけれど。

歴史的な事実が正確に知られるようになったのは比較的最近です。九〇年代に明らかになったことは、フランスとアルジェリアが独立戦争（一九五四 - 六二年）の終結直後から、和平条約であるエヴィアン協定の裏で秘密協定を結んでいて、労働者をアルジェリアからフランスへ送り出していた事実です。アルジェリアの戦後復興にはお金がいる、あの戦争が終わった直後の状況ではフランスに賠償金を求めることもできなかったという事情もあったのでしょうが。昨日まで解放戦線の戦士だった人が旧宗主国で働かなければならなくなったのです。

――ミッテランの前のジスカール・デスタン政権のとき、いわば新規移民の受け入れ停止と引き換えに、定住している移民労働者の家族呼び寄せを認めたものの（七六年）、その後、移民の社会保障や帰化をめぐってもめるといったことがあったんじゃなかったでしょうか。

そう。とくにミッテラン政権のときに家族保証が充実したので、内外人平等できちんと確保するということで、それを移民に対しても適用することになったのです。しかし、呼び寄せる家族まで対象にすると大変なことになるんじゃないかという議論が出てきた。そこを押し切ることが、当時の移民との連帯運動のひとつの柱でした。家族の呼び寄せを無条件で認めて、平等に家族保証を行うべしと。

――そこはいちおう成功したわけですね。そのあとすさまじいことになっていくわけですけど。

八〇年代初頭は、ムスリムというよりもマグレブの若者がレイシストの暴行を受けて、毎年何人も死者が出ていました。人種差別それ自体が暴力ですけれど、この場合は被差別者を殺すというレベルの徹底した形を取っていました。しかし、そうした事件の際も、右派系の新聞は反人種主義団体SOSラシスムのスローガン「私の友に手を出すな」を揶揄して、「彼らの友は女衒だった」などという類のキャンペーンを張るのです。

――アルジェリア戦争のとき、パリでアルジェリア系住民を捕まえて殺した事件を髣髴させますね。

そうですね。一九六一年一〇月一七日の事件〔アルジェリア人に対するフランス警察の襲撃*〕。

「ブールの行進」とSOSラシスム

――SOSラシスムの話が出ましたが、どういうふうにして出てきた団体なんですか。

SOSラシスムは、私がフランスに着いた次の月にできたはずです。フランスの右派は別として、中道、共産党と、政党ごとに反人種差別委員会的なものをもっている。たとえばMRAPは共産党系なのですが、社会党はそれまでもっていなかった。現在のかたちの社会党ができたのは七一年で、新しい政党なのです。六八年五月（五月革命*）の勢力の一部が流れ込んで、ミッテランを中心に結党したわけです。

八三年にリヨン郊外のマンゲットで自生的に発生した運動がありました。差別撤廃をはじめとする移民問題の解決を求めて、マンゲットから出発してパリまで「平等のための行進」を組織するというものです。出発したときは何十人ほどだったのが、パリに入ったときには数十万にふくれあがっていた。いわゆる「ブールの行進」です。まだミッテラン政権に対する期待があった時期です。移民問題を「政治的に解決する」という言われ方がされていて、郊外に対する経済政策を確定すること、構造的な差別を教育のレベルで解消していくために大型の予算をつけること、一世に対しては地方選挙権を確立すること――この三つが主要な獲得目標でした。この「ブールの行進」は、メディアでも大きく取り上げられて社会的にも注目され、パリではミッテランに迎えられて、移民には一〇年間の滞在許可証の発行が認められることになりました。実際には問題がかなりあるのですが、表面的には「成功」した運動と受け止められたのです。

この「ブールの行進」が大成功したのを見て、それと同じ行動方針で、別の運動として社会党が立ち上げたのがSOSラシスムなのです。伝説では、パリのメトロで三人の若者が偶然出会って立ち上げたことになっていますが、実際には、周到な準備がなされ、お金もいろいろなところから出ていたことが分かっています。それまで人権・反人種主義団体をもっていなかった社会党が、「ブールの行進」の成功から、次の選挙の大衆運動は、反人種差別という枠でいくという活動方針を立てたわけです。

もうひとつ重要な問題は、SOSラシスムにはユダヤ人学生同盟が参加していたことです。シオニスト〔親イスラエル〕団体ですね。SOSラシスムは結成が八四年ですから、レバノン戦争の直後です。こうなると、最初からパレスチナ支援運動とぶつかることになります。私が参加したSOSラシスムの集会に、当時パレスチナ連帯運動が参加するかしないかでものすごくもめたことがありました。最後の最後まで交渉して、向こうが根負けして、一緒にやるとは言わないけれど、来るなら勝手に来いみたいなかたちで決着したと記憶しています。

その段階ではSOSラシスムは左派系の学生のあいだでは非常に評判が悪かったのです。体制的で、社会党の別働隊だということ、「ブールの行進」が発明した方法を丸ごと横領したこと、さらにシオニストのヘゲモニーが強いということで。とはいえ、バッジを百万個以上売って、巨大な音楽コンサートを開催した動員力には感心しました。私もコンサートに行きましたが、反レイシズムというだけでこれだけ人が集まるんだと素朴に感動したものです。自由・平等・博愛の国だから、たてまえとしてであっても、反レイシズムで人を集めれば集まることは集まる。フランスではこういうふうにことが進むのだということをはじめて学びました。

——確かに労働者の大規模なデモやストライキがことあるごとに行われますし、高校生あたりでも学校や政府に対して示威行動を起こしますね。三・一一後の反原発運動で少し変わった感もありますが日本ではあまり見られないことです。

ヨーロッパの問題は、日本とはちがって、政治の上部構造の問題なのです。下部の民衆層の間では思想もそうとう進んできているし、活動家の数も多い。街頭を何年かにいっぺんは埋め尽くすこともできる。にもかかわらず、選挙でその受け皿となる政党が壊れてしまっている。社会党、共産党ふくめて左派勢力が歴史的な諸関係を整理できていないし、新しい状況にどう対応したらいいかがわかっていない。

イタリアがいちばん悲惨な例です。あれだけの左翼大国がいまボロボロになってしまった。これだけカトリックが強かったら、この国で革命などありえないとみなが言うようになっている。カトリックの基盤があまりに厚いんですね。そこにさらに「南」の文化がある。

——そういえば、経済的な停滞ゆえに、北の重荷とされてきた南イタリアを切り離せという議論が、南の経済状況が多少好転してきたこともあって、最近は非正規移民の排斥になってきていると聞きました。

北部同盟*は北部の労働者の職を守ることが基本路線ですから。

——移民排斥と言えば、現在ではヨーロッパ全体に広がっていますよね。ヨーロッパがひどいと思うのは、大航海時代からあれだけの破壊・支配・搾取を非ヨーロッパに対して行い、戦後の高度成長も非ヨーロッパ系移民に依存していながら、いざEUを立ち上げると門戸を閉じたことです。閉じないという約束だったのに、平気で閉じていますからね。EU統合を進めるユーロ官僚と、EUが形成されることで主権が脅かされていると感じてパニックに陥る民衆層の一部とのはざまでスケープ・ゴートになっているのが移民という構造です。フランスのサルコジ政権下でナショナル・アイデンティティ省ができて、最初にやったことがブルカの禁止＊ですから。

ユダヤ系知識人の変貌

――ブルカの禁止に関しては、驚くことに、いわゆるリベラルな知識人も多く賛同を表明しているようです。私が不思議なのは、ユダヤ系知識人がそこに加わっていることなんです。ショアー（ナチスの絶滅政策）に帰結するような徹底的なアイデンティティの否定をこうむってきた人々が、他者のアイデンティティを否定する側に回るわけですよね。ユダヤ系の人々が迫害された反セム主義＊の歴史を、レイシズムというかたちで移民問題とかイスラムやアラブの問題に接合していくモメントはなかったんでしょうか。

いまやある種のユダヤ系知識人がともするといちばん人種主義的だったりします。ここは難しいところで、中東の現状の責任がだれにあるかということを大所高所から考える必要があります。イギリスの責任、フランスの責任、ナチスだけではないドイツの責任。東ヨーロッパのポーランドやその他の国、ロシアにも当然巨大な歴史的責任があるはずです。反ユダヤ主義は西洋史のすべてですから。これはジャック・デリダが小さなテキスト（«Nous?», in *Un très proche Orient-Parole de paix, sur une idée de*

Sapho, Coédition Joël Losfeld/Dada,2001）のなかで言っていたことですけども、パレスチナ人はあまりにも少数であり、一方ユダヤ人をみな集めてもやはり少数である、この二つの小さな民族の上に、西洋史のすべての責任を負わせること自体がそもそも不条理なのだと。この事態全体の責任はヨーロッパが負うべきであると。これはごく常識的な事実確認であり要請に過ぎませんが、滅多にこの形で言われることはありません。要するに、アラブ対ユダヤという問題にしてしまったときに、すでに話が非常におかしくなっているのです。

――それを接合する人はいなかったんでしょうか。

これまではいたと思います。デリダもその一人だし、ヴィダル＝ナケ*もそうだし、もうひとり中東学者でマクシム・ロダンソン*という人がいました。ユダヤ系左派で、アラブとユダヤのあいだで様々な媒介の試みをしていました。また世代的にもそれができたのですね。ヴィダル＝ナケは両親がアウシュヴィッツで亡くなってる。デリダもヴィシー期にアルジェリアで迫害を受けたことがある。ロダンソンの場合は中東学者で、自身がアウシュヴィッツからの帰還者でもあった。こういう人々がユダヤ人でありながらイスラエルを批判する立場でそれぞれの言論活動を展開していました。また、フランスのミニュイという出版社はレジスタンス時代にユダヤ系の人々が立ち上げた出版社ですが、ジェローム・リンドンという社主が実に偉い人で、出版社まるごとパレスチナ支援に回ったのです。『パレスチナ研究誌』はこのミニュイ社から刊行されています。出版社、知識人を含め、戦前・戦中派で、この時代の全体を知っている人たちが接合する立場に立てた時期があったのです。非ユダヤ系ですが、ドゥルーズとガタリもこの作業を担った人々の列に加えてもいいかもしれません。

パリの言論界の状況が悪化した原因のひとつは、この人たちがいまやみな世を去ったことです。そのなかで、ユダヤ系でありながら反ユダヤ主義者として告訴までされた社会学者の長老エドガール・モランの存在は大きいのですが。いま矢面に立っているアラン・バディウなどは、ユダヤ人の迫害の歴史を現在の人種差別の問いに「接合する」立場には立てないでしょう。彼とエリック・アザンの共著『反ユダヤ主義だらけ』（*L'antisémitisme partout - Aujourd'hui en France*, La Fabrique, 2011）は論争の書であり教えられることも多いのですが、その先の議論につながるもののようには思えません。

――ユダヤ系の左派だったような人たちが、「フランス国民であるには、個人が持ついかなる属性にもまして、国民としての一体性がなければならない」という共和主義を盾にとりながら、ムスリムとしてのアイデンティティを真っ向から差別し、否定していくような人種主義を率先していくようになるのはなぜなんでしょう。

近年のピエール＝アンドレ・タギエフ*などが典型ですね。こうした人たちを含めて、ある時期から「反ユダヤ主義＝反西洋主義」という図式に陥ってしまった知識人がかなりいます。そこでは、往々にしてイスラエル批判が反ユダヤ主義と見なされますから、自体は複雑です。

――その意味では、最近のアルベール・メンミ*は痛ましい限りですね。近著の『脱植民地国家の現在――ムスリム・アラブ圏を中心に』（法政大学出版局、二〇〇七年）では、その主張の反動性以前に、議論展開が無残というほかない壊れ方です。人種主義に関する現代の古典と言ってもいい『人種差別』（法政大学出版局、一九九六年）の著者だと思うと、読んでいてつらくなります。

思想史的には、確かにメンミがいちばん悲惨な例かも知れません。チュニジア人にはあのようなパターンの知識人をしばしば見かけます。また、ナタン・ワインストック*も『アラブ革命運動史』（柘植書房）など素晴らしい仕事をしてきたひとですが、いまは完全にシオニストですね。

ルナンの国民概念の陥穽

――そうしたかたちで反動化した最たる知識人が、アラン・フィンケルクロート*になるでしょうか。

エルネスト・ルナン*の「国民とは何か」というテキストは、最初はデリダがゼミで扱ったので知ったのですが、この論文を高く評価して人種主義問題解決の鍵はここにあると主張したのが八〇年代のフィンケルクロートでした。ルナンの議論はドイツ型の、フィヒテ*を筆頭とする言語文化に根差した国民概念を批判したもので、進んだ国民概念は血統でも言語でも文化でもなく、共和政の理念に同意する者の共同体であるというわけです。逆に言うと、ここから外れる者は国民にできないということになります。

――「国民とは日々の人民投票である」というものですね。

その通りです。ルナンを忘却からひっぱりだし規範にすえるというのがフィンケルクロートの作業でした。同じころにデリダのゼミでは、フィヒテとルナンの対立は脱構築されるべきという論脈で議論がなされていて、フィンケルクロートとデリダのあいだで公然と論争があったわけではありませんが、アプローチの違いは明白でした。

フィヒテとルナンの講演を併載した『国民とは何か』（インスクリプト、一九九七年）を出したのはそうした背景があったからですが、ただきちんと読めば、ルナンはある意味で「先進国」型の国民論として読めなくはないとしても、フィヒテもたんなる種族《フェルキッシュ》主義ではなく――同じ本に収録したバリバールの論文で指摘されていますけど――ルナンと同じ基盤を共有していることがわかります。デリダはゼミでそこを崩す議論をしていました。

ルナンは、種族も、言語も、自然境界も、宗教も、文化も、経済も、国民の本質を構成しないことを主張します。彼の議論では共通の記憶と未来に向けた意志だけが「国民」の要件として残ります。しかし、この記憶の共有は彼が「国民形成の本質的因子」と呼ぶ「忘却」によってのみ可能になるのですから、この「忘却」がこれまでのように作用せず、むしろ反対に抑圧された記憶の時ならぬ回帰につねにさらされているようなポストコロニアル社会で、主意主義的な国民の理念だけを振り回せばどういうことになるか……。「忘れない者が悪い」という苛立ちが共和主義的心性のうちに生じることになり、最悪の場合には他者の文化の人種主義的な否定にまでいたり着くでしょう。一方ムスリム系の移民の二世、三世たちは就職その他、深刻な社会的差別のなかで、出自を忘れたくても忘れられないような日常を送っています。無理解の壁はますます厚く、高くなっていくわけです。

――トッドが「同化」をいともたやすく口にできるのは、いわばルナンが下敷きになっているからなんですね。

ルナンにもいろいろな面があります。サイード*の『オリエンタリズム』の主要な批判対象のひとりは彼でした。セム系/アーリア系という対概念そのものが、ルナンの文献学から出てきた大カテゴリーですから。もちろん二〇世紀になされたこの対立図式の使われ方の全責任を、一九世紀の学者である彼にすっかり負わせるのはどうかという問題はあるけれども、確かに非常に差別的な内容が含まれています。アーリアとセムはただの種族のカテゴリーではなく、優劣をもった上下関係として規定されます。人間の種族には序列があるという見解を、ルナンは明らかに信じていました。

――確かルナン自身がブルトン人〔ブルターニュ地方の出身者〕で、いわばマイノリティですよね。彼が生まれたとき、彼の生地はまだフランス語の言語域に入っていなかったはずです。ですから、彼にとってフランス語は母語とは言えないと思います。その意味で、ルナンは言語的・文化的なマイノリティでした。周縁に置かれた人こそが、中心への同化を苛烈に志向するようになるという典型的なパターンです。

ただ、ルナンというひとは単純ではありません。一八八二年の講演では、今のイスラエルにもってきたら批判的な意味を帯びることも言っています。まずなにより、国民形成の本質的因子は忘却であるという命題があります。イスラエルの現在の国民意識は膨大な忘却を通して構築された公的記憶のうえに成立しています。これは日本にも、現在のフランスにも、あらゆる国民国家に当てはまることですが。

ルナンとイスラエルの関係で言えば、最近、シュロモー・サンドというテルアビブ大学の先生が『ユダヤ人の起源』(武田ランダムハウスジャパン、二〇一〇年)という本を出版しました。彼はこの本で全面的にルナンに依拠していて、イスラエルはもっと開かれた国民にならなければいけない、イスラエル国籍というものを中立的に確立して、ユダヤもアラブも国民として平等という方向にいかないとだめだと言っています。イスラエルのいまのユダヤ人の規定は母がユダヤ人であるか、ユダヤ教に改宗するかですが、それはドイツ型の種族主義的な民族概念である、イスラエルのユダヤ人には歴史的事実としてそぐわないという議論です。サンドは「いまイスラエルにいるユダヤ人は紀元七〇年の神殿破壊のときに先祖がこの地にいたわけではない。血統の継続性からいえばパレスチナ人こそが古代ユダヤ人の後裔である」と主張しています。これはこれまでも様々に憶測されてきたことではありますが、いまや彼はこのことを学問的に証明しようとしています。政治哲学としては、戦後ドイツでユルゲン・ハーバーマスが唱えた憲法愛国主義に近い立場と言えるでしょうか。

「人間」主義とレイシズム

―― しかしルナンに依拠しているはずのフィンケルクロートは、人種主義体制国家といっていいイスラエルを肯定していますよね。

イスラエルに行きこの国はすばらしいと言っているわけだから、フィンケルクロートの議論は完全に矛盾していますね。彼はフランスでは、フランツ・ファノン*の思想が代表するような第三世界主義があるために、その反動として極右の国民戦線が出てくるのだと主張しています。

―― アジア・アフリカの民族独立運動や植民地解放運動が、ファシズムに近いかたちで、陰惨なテロや内戦に陥ったことへの、左派の絶望からきている面があるだろうと思うんですが……。

しかし、ヨーロッパの国も含めて国民国家の形成過程というものは多かれ少なかれ暴力的でしたからね。そのことはルナンも言っているわけだし。

―― 元凶を作った帝国主義や植民地主義を無視して、手前勝手な絶望を投影されては「第三世界」もたまったもんじゃありません。

素直な絶望ではありませんからね。こう言ってよければ、利害がらみの絶望です。フランスを中心にして考えると、逆説は、植民地主義的レイシズムの総本山である宗主国のほうが、

「われわれは国民概念から種族の規定を外している。独立した第三世界の国は種族主義に囚われたままであり、ゆえにレイシスト的だ」というふうに、手品みたいに議論をひっくりかえしてしまうことです。独立の前提になっている国民概念まで含めて、先進国＝宗主国から植民地＝第三世界へ輸出されたものであり、その枠のなかで植民地解放や民族独立をやるほかなかったという歴史的必然性を考慮して問題を立てないと、いつのまにか変な話になってしまいます。国単位とは別のひろがりで、コロニアリズムとは何かを考える必要もあるのではないでしょうか。

――共和主義の普遍性をどう考えるかというのは難しいですよね。フランスの共和主義が問題だからといって、多文化主義*を主張する合州国やオーストラリアの方がいいかと言えば、それはそれでまた違う問題がありますし。多文化主義自体が、現実には、人種的・民族的なヒエラルキーの現状維持のために機能する面があるわけです。

その点で非常に刺激的だったのが、ガッサン・ハージの『ホワイト・ネイション』（平凡社）です。オーストラリアの多文化主義は、白人がアボリジニの迫害や白豪主義*といった自らの過去のトラウマを解消するために唱えているだけで、実際には被害者のトラウマを解消するつもりがないといっているんです。そして自らのトラウマの解消だけが目的である以上、政治上の統治権を手放そうとしないから、多文化主義を肯定する白人も、結局は反対派の白人優越主義者と同じ土俵にいるという、非常に厳しい批判なんです。彼はレバノン内戦を逃れたキリスト教徒なんですが、そうした経験が現況の多文化主義の問題を見えさせていると思うんですけど。

フランスは多文化主義じゃなくて単一文化主義の国なので、SOSラシスムはある意味多文化主義の導入を唱えたわけです。コンサートのときも、スピーチのときも、コンスタントに参照されるのはアメリカの公民権運動*でした。SOSより前の「ブールの行進」にしても、マーチン・ルーサー・キング牧師が主導的な役割を果たした「ワシントン大行進*」がモデルでした。

――しかし共和主義の普遍主義が持つ負の面に、多文化主義で対抗するというだけでは限界があるわけですね。

フランスの共和政の根幹にある何かを破壊しなければその先は見えないと思います。フランス革命やフランス共和政は、否認されたかたちでキリスト教的な核を保持している。カトリシズムの問題であり、ユマニスム（人間主義）の問題でもあります。理論的にだけでなく、実践的にこの問いに触れることはとても難しい。

結局、人種主義／反人種主義という抗争の場における「人間」という参照枠をどう考えるか、というところに行きつくのだと思います。ひとつは、西洋的普遍性の彼方に「新しい人間」を構想する方向。ファノンの『地に呪われた者』やこの著作へのサルトルの序文は、典型的にこの革命的人間主義のあり方を示しています。このような革命的展望が放棄された後には、人間主義を「良いヒューマニズム」と「悪いヒューマニズム」に区別するさまざまな手続きしか残らない。実際、ヨーロッパでは、議論はその方向に回帰しつつあります。近年のバディウやジジェクの主張には革命的人間主義の回帰が認められますが、「差異」や「他者」の思考を掘り下げる代わりに、「人間」という枠を再設定しようとする徴候も見られなくはありません。私の考えでは、フランスの文脈で本当に大事なのは、共和政の「他者」をどう考えるのかということのはずなのですが。

その点バリバールは、アルチュセール、フーコー、デリダの思想的遺産をできるだけ生産的に継承しようとしていて、その立場からレイシズムとユマニスムの関係を精緻に分析しています。レイシズムとは「人間とは何か」という問いにとりつかれた思想であると彼は言います。「われわれこそが他民族以上に優れて人間的である」という主張は、必然的に「劣位の人間」たち、ある特定の文明的観点から下位とみなされる人々を生み出さざるをえません。そして近代の複数のキリスト教文化のあいだで、人間性をめぐる抗争が激化するなかでレイシズムは形成されていったと見ることができます。近代レイシズムは、もともとはキリスト教内部の抗争から生まれたものです。ユダヤ教、キリスト教、イスラムというアブラハム的起源を分有する一神教間の抗争からではなく、むしろキリスト教内部の抗争に全世界が巻き込まれ世界化していったとみるべきでしょう。「人間性の尊重」という定式がそれだけでは反レイシズムの主張として不十分である理由も、ひとつにはここから説明できるのではないでしょうか。

人間性の尊重・平等・同化

――「人間性の尊重」が主張されるときには、往々にして「平等」の要求というかたちを取りますね。そしてこの「平等」の要求は、近代の国民国家では、普遍的な意味での市民権というより、国家によって付与される主権者の権利＝国民権を訴求することになります。合州国の公民権運動でもそうですね。目指されていたのは合州国における人種隔離（セグリゲーション）の撤廃であり、対等な合州国市民としての処遇であって、必ずしも普遍的な人種差別の廃棄ではありませんでした。このとき難しいのは、「平等」の獲得が「同化」へのモメントを持ってしまうことです。移民の問題で言えば、興味深いことに、合州国における日系人のリドレス運動*、日本であれば在日朝鮮人の指紋押捺拒否運動*、フランスだと先ほど挙がった「ブールの行進」など、七〇年代後半から八〇年代にかけて、各地で移民二世、三世が差別問題を人権問題として訴える運動が起きたわけですが、こうした人権侵害に対する闘争が国民権の獲得といった側面をもつことで、「同化」の促進として批判されることもあったわけです。

「同化」という概念は大変やっかいです。李さんが翻訳された『人種主義の歴史』(みすず書房、二〇〇九年)は、人種主義の来歴を要領よくまとめた良書ですが、気になったのは、著者のフレドリクソンが同化には「良い同化」と「悪い同化」があると思っているらしいことでした。しかし「良い同化」なるものがいかなる内実を持つものかは論じられていなかったですね。

―― 翻訳しといて何なのですが(笑)、フレドリクソンは合州国を理念的にはいい国なのだと素朴に信じているらしい点や、キリスト教への信奉が強い反面、アジア系に対する迫害には言及せず、イスラムの扱いもぞんざいなことに、正直、違和感を覚えたんです。「西洋」でいかにひどい人種差別が行われ、そこにキリスト教がどういう役割を演じたのかが論じられた本でしたから。さまざまな失敗や間違いを犯したものの、最終的には米国民として一定の理念を共有することで統合されるという共和主義的な意味での同化はありうると思っているし、よいものだと思っている感じですね。やはりキリスト教を核にした、メルティング・ポットである「ユナイテッド・ステイツ」という理念型が前提されているからでしょうか。

人類の歴史は出会いと融合の歴史で、初めてアメリカ大陸にたどり着いたヨーロッパ人のなかには先住民に同化された人もいます。前近代だったら、アイヌのコタンに迎えられて同化された日本人も少なくないでしょう。そういうことを互いに繰り返しつつきたのが人類の歴史ですね。だからこそどこにも純粋な人種はいないということなのに、近代になると同化の軸が「人間」として設定される。

明示的、暗示的に「ありうべき人間」像が設定され、到来者に押しつけられ、「人間になる」ための競争を強いられる。この同化の過程はかならずしも国民国家の枠組みに限定されません。その意味では、「テロリストでないこと」を証明しなければ「人間」になれないというゲームにいまわれわれは巻き込まれているとも言えるでしょう。

——キリスト教を基盤に持つ欧米諸国では、それは「ムスリムじゃないこと」になっている。少し前までは「国民」だったのに。

最近の日本だと、北朝鮮を批判しないと「人間」とみなされない、みたいな風潮がありますね。

——日本で北朝鮮や中国がたたかれるときに、「反日ナショナリズム」といった言葉が使われますね。ナショナリズムだと名指すだけで、批判になると考えているようです。どうやらナショナリストは無前提に人間として劣っているという人種主義的な決めつけがあるからのようで、まるで往時の「アカ」と同じような使われ方です。そうした無分別なナショナリズム批判が、自分たちの優越性を心理的に確保するためだけの最悪のナショナリズムであることに気づかないんですかね。

さきほど触れたフィンケルクロートの八〇年代のフランスにおける主張が、いまは日本の排外主義言説に要素的に組み込まれているわけですね。「ナショナリズムとは第三世界である。第三世界にナショナリズムがあるからこそ先進国に排外主義が出てくる」という。議論の構造としては同型ですね。

イスラムと近代

——実をいうと、ヨーロッパでイスラムがあんなにも嫌われるのが、今ひとつわからないところがあるんです。あれだけの差別や暴力をなぜ行使できるのかと。

七〇年代、反アラブの排外主義がフランスで出てきたころ、ジャン・ジュネは「往年の反ユダヤ主義がいまは反アラブになって出てきている」と言っていました。サイードの『オリエンタリズム』もその枠で構築されていますね。反ユダヤも反アラブも、ともに反セム主義であるという。デリダが亡くなるすこし前にストラスブールで行った講演（「Lieu-dit:Strasbourg」）でも、ヨーロッパ連合の将来は、反ユダヤ主義と反イスラム主義という「二重の反セム主義」を克服できるかどうかにかかっているという指摘が見られます。*

反ユダヤ主義と現今の反イスラム主義とは明らかに通底しているのに、このことがいまもっとも思考し難い事柄になっています。というのも、反ユダヤ主義と闘うと称する知識人たちが、いまや声高に反イスラムを叫んでいるからです。

――イスラムの側からの西洋中心主義批判というのはどうなんでしょう。

私の留学期のことですが、イスラム圏に出自をもつ学生や知識人のなかには、イスラムはいつから西洋に対し劣勢になったのかという問題のたて方をする人がいました。世界はキリスト教とイスラムの抗争であり、いつからかイスラムは西洋の近代技術に追いつけなくなったという歴史観ですね。私の素朴な反応としては、そういう問題じゃないだろうという思いが一方にありつつ、むしろ一定の限度を超えて技術文明に乱脈な発展を許さないストッパーのようなものがイスラムには内在しているのではないか、むしろそれはプラスに評価するべき要素なのではないか、というようなことを考えもしました。

このことは、イスラムではあらゆる知が神の知であるとされていることと無関係ではないのではないか。イスラムは人間に知を発明する能力があるという立場に立たない。たとえば『聖書』の「創世記」で、神がアダムの前に動物たちを連れてきて、アダムに名前をつけさせる場面がありますが、神は物陰に隠れてアダムがひとりで命名する様子を見ている。ところがコーランではここが書き変えられます。動物たちの名前はこっそり神がアダムに教えているのですね。知は神のものであって人間のものではないということでしょう。

西洋にとってのユダヤ・イスラムと、日本にとっての朝鮮・中国

――サイードの『オリエンタリズム』からわかるように、イスラムというのは、「西洋」という自己像を確定するために利用されてきたと言っていいと思うんですが、現在、これまでのそうした自己像が維持できなくなっているために、イスラムに対する排外主義が激しくなっている気がします。

イスラム圏は、戦後植民地支配から独立はしたけれども、冷戦期があったために、両者に横たわる問題は凍結されたままだった。だから冷戦期が終わった今、イスラムと西洋の間の未解決の問題が浮上してくるのはある意味で必然です。ただ、いままで凍結されてきたことなので、まだまだ議論が混乱していてすっきり見えていないところがあります。

宗教(イスラム)か経済(西洋)かという覇権争いの問題ばかりではないと思うんです。イスラムという宗教が世界的に大きくなっていったのは、信仰の中身だけではなくて、交易や経済のシステムを独自に内蔵していたことがおおきいでしょう。ラテン・キリスト教世界としてのヨーロッパは、この

ようなイスラムに対抗して形成されていきます。ベルギーの歴史家アンリ・ピレンヌが言ったように、「ムハンマドなくしてシャルルマーニュなし」なのですから。

ヨーロッパには、ギリシャ、ローマ、ユダヤ、アラブという――これは単純すぎる図式ですが、とりあえず――四つの文化的起源がある。ギリシャとローマは消滅しているのでわれわれがその相続人であると安心して言えるけれども、ユダヤとアラブはずっと存続してきた。こうして、近代西洋の意識にとって、ユダヤとアラブほど消えてほしいものはないということになる。

―― 中世のヨーロッパなんて、イスラム経由でギリシャ・ローマの科学や文化を取り入れていたわけですよね。

イスラムのほうが古代地中海文明を豊かに継承する先進地域でした。

―― しかしヨーロッパは、その後進国だった歴史を隠蔽しますよね。自らの起源をギリシャ・ローマに設定し、ユダヤとアラブはすっ飛ばす。ハイデガーあたりでも、執拗にギリシャ、ギリシャといいますが、ゲルマン民族の基盤としての「黒い森」を論じながら、ギリシャ語をあたかもドイツ語の起源であるかのように無媒介で解釈してみせる議論がよく理解できないんです。

あの時代は西ヨーロッパがローマの後継者を自任していたので、西ヨーロッパに対抗してドイツのナショナリズムを立ち上げようとすると、ローマを越えてギリシャにいく。ハイデガーだけではありません。一八世紀からその傾向は顕著です。イギリスにも若干それはあります。ヨーロッパの辺境の人々はローマを越えてギリシャに向かうことで自分たちの文化的正統性を確立しようとしました。

―― 確かに、ヨーロッパ各国が起源にギリシャがあることを主張しますね。ヨーロッパの本家たるために、元祖からの系譜を誇示しあうみたいな感じでしょうか。でも実際には、当時のギリシャなんて、エジプト大帝国の版図の片隅で成立していただけの話なんでしょう。

そこは歴史学のレベルではもうかなり解明が進んでいますね。マーティン・バナールの『ブラック・アテナ』(新評論、二〇〇七年)など。

―― それは日本で言えば、本居宣長の『古事記』みたいなものですよね。「やまとごころ」とか言って、「からごころ」によって見失われてしまった「原日本《げん》」を探してみたところで、近代以前の日本列島はどう見たって中華帝国の辺境でしかない。あと三、四十年もすればもう一回そうなりそうな感じですし(笑)。

日本にとって朝鮮、中国は、ヨーロッパにとってのユダヤ、アラブに相当するのではないかと思います。あるいはむしろ、生きている、現存し続けているギリシャ、ローマと言ったほうがいいかも知れません。いずれにせよ、近代的な意味の「日本」意識には、中国と朝鮮を、すくなくとも文化的に抹消しようとする強迫的な衝動が内属されていると考えたほうがいいでしょう。

―― 実際、日本の帝国化はその消えてほしい「起源」である朝鮮と中国を侵略し、植民地化しようとすることと相即して始まるわけです。文明の下賜という帝国主義の謳い文句の裏には、後進国であった歴史を抹消したいという意識があるのでしょう。だから帝国のレイシズムには、起源の抹消と植民地支配という二つのモメントを考えることが重要だと思うんです。

日本のコロニアリズム批判のために、レイシズムという議論がどんな有効性を持ちうるかあらためて考えているんです。最近、在日の若い人たちによる分析にレイシズムという言葉が用いられることが多くなっているようですが、その場合レイシズムは、基本的には血統による差別を指しているようです。国籍法における血統主義と生地主義、フィヒテ型の国民概念とルナン型の国民概念の対立は、原理的に脱構築しなければならないと私などは考えてきましたが、いまの日本でレイシズムをめぐる議論を定着させようとするならば、ひとまず制度上の血統主義がレイシズムを生み出しているという側面を強調する必要があるのではないかと、このところ考えています。

もちろん、そこからルナン的な論理がもちこまれて、日本もまたそれなりに複数文化が融合してまとまっていけばいいなどという話になってはなりませんが。その場合には必ず強い同化の暴力が作動しますから。

日本のレイシズムと学術人類館

日本の植民地主義的レイシズムの形成過程を考察するとき、一九〇三年という、日清戦争と日露戦争の間に大阪で開催された、内国勧業博覧会の「学術人類館*」事件はきわめて重要なポイントです。これは開催時、沖縄のメディアで批判が起こり、戦後には『人類館*』として沖縄で戯曲にもなりましから、沖縄との関係で論じられることが多いのですが、帝国主義とレイシズムの問題一般にかかわる事件でした。中国人（清国人）も朝鮮人も学術人類館で展示予定だったのですが、この二民族については開始前に抗議があって、「支那人」は開館前に、「朝鮮人」は開館直後に撤去され、沖縄にかんしては開館後、『琉球新報』に載った抗議を受けて展示が中止されました。しかし、学術人類館自体は閉館されることなく、アイヌ民族、そのほかベンガル、インドなど、アジアのさまざまな民族については、その後も展示が行われたのですね。

ヨーロッパの場合、「人間動物園」がスペクタクルとして流行るのは、一八五一年から一九三〇年までの八十年間です。これは植民地獲得の時期であり、遠方の人びとを征服すると、何人か「見本」として拉致してきて見世物にしたわけです。この特異なスペクタクルは、学問的レイシズムと民衆的レイシズムを媒介する役割を果たしました。近年主としてフランスで出版された人間動物園研究によると、スイスのように植民地をもたなかった国でもこのスペクタクルは開催されたようです。つまり非植民地宗主国であっても、こういう「他者」の「観覧」を通して優越的な白人意識、ヨーロッパ人意識をもたされていったわけです。

日本で学術人類館の展示内容を構想したのは東京帝大の人類学者坪井正五郎でした。ところが日本の「学術人類館」の設立趣意書には、「内地人に近い異人種を観覧せしめる」と書かれています。日本の場合、拉致されてきたのは近隣地域の「隣人」でした。だから学術人類館の「観覧」を通じて、見られる「異人種」だけではなく、見る日本人の側にも「調教」が必要とされることになります。「ほら、いくら近いといっても見る側のお前とはちがうだろ、ちがうはずだろ」という。

——当時の日本の人類学者であれば、西洋では自分たち「日本人」がいかに黄色い猿として描かれているかを知っているわけですよね。

だからこそ見るほうに回らなければと強迫的になるわけです。もうひとつ、東アジアには、西洋と出会う以前から「上位の文化」という観念がありました。おおむね中華文明と考えていいでしょう。近代化以降日本はその枠を西洋に当てはめていきますが、同時に中国と朝鮮をその枠から排除することに躍起になります。日本、そして琉球処分*以降の沖縄もまた、部分的にその認識パターンに乗ってしまいます。実際『琉球新報』の批判は「同胞に対する侮辱だ」というもので、すでに「立派な日本人」であるはずの琉球人がアイヌや台湾の原住民と同列に並べられていることに対する抗議でした。いっぽう久志冨佐子は、一九三二年に、このような認識の不条理性を「滅びゆく琉球女の手記*」に記します（『婦人公論』六月号）。このようなまっとうな見方が、同化圧力に対する反動としての、上昇志向、権力志向の強さに比例してできなくなると言っていいでしょうか。近代化以降の日本は一貫してこの志向に駆動されてきたと言って過言ではありません。西洋のように植民地をもちたいとか、アジアの盟主になりたいとか……。

―― 国連の常任理事国に入りたいとか（笑）。

核兵器をもちたいとか。そうした志向を世界的に解体することが目指されるべきです。根底的にその核となる要素を解体しなければレイシズムも廃棄されないでしょう。万博ということでいえば、二〇一〇年の上海万博の日本での報じられ方は露骨なレイシズムでしたね。人種主義的な揶揄に満ち満ちていました。

―― 確かにメディアの扱いはひどいものでした。しかもそうしたメディアへの批判がほとんど見受けられなかったことは、不愉快さを通り越して怖さを感じました。それから日本での万博であれば、七〇年には大阪で開催されたわけですが、一九〇三年の「学術人類館」を想起して、批判した人はいなかったんですかね。

思い当たらないですね。ただ、七〇年万博をめぐっては知識人が半分に割れた感じがありました。岡本太郎が「太陽の塔」を作る。岡本はベ平連のメンバーでもあり、当時の文脈ではかならずしも体制派とみなされていませんでしたから、知識人のあいだにさまざまな動揺が生じたようです。

とはいえ、あのときの反万博の論理が、いまわれわれが考えるような、万博そのものが帝国主義であるという視点をもっていたかどうかは疑わしいと思います。商業主義批判、資本主義批判はあったとしても、反帝国主義、反新植民地主義という観点はもうひとつ弱かったような気がします。

――大阪万博の後、沖縄の本土復帰後すぐに海洋博（一九七五〜七六年）が開かれます。

その海洋博に対する怒りのなかで書かれたのが戯曲『人類館』（一九七六年初演）でした。一九七九年にはじめて沖縄に行ったとき『人類館』を観ているのですが、基本的に沖縄の人たちを観客に想定した戯曲です。この作品を本土の日本人に突き刺さるような形で上演するには相当の工夫が必要だと思います。

――沖縄差別をめぐる沖縄人の、本土に対する複雑な苦悩は描かれていても、帝国主義的なものへの批判が希薄ではないかという批判もあるようです。

ただちには読みとりにくいですが、沖縄の観客にとっては「学術人類館」に対する『琉球新報』の抗議にも作者の批評の眼が向けられていることははっきりしているでしょう。物語の狂言回しである「調教師」の台詞のなかに、「学術人類館」設立趣意書と『琉球新報』の抗議の文言を変形したような要素が両方組み込まれています。調教師の二重性は、あのとき「人類館」を企画した側と抗議した側の二重性であることが見て取れます。ただし、沖縄の観客にとっては自明なこのアイロニーが、他の観客、とりわけ日本人にただちに感じられるか、その痛みが伝わってくるかというと、さまざまな歴史的事象が圧縮されすぎていることもあり、感得することはなかなか難しいと思います。ただ、日本近代のレイシズムを考えるときには、戯曲『人類館』は繰り返し読まれなければならないテキストであることは明らかでしょう。

近代化とレイシズム

イギリス、合州国を中心に

酒井直樹
（聞き手：李孝徳）

人種差別の現場に立ち会う

――酒井さんは、アメリカに渡られる前にイギリスにおられたんですよね。

七二年から七四年までいました。イギリスに着いてから職を探したら、運良く見つかったのです。イギリスに入る前に職が決まっていたわけではないから、労働許可なしに入国したわけです。いまから考えると、不法労働者としてイギリスに行ったわけですね。しかし、そのころは移民労働者への制約はまだ緩かった。渡ったころのイギリスは労使対立が激化していて、七三年になると炭坑労働者が保守党政権下で長期ストライキをやっていて、エネルギー節約のために週に三日しか会社で電力が使えないので、勤めていたロンドンの会社がつぶれそうになってしまいました。その結果、失業して、やむをえず、日本に戻って仕事を見つけなければならなかった。数年間次々に職を変えてゆきました。

――イギリスに行かれたとき、人種主義・人種差別をどのように感じられましたか。

渡英前は、日本の国際学校で働いていたものですから、外国から来る先生のためにビザを申請するために、当時は品川にあった法務省の入国管理局に行くことがしばしばありました。入国管理局に行くと、在日の人たちの受付と、欧米の人たちの受付に分かれていて、二つの受付での職員の態度が全く違うのには驚きました。在日の人たちの受付を見ていたら、その扱いたるや、すさまじかった。職員が、在日の人たちに「おまえはバカか」とか「もう一回出直してこい」とか怒鳴っている。

これはひどいなと思っていたら、同じことをイギリスへ行って、今度は当事者として経験しなければならなくなりました。もちろんイギリスの役人は慇懃無礼でしたから、あからさまな人種蔑視はおくびにも出さない。働くには労働許可をとらなければなりませんから、ロンドンの南のクロイドンというところにある内務省の移民局へ行きました。申請書を提出する人で長蛇の列ができている。手続きが半日で済めばよい方で、まる一日列に並んで待つこともありました。たまたま、ある日、ナイジェリアから来た女性と子どもの後ろに並んでいたことがありました。別にこちらで職員と彼女の会話を聞くつもりはなかったわけですが、順番が近かったから聞こえてしまいました。彼女の夫がイギリスの白人で、彼女は扶養家族（デペンデント）として滞在許可を得ていたのですが、彼女の夫がドロンしてしまったわけです。失業したか、働くのが嫌になったのか、それとも家族の面倒を見るのが嫌になったのか、家族を放り出して失踪してしまったわけです。家族への責任放棄や失踪の例は都市労働者層のあいだで当時たくさんあった。身元保証人である夫がドロンしてしまった以上、彼女の滞在許可は更新されません。彼女とその子どもは、その場で強制送還でした。すっと係員が来て、手錠をかけて、連れて行かれる。子どもたちは泣きながらお母さんの後をついてゆきました。

イギリスの役人はものすごく慇懃で、日本の法務局の役人のように罵倒したりすることはないけれども、その態度はひどく冷ややかなのです。役所だから、個人的な感情は入れないように努力しているのでしょうから、それはやむを得ないと言えば言えなくもない。そのときに、典型的な移民の場所で、人がどのように分類し、また人がどういうふうに分類されていくのかを目の当たりにしたわけです。分類されるということがどのような意味を持つのかを初めて実感しました。また分類される側にいるということがどういうことなのかも実感しました。「在英」の問題の入り口に立たされたわけでしょう。もちろん、のちに、「在英」の問題は「在日」そして「在米」の問題へと繋がっていることを学ばせられます。それまで、改めて考えることがなかったわけですが、国家の内と外の区別とは、まさに国家の暴力にどのように直面するかの問題なのだということを、身を以て知りました。これが私にとっての人種主義の理解の第一歩だったわけです。

それからイギリスでは、日本に対するトラウマを知ることになりました。イギリスは、第二次世界大戦で日本人にコテンパンにやっつけられたという怨念みたいなもの、屈辱感がものすごくある。しかし、この屈辱感は抑圧されていて、表では言ってはいけないことになっている。これはイギリスで生活するまでは私には全く予想できなかったことですが、戦争を経験した世代のイギリス人にとって、日本に負けたことはそう簡単に忘れることができなかった。そこには暗黙の人種的な優越感がある。「日本人のくせに我々に勝つなんて」というわけでしょう。日本はたしかに全体としてのアジア太平洋戦争に負けたわけですが、イギリスとの個々の戦闘ではほとんど負けていない。イギリス軍は合州国の援軍を受けた戦争の後半では、アジアの戦場でも勝っていますが、それはアメリカの経済力と武器に依存する側面が強く、イギリスが勝ったとは言いにくい。戦争が終わってから二十七、八年目ぐらいですから、当時戦争世代がまだ多くいた。

七〇年代は日本が経済的に成長して、個人の所得水準でも消費文化でも国際貿易でも日本はイギリスを越えつつあったから、このトラウマが顕在化したのですね。それまで忘れることができたと思っていた思い出が、この時期に突如蘇ってきたのでしょう。「英国病」という言葉がはやったころでした。実際、七〇年代のイギリスは、日本ではもうあたりまえになっているようなこと、たとえば、お店で買い物をすると無料のビニールのバッグに商品を入れてくれるとか、そういう生活がまだ成立していなくて、一九五〇年代の日本で豆腐を買うときにやっていたように、チーズを買いにいくときにはアルミの弁当箱みたいなものをもっていって、それに入れてもらうということをやっていた。私がロンドンにいた時期の後にイギリス社会を襲ったのが「新人種主義」(Neo racism)と呼ばれる風潮です。それはイギリス人の多くを捉える、無定形の不安感への反作用でした。「自分たちが没落している、移民が外から侵入してくる、「我々」の幸せを「彼ら」が盗んでしまう」といった感情に彼らは捉えられてしまったかのようにみえたのです。おそらく私が察知したのは、一九八〇年代以降の先進国をおしなべて支配することになる不安感の走りのようなものではなかったかと思います。

この不安感がサッチャー政権時代に一気に爆発したのです。一方で、日本を見習えという掛け声があがっていて、日本の教育や労使関係が例外的にうまく行っているという神話が支配するようになる。イギリスも日本の教育制度や労使関係を模倣しなければいけないという議論が盛んになる一方で、日本人は陰湿で公正な仕方では競争はできないから、彼らを差別しなければならない、という防御的な一体感がマスコミを支配する。日本人に関する固定したイメージが強化される。私が何を考え、何を言い、どのような行動をとるかとは関係なく、ステレオタイプを押し付けられるわけです。人種の範疇によって分類されるとは、まさに、このような勝手に捏造されたイメージを押し付けられることなのですね。人種主義のまなざしに曝される、人種主義の対象になるというのは、自分ではどうしようもないアイデンティティを与えられてしまうことなのです。人種主義の被害者にとって最大の危険は、そのような押し付けられたアイデンティティを真に受けて、一生懸命に日本人はそんなに悪い人間ではないとか、日本人はじつはこんな風に感じているとか、押し付けられたステレオタイプに抗弁するうちに、ステレオタイプを押し付ける人々との間に転移*関係を作ってしまうことなのです。そういう状況を見ていましたから、人種の問題は自分にかかってくる問題として体験することになりました。

このような集団的なトラウマが出て来るありさまは、それ以降、現在にいたるまでさらにもう二度経験しています。

差別の不可視化

――日本に戻られてどう思われましたか。

イギリスの経験でよかったのは、階級の問題を肌で感じたことです。渡英するまでは、自分では気がつかなかったけれど、私は下層の人たちと肌身をあわせた生活はしていなかった。日本には階級がないという神話にどこかで絡めとられていた。自分は日本の中産階級の一員で日本の大部分の人と生活実感を共有していると勝手に思っていた。「日本文化」とか「平均的日本人」等というものがどこにもないことを知らなかったわけです。下層の人たちについて無知だということに無知だったと思います。社会階層の違いは観念的に判ったつもりになっていた。イギリスへ行くと、人種の問題があるから、収入や教養の面でブルジョワであっても、東洋人は一律に下層とみなされてしまう。東洋人であるだけで、見下され、去勢された存在であるとみなされるのです。本国に帰れば財産をもっているとか学歴が高いとか階級上昇性の条件があったとしても、イギリス社会ではまず下層に位置づけられます。そのかわり、配管工やフィッシュ・アンド・チップス店で働いている学歴のない労働者や、お雇い運転手とか、そういった人たちと一緒にされるという機会も与えられるわけです。彼らから、いろんな話を聞くことができて、下層の立場からイギリスの社会がどのように見えるかを教えてもらうわけです。アイルランド系やウェールズ系の連中が下積みで、いかにイングランド系を憎んでいるかというのがよくわかる。酒なんか飲むと、そこにイングランド系がいないとめんめんとイングランドの悪口が始まるのです。彼らにとって平等とか階級的な差別の問題がどれほどシビアにあるのかということがよくわかりました。

日本の場合は、階級の問題が見えなくなっていますね。本当はあるのですが、日本の政府は、戦前の一九二〇年代・三〇年代に、見事に階級問題を消去し、それが戦後につながってきます。現在、再び、階級が顕在化してきましたが。下層の立場から日本の社会をみるというのはとても重要だと思いますが、こればかりは努力しても見えてくるものではないでしょう。こればかりは、差別されなければ分からないし、そういった意味では、イギリスで訓練ができたので、日本に帰ってくると、差別の構造は歴然としてあるのだということが察しがつきました。人種主義も同じような視座様式をもっているでしょう。むしろ日本で問題となるのは、差別の隠蔽の構造でしょう。

――イギリスでは、アイルランド、スコットランド、ウェールズの人々の問題を、人種問題としてとらえる視点は希薄だそうですね。

それは、白人性というものができあがってくること、階級や民族差別の問題が人種差別としてとらえられなくなってしまうことと強く結びついていると思います。白人性というのは近代性にほかならないわけです。まず白人とそれ以外を分けて、そのように分類した有色人種と呼ばれる層をさらにハイアラーキーで分けていく。そうした体制のなかで重要なのが白人性です。ところが白人というのは実は明確な規定があるわけではないのですね。実際、合州国の場合、一九世紀の末までアイリッシュは白人ではなかったということは、いまでは、学問的な常識になっている。

——南欧や東欧の人々もそうですね。

そうですね。ヨーロッパでは起こりえないことでしょうが、合州国では、中近東から来た人々、イラン人やレバノン人、は一九八〇年代までは白人で通っていた。いまは白人というとロシア人からアイリッシュからぜんぶ含まれて、それに日本人が名誉白人として入っていますね。そこで問題となるのは、そのような人種差別を受けたアイリシュやスコッティシュが、白人として振る舞い白人として自己画定しようとする点です。そうすると自分たちは民族としてあるいは階級として差別されたという意識は残っても、自分たちが人種として差別されたという意識は消えてしまう。民族差別と人種差別があたかも全く別のことであるかのように考えられてしまうのです。しかし、人種と民族を概念的に弁別することは簡単ではないし、論理的には不可能だと思います。

マルクス主義と人種問題

——イギリスでは、五〇年代後半から旧植民地出身の移民労働者による人種暴動が起こっているわけですが、日本では移民の労働問題として扱われ、人種主義の問題としてアプローチする研究は近年までなかったようです。

八〇年代になるまでのイギリスも同様です。人種問題はアメリカの問題だと思われていた（笑）。人種問題は戦争前からずっとあるわけですが、それが人種問題だと意識されてこなかったのです。七〇年代でもそうでした。イギリスのことを暗に示唆するつもりで人種主義を話題にすると、「アメリカではリンチだとか公民権運動*だとか、人種主義は大変なようですね」と言った返答が帰ってくる。そのくせに、「ハーフ・カースト」(half caste) などといって、混血児をおおっぴらに差別して、はばからない。

十年ほど前に、雑誌『ラディカル・フィロソフィ』★1が主催してロンドンで開催された人種主義と哲学に関する会議に呼ばれたことがあります。この会議には多くの学部レベルの大学生が来ていました。普通国際会議には大学院生は多く来ますが、聴衆の大部分が学部生というのはとても珍しいことです。そこで気がついたのは、参加した大学生の多くが混血児だったのです。南アジア系とイギリスの両親をもつ学生が多くいましたが、東アジア系とヨーロッパ系やカリブ海系とヨーロッパ系の両親をもつ子供たちもいました。彼らが私のところに来て、混血児差別の厳しさを切々と訴えるわけです。驚くべきことに、主催者が調べて教えてくれたのですが、英国の哲学史において、人種主義を主題にした学会は一回も開かれたことがなかったそうです。私は英国の哲学界で最初の人種主義に関する学会に

★1 *Radical Philosophy*, no. 95, May/June 1999.

参加するという栄誉を与えてもらったというわけです（笑）。社会学や文学は人種主義の現実に比較的敏感に反応してきましたが、哲学はそうではなかった。ご存知のように、カントが人種概念の基礎付けをして以来[★2]、哲学は人種や民族についてむしろ饒舌なほどでした。にもかかわらず、哲学が人種主義との関係を反省することは驚くほど少なかった。はっきり言って、ヨーロッパの哲学者たちは総じて人種主義に恐ろしく鈍感だったわけです。

哲学と違ってマルクス主義は学問（ディシプリン）の範疇ではありません。にもかかわらず、マルクス主義もこのような鈍感さを逃れることができなかった。近代世界は資本主義に支配されていると同時に、人種主義の支配する世界でもあるわけですから、マルクス主義の人種主義に対する鈍感さは致命的な盲点になっていたと思います。

―― スチュアート・ホールのカルチュラル・スタディーズは、それまでのマルクス主義がいかに人種問題を落としていたかを批判するところから始まったと言っていいと思うのですが、日本ではそのモメントはあまりはっきり言われないようです。

アジアも日本もヨーロッパも、一般に、マルクス主義は徹底して人種問題を見落としてきました。アメリカのマルクス主義もそうです。それでアメリカのマルクス主義もヨーロッパのマルクス主義も、知的に批判力を失い、だめになったわけです。国内において人種として現れてくる差別の問題を、マルキストはぜんぜん注目してこなかった。人種問題は階級問題のなかに包摂できると単純に思いこんでいたのですね。したがって自分たちは人種主義にすでに反対しているのだと思っている。人種と国民の複雑な結びつきに気がついていなかった。ということは、マルクス主義は密かに国民主義であった。最後までつめてゆけば、国民主義では人種主義を批判的に理解することはできないと思います。もうひとつは、植民地主義の問題です。それがまったく視野に入ってこなかった。いまでも実は変わっていない。マルキストの悪いところは、自分はマルキストである以上自動的にインターナショナルで、植民地主義も超越していると勝手に思いこんでいることです。

――六〇年代後半にはネオ・マルクシズムが出てきたりもして、黒人問題などの人種問題をヘゲモニー論やイデオロギー論でアプローチしようという新しい動きがあったようですが、あれは広がらなかったんですか。

アメリカでもヨーロッパでも、マルクス主義の中心になったのは白人層なのです。もちろんデュボイス*だとかブラック・インターナショナリスト*たちの伝統はあって、彼らは敏感にその問題を摘出したのだけれども、彼らがマルクス主義のなかで影響力をもったという話はあまり聞かないですから、ネオ・マルクス主義などにもそういう意味での限界はあったのではないでしょうか。逆に言うと、人種の問題はマルクス主義の将来をはかる試金石になりつつある。

★2 西ヨーロッパでは、一八世紀後半には、多くの著者が人種について語っている。したがって人種概念をカントの創造とみなすことはできないが、イマヌエル・カントが最初に人種の哲学的な解明を行った哲学者であるといえるであろう。人種に関する三つの論文が有名である。「さまざまな人種について」(Von den verschiedenen Rassen der Menschen, 1775)、「人種の概念の規定」(Bestimmung des Begriffs einer Menschenrasse, 1785)、「哲学における目的論的原理の使用について」(Über den Gebrauch teleologischer Prinzipieen in der Philosophie, 1788)。

移民法と対日戦争

――日本でアメリカの人種問題というと、公民権運動のイメージで止まっているように思います。よくてもその後のブラック・パワー・ムーヴメントのイメージで、アフリカ系の人たちへの差別問題とみなされることが多い。しかし実際には、六〇年代後半以降いろいろな変化が起こるわけですよね。たとえば七〇年代、八〇年代にネオ・ナチが台頭し、白人至上主義者による一般企業や政府へのテロが頻発していたわけですが、日本ではほとんど報道されていません。

六五年に移民法*が改正されて、合州国の人種関係はガラッと変わりはじめるわけです。

――イギリスも六五年に移民法が改正されていますね。

第一世界は高度成長期でしたから。ドイツでもトルコ人を入れたりしたように〔トルコ人の西ドイツ移民*〕、先進諸国では労働力不足を補うために移民が必要だった。日本では、韓国から非合法で労働者が来ていたわけですが。

スチュアート・ホールの仕事もそうした環境から起こってくるわけです。五〇年代には労働力不足のために、コモンウェルス〔英連邦、つまりイギリスの旧植民地〕の各地から移民が入ってきます。ぼくが渡英した七二年には、ロンドンの公的医療機関では、医者の半分近くが南アジア系でした。戦後になって労働党政権は国民健康保険制度を徹底的に普及させたから、当時外国人でも医療費は無料だったのですが、その福祉政策を維持するのに医者の数が足りなくなってきて、インドやパキスタンから医者をどんどん入れました。「ロンドンの医療制度は真っ黒だ」というジョークがあるくらいでした

（笑）。

――日本でも高度成長期には、無医村地区に医者を配置するために、戦前に日本で医師免許を取った台湾人を受け入れているのですが、あまり知られていません。

移民法には、戦争が大きな影響を与えます。たとえば一八八二年に中国からの移民を禁止した合州国のいわゆる中国人排斥法は、戦争中に改正されます。中国は曲がりなりにも同盟国だったのと、中国人が日本側につくことを心配したからですね。

――敵性外国人であった日系人が合州国の市民権を取れるようになったのは、五二年の移民法改正からですね。日本がサンフランシスコ講和で国際世界に復帰する年です。やはり戦争を媒介にした関係の変化が背景にあります。

なお、日本人移民が完全に禁止されたのは一九二四年の移民法のときなので、そこからこの移民法は日本では「排日移民法」と呼ばれているんですけど、実は朝鮮人も対象になっているんです。大日本帝国の臣民でしたから。だからアメリカではこの移民法はアジア系移民排除の一環として論じられるのですが、不思議なことに、日本の移民史では朝鮮人はいないことになっているんです（笑）。戦時中の在米日系人の強制退去・収容にも、在米台湾人が「日本人」として含まれていたようですが、そうした問題も語られることはないですね。戦前の帝国の問題ですからね。そういった意味では一九四五年までのほうが、日本の知識人や政府は、人種主義の問題に対してもっと敏感だった。

――そもそも一九二四年の移民法は、日本人および朝鮮人が主要な標的ではなかったわけです。主要な狙いは、一九世紀後半から急増していた南欧や東欧の移民で、「劣等人種の移民が増大することによるアメリカ社会の血の劣等化を防ぐ」というのがその理由です。

二四年だと、KKKが最高裁を牛耳っている時代ですから（笑）。ナチの人種思想自体、むしろアメリカからドイツに流れて出てくるわけですから。★3

――ロックフェラー財団などがドイツの優生学研究を積極的に資金援助していたわけですが、あの時代のアメリカの人種主義や優生思想は本当にすさまじいですね。ナチスの人種衛生学者たちが、アメリカの移民政策は優生学と民族選別を結合させたものだとして賞賛していたほどですし、一九二七年には、連邦最高裁が強制断種を合憲としています。ショアー〔ナチスの絶滅政策〕と公民権運動が起こったんで、ないことになってしまっているようですけど（笑）。

現在では、合州国はあたかも多文化主義*的な社会性があるようなイメージになっていますが、戦前にはあれだけの人種主義や優生思想が生じたことから分かるように、もともとはありうべき市民――基本的にはWASP*のことですが――の共通性と対等性を強烈に志向する共和主義*の国だと思うんです。どのあたりで転換が起こったんでしょう。

ぼく自身の見通しでは、日本との戦争だと思います。日本も合州国もともに国民国家である帝国でした。つまり、この帝国は清帝国やハプスブルク帝国のような古いタイプの帝国ではなく、国民国家の体裁をもたなければならない。帝国的国民主義を国是とする帝国です。そのあたりから、帝国を維持するためには、それなりの民族政策をもたないとやっていけないというのがはっきりわかったのでしょう。多民族を統合して国民を作らないと帝国を維持することはできない。

マッカーサーは、戦争が終わった後、太平洋を「アングロサクソンズ・レイク」、つまり自分たちの敷地の中にある池だと豪語しました。そのあとすぐ部下に注意されて「アメリカンズ・レイク」に変える。なぜかといえば、アングロサクソンと言ったら確実に人種のコノテーションが出てくるからです。逆に言えば、アングロサクソンという言葉を使うのがまずいというような環境が、戦後にはもうできあがっているわけです。マッカーサーはこのとき、既に時代遅れになっていた。以降、アメリカは、民族や人種のコノテーションのある言葉をずっと政府発表文章から排除していきます。この延長線上に出てくるのが一九六五年の移民法だと思います。

フランスの植民地主義も、イギリスの植民地主義も、いろいろなしかたで変化していくわけですが、途中で必ず出てくる問題は、植民地主義に伴う人種主義を表立って口にするのはまずいということです。植民地主義は支配関係を正当化するために人種による位階を作り上げます。しかし、統治性(governmentality)は人種平等の建前を必要とします。人種の位階を作り上げつつ、同時に人種平等を主張する。あたかも人種による差別はないかのように振る舞わなければならない。ロナルド・レーガンは、市民が法的に平等であるには、連邦政府はカラー・ブラインド(色盲、つまり、人種意識を持たないこと)でなければならないと言って、人種差別を人種意識(カラー・コンシャスネス)があることのせいにして、人種の対等性を訴えた公民権運動の成果を換骨奪胎しようとしたわけですが、それでも人種主義自体は否定しなければならなかった。そういう統治の仕方をしないと帝国は維持できないということがだんだんわかってくる。反人種主義そのものが帝国の政策として進展してくるわけで、その重要なきっかけになったのが日本との戦争だと思います。

★3　ナチスとアメリカの優生思想の関係に関しては、シュテファン・キュール『ナチ・コネクション』明石書店、一九九九年が詳しい。

一九世紀の国際法では、アジア、アフリカは蚊帳の外に置かれていたわけです。アジアやアフリカは国際世界の外、すなわち「例外状況」にあったわけです。カール・シュミットが考察したように、「例外状況」とは合法性そのものが恣意的な決断に依存する状況です。しかし、二〇世紀に入ると、一七世紀のウェストファリア条約以来ヨーロッパ中心に成熟してきた国際世界が遂に限界に来る。国際法を維持しようとすれば、国際世界をヨーロッパに限定したままではもうやっていけなくなってきた。実際、国際連盟を作るときに、日本は人種平等案*を提出したわけです。日本政府が人種平等案でどれだけ人種主義の克服を考えていたかは不明ですが、この案によって国際世界の定義を変えようとしていたことは明らかでしょう。パリ講和条約によって国際法を組みなおすためにつくられた国際連盟は、国際世界を再建しようとしたものの、二十年経たずに、ナチスや日本やイタリアのムソリーニの台頭でだめになったし、ソ連はうまく入ってこられなかった。合州国も入ることはできなかった。第二次世界大戦の勃発は国際連盟の最終的な破綻を意味しました。それで、再び国際法を再建するために国際連合を一九四二年にルーズベルトとチャーチルがつくりはじめたわけですが、そのときにはもう、人種平等政策を受け入れているように見せないと、国際世界を独占できないことがわかっていた。

戦前の日本は、お題目としては、欧米の人種主義からアジア諸民族を解放する云々を言っていたので、この白人至上主義からの解放というレトリックは合州国の指導者にはとても恐かったわけです。国際世界がヨーロッパと北アメリカに限られていれば、人種主義打倒の主張はそれほど恐ろしくはないでしょうが、国際世界がヨーロッパ（北大西洋）を越え始めると、人種主義打倒の主張の意義は変わってきます。この議論を使われると、自分たちがイデオロギー的に負けてしまうという危惧が出てくる。自分たちも反人種主義のレトリックをつくりださなければ戦争には勝てないというのがわかってきた。好都合だったのは、日本がドイツ、イタリアの枢軸側に乗っかってくれたことです。アメリカ側のレトリックが正統化できる。いくら東条内閣のなかでドイツの人種政策がいけないと言ったところで、日本は枢軸側に参加しているわけですから。枢軸というのは、人種主義を支持するという枢軸ですからね。白人至上主義からの解放という日本の主張がいかにいい加減なものであるかを日本自らが示してくれた。

地域研究のまなざしの構造

―― 戦時中の対日研究では、ルース・ベネディクトの『菊と刀』(邦訳多数)が有名です。不思議なのは、ベネディクトは前著の『人種主義――その批判的考察』(名古屋大学出版会)では、アメリカの人種問題を批判的に論じるのに、『菊と刀』で日本をアメリカとの対比で分析するときになると、まったくそうした問題が消えることです。ジョン・ダワーが『容赦なき戦争――太平洋戦争における人種差別』(平凡社)で示したように、日米戦争は紛れもなく人種戦争の側面があったにもかかわらず、ベネディクトはまったくそうした点に触れていません。アメリカを民主主義と自由を達成した国として理想化しつつ、日本を本来的なファシズムの国として描き出します。このダブル・スタンダードはいったい何なのでしょう。

ルース・ベネディクトやそれ以降の地域研究者の意識のなかには、ダブル・スタンダードという意識はないと思います。それは人種の範疇じゃなくて、西洋と非西洋の関係で区別をしているのです。文明の違いであって、人種の違いではないと思っていたのでしょう。「罪の文化」と「恥の文化」という切り方はその典型でしょう。人種を使わずに「国民性」(national character)を使うわけです。さらに国民性は国民文化に横滑りする。『菊と刀』は、人種主義を文化主義にすり替えた最も典型的な著作です。その意味で、『菊と刀』は戦後発展する地域研究の金字塔であるわけですし、さらに日本で流行する「日本人論」の先鞭を付けた。あるいは、文明という変数が人種という変数と独立にあるわけではないという考察には至っていなかった。西洋は知的に対象を観察する側で、非西洋は観察される側ですから。日本は観察される側に置かれているわけです。戦後の地域研究の展開では、「地域」と呼ばれている部分はぜんぶ観察される側ですよね。ヨハネス・ファビアンの『時間と他者 Time and the other』(一九八三年)は、西洋と非西洋のそうした認識上の非対称的な関係を暴いた画期的な著作ですが、地域研究のあり方も、人類学の言説と同じ構造をもっていますから、『時間と他者 Time and the other』の考察のとてもよい例題として扱えるでしょう。

現在は、これだけ資本主義が世界的に展開してしまって、西洋と非西洋の境界がガタガタになってきているために、かえってそれをもう一回維持しようという強烈な願望が出てきていると思います。人種主義が噴出するときはだいたいそうですね。ナチス・ドイツの台頭も、その背景には、第一次世界大戦で負けたあと、白人の労働者層が白人であることの特権意識を維持できなくなったことがあります。ユダヤ人という架空のイメージをつくりだすことによって、どうにかしてヨーロッパ人性を維持したがったわけです。そもそも「ヨーロッパ人のためのヨーロッパ*」という言い方には、自分たちがもうヨーロッパ人じゃなくなってきたのではないかという不安感がある。ヨーロッパ人の選民意識が維持できなくなってきたという不安がある。

――それが今日EUになって実現している（笑）。

ユルゲン・ハバーマスが言っています。もし差別のない社会の実現にわれわれが成功したら、「二一世紀は再びヨーロッパの世紀になるだろう」と（笑）。彼は未だにヨーロッパの特権性を夢見たいのです。

――アメリカで公民権運動があって、多文化主義みたいなものが標榜されるなかで、地域研究が変化することはあったんでしょうか。

確実に変化している面はあるわけです。五〇年代のライシャワーに代表される地域研究の場合は露骨というか正直というか、アメリカが日本を統治するには日本人民を説得するためのイデオロギー的な戦略が必要である、といっています。イデオロギー的戦略を作り出すために地域研究があると位置づけ、天皇制の必要を説いたりしたわけですが、現在ではさすがにそんなことは言えない。少なくとも、おおっぴらには言えない。

しかしその核にある部分は変わっていないと思います。これまで地域研究の目的は、対象の側に注目することだとされてきました。つまりある地域をよく知って、その言語を学んで、その地域に対するアメリカの政策に助言を与える。ところがいま如実に見えるようになっているのは、地域を研究する、異文化を研究するというかたちで言われている学問体系は、実は、アメリカの側のアイデンティティを確保する役割を大きく担っているということです。その意味では、ルース・ベネディクトの『菊と刀』は対日研究の形をとった、一種の自国称揚にほかなりません。日本を否定的に論じることによって、どんなにアメリカ人の生活様式と合州国がよって立つ価値体系がすばらしいかを言っているわけですから。地域研究のそういう作業は地域研究者個人を動かしてきたわけですが、その部分はほとんど変わっていない。ですから、地域研究を支えているのは、最終的には、アメリカ人の愛国心ではないかと思います。合州国の国民主義であり、さらに、西洋という文明の選民意識ではないでしょうか。

日本の場合でも、一九四五年までの朝鮮、台湾、中国、満州、モンゴルなどの民族研究にはそれがとてもよく出ています。帝国の統合のための学だったわけでしょう。しかもそれが敗戦とともに終わったかというと、植民地を失ったから植民地統合の重荷はなくなったとしても国民主義の部分はぜんぜん終わっていないのですね。むしろ逆に対象がなくなったから、議論をする場所もなくなって、構造だけが残るかたちになってしまっている。旧植民地に対しては一種のタブーが支配しているから、自分たちのほうがすぐれているとはっきり口にすることはあまりありませんが、ほうっておくと台湾人は日本による植民地化に感謝しているとか、日本人は台湾人に愛されていた、とか、願望と現実認識が混同された馬鹿げた本音が出てくる。ファビアンがいっているような、人類学とか民族学という知のまなざしの構造にはそれが残っています。

日本から台湾や韓国へ行く情報の量と、韓国や台湾から日本へ行く情報の量のアンバランスはすさまじいですが、それは植民地体制がまだ生きているからでしょう。それにしても日本の人たちは韓国や台湾について興味がないのでしょうかね。

——確かに「韓流」などといった」ブームを超える理解を旧植民地にもてているようには見えませんね。戦前のような帝国主義的関心は空洞化してしまい、少し前まであった後進国意識からくる欧米への強迫的な憧憬も、一定の生活レベルが確保されて希薄化したように思います。そういえば、二〇〇九年のハーバード大学の日本人留学生は一人なんだそうです。

ほんと？　韓国の学生も台湾の学生も中国の学生も、合州国だけでなく外国への好奇心が旺盛ですが、どうも日本だけは違うようになってきたのでしょうか。

——大前研一が悲嘆している文章を読みました★4（笑）。

国際市場では競争する気がないのでしょうかね。ハーバード大学はいまアジア系ばっかりですよ。アジア系アメリカ人学生をのぞいても、ハーバード大学一校だけでも東アジアからの留学生は少なくとも五～六百人はいるでしょう。いまは、中国から来た連中が優秀で、就職口をとっちゃうので困っているくらいです。

——日本は帝国であったことの「遺産」を使い尽くしつつある、ということなんですかね。

今まさに日本は帝国を喪失しつつある、といってよいでしょう。帝国の「遺産」ということで言えば、戦後、アメリカの東アジアの地域研究は、まったく遺産がなかったですから、研究制度自体を外国から借りてこなければならなかったわけで、とくに戦前の日本の植民地研究を吸収していったわけです。そのことは今でもタブーになっていますけれども。日本帝国とアメリカの戦後の集団安全保障

★4　大前研一「日本の企業の新常識「国内採用抑制、海外採用増」」『プレジデントロイター』http://president.jp.reuters.com/article/2010/05/17/07EDD7EC-6181-11DF-9170-10273F99CD51.php

体制は実は連続性をもっていて、人材的にも連続しています。

――そういえば、戦前の七三一部隊の科学者は、人体実験などの非人道的な科学的「成果」を渡すかわりに免責されたのでしたね。後年、そのことは問題になったわけですが、人文諸科学のそうした面はほとんど問題視されていません。

地域研究と比較文学の新しい流れ

――酒井さんがいらっしゃったシカゴ大には、ハリー・ハルトゥーニアンとかテツオ・ナジタなどがいて、それまでの地域研究とは異なる日本研究が出てきたように思うのですが。

ぼくが行った七九年のシカゴは、ハルトゥーニアンとナジタ、それとシカゴ大学の教授ではなかったけれどもマサオ・ミヨシの三人がすごくいい学問的な雰囲気をつくっていたのです。そのひとつの理由は、彼らが戦後初めて、地域研究という知の形態そのものがおかしいのではないかと公言し始めたからなのです。もちろん既存の日本研究からは嫌がらせをされました。日本の学者や批評家のなかにもこの嫌がらせに積極的に協力する者もいて、未だに嫌がらせは終わっていません。それでマイノリティが難癖をつけている、というかたちでものすごく嫌われるし、やっつけられる。★5

――シカゴ・マフィアと（笑）。

そう。そこには人種主義のコノテーションがありますね。マフィアというのはイタリア系のやくざだという話でしょう。日系人が二人いるし、ハルトゥーニアンはアルメニア系で、三人とも主流の白人じゃないですから。

ぼくは日本で大学院に入ろうとしたことがあったのですが、フーコーやデリダを読んでいてとても面白かったので、応募の際にこういうアプローチで日本の事象を研究したいと言ったら、「冗談ではない。そんなものは学問じゃない」と言われて、どこの大学院も入れてくれなかったのです。それでどうしようかと思ったら、友だちが、「アメリカだったら可能性があるよ」というので、ハーバードやスタンフォードも含めて応募したら、シカゴから「すぐに来い」と言われたわけです。

そういった学問的雰囲気でしたから、初めから理論的に徹底的に物事を考えていくということが奨励されていましたし、新しい方法論を用いることは自由にさせてくれました。他の所では、理論的にやるとむしろ批判されて排除されてしまうわけです。というのは、一般的に言って合州国の大学院で地域研究をしている研究者は、理論的にはあまり強くないし、ヨーロッパの思想をあまりよく知らない。日本のことをよく知っていて、江戸っ子みたいにべらんめえ調でしゃべれる、というのは結構いるのですけど、近代哲学における心身問題の位置づけとか、社会学の理論で「解釈」概念がどう変わってきたかを話すと、ぜんぜんチンプンカンプンなわけです。マルクス主義などと言おうものなら、顔を蒼白にしてしまうような宣教師の卵のような者さえまだいる。そういう状況でしたから、シカゴだけがちょっと異色だったのです。ミヨシさんやハルトゥーニアンさんは、ぼくが大学院生の時代か

★5　シカゴ大学を中心にした日本研究に向けられたこうしたバッシングに対して、マサオ・ミヨシが行った批判を日本語で読むことができる。マサオ・ミヨシ「冷戦後における境界の秩序化について」遠藤克彦訳『批評空間』一七号、一九九八年、四七-七四頁。

らジェームソンとかサイード*などに紹介してくれましたから、本当に幸運でした。ですから、彼らと一緒に仕事をしているという感じが強くて、地域研究の主流とは仕事をしたことがほとんどないのです。

――フレドリック・ジェームソンがヨーロッパ以外の文学も研究の射程に入れたり、ポール・ドマンの理論が文学研究に取り入れられたり、というようなことが始まるのも同時代でしょうか。

それは八〇年代後半以降です。サイードのインパクトからですね。サイードの『オリエンタリズム』が一九七八年に出て、そのあと初めて、そういった方向が出始めたのです。ご存知の通り、フーコーの読みとしては問題が少なくない本ですが、サイードがあのように政治的に学問に介入する仕方には感動しました。ところが地域研究者の多くは、全く『オリエンタリズム』に動かされていないようにみえました。本当に彼らはどんな種類の感受性を持っているのだろうか、と思いましたよ。

ジェームソンの場合には、八〇年代後半以降に、中国本土から学生が来はじめたことが大きいですね。それまでは人文科学はヨーロッパ中心で、ヨーロッパの知的伝統をおさえればやっていけるという立場だったのが、これからは少なくともアジアの学生――ラテンアメリカはこれからだと思いますし、アフリカの場合はお金がないからまだそれほど来られないのだけど――を相手にするかたちで人文科学を構成していかなければ、アメリカの大学はやっていけないということがわかってきた。

当時ジェームソンは比較文学のトップですから、そういう人たちが一斉に動きはじめることになって、比較文学という学問分野そのものが変わり始めたわけです。比較文学協会は十年ごとに報告書を出しますが、八〇年代の最後に出た報告書のなかで、いままでの比較文学はヨーロッパのなかの文学の比較であった、もうそういった比較は意味がないから、中国語や日本語やアラビア語とか、そういった言語も含めた比較をしなければいけないという報告書が出るのです。これは画期的なことです。合州国では「比較文学」が文学研究のなかでは最も先端的な分野である、という思い込みがあります。学問分野のエリート意識は、しばしば学問の保守化を招きますが、八〇年代の比較文学はエリート意識がよい方に働いた例外的な例でしょう。それから人文科学における就職分野の配分が変わりはじめる。いわゆる非西洋世界の優秀な人材がどっと合州国の大学の人文系で就職するようになる。理科系や社会科学系はもっと開かれていたわけですが、人文科学系もこの時期から開かれ始めるのです。

それまでの、イギリスとフランスの比較をやっているとか、イギリスとドイツの比較をやっているようなポジションを、引退する先生が出たらひとつひとつつぶして、その次は英語と中国語の比較とか、アラビア語とドイツ語の比較とかのポジションに変えていく。そういう過程のなかでスターになったのがレイ・チョウ*です。彼女の専門は中国研究じゃなくて比較研究です。地域研究からは長らく無視されてしまっていた。

―― スピヴァク*が活躍を始めるのも同じ時期ですね。南アジア、インド系の人たちが七〇年代後半から八〇年代に活躍し始めます。

そうですね。もう少し早いかな。レイ・チョウやリサ・ロウはガヤトリ・スピヴァクの活躍に刺激を受けているのです。年齢的にも一世代下ですから。アジア系の女性の学者が人種差別と性差別を次々に摘発し、論破しながら学問の世界でのし上がってゆく。しかも、スピヴァクは成功したからといって政治性を失うことはなく、政治や学問への批判は鈍ることはないから、彼女の成功は有色人種の女性学者に大変な希望を与えたわけです。また、インド研究の人たちのなかから、いままでの地域研究を批判する層が出てきて、同時に、インド系の人も、イギリス系の人も、アメリカ系の人たちのなかでも出はじめる。九〇年代に入るとサバルタン・スタディーズといった、インドにおけるマルクシズムの周囲に蓄積していた成果も流通しはじめます。

ただし、エイジアン・アメリカン・スタディーズ（アジア系アメリカ人研究）と、地域研究としてのアジア研究は、まったく分かれてしまっています。地域研究に批判的なことを言う人たちはエイジアン・アメリカン・スタディーズから出てくるのですが、エスニックなバックグラウンドをもっているアジア研究者たちのなかには同化した知識人（モデル・マイノリティ）のようになってしまう人が少なからずいて、その間にぜんぜん交渉がないのです。ぼくはそれをつくろうとしているのですけど、すると主流のアジア研究者とは真っ向からぶつかる。アジア系アメリカ人研究と地域研究としてのアジア学は水と油のように分かれている。そして、この分離の理由の一つが人種の問題なのです。アジア系アメリカ人研究では人種主義は、ごくごく当たり前な研究テーマですが、地域研究では一般に人種主義は扱われません。地域固有の人種問題は扱われますが、地域研究という知のまなざしそのものが孕む人種主義は語られないのです。もともと合州国の植民地政策の一環として発展してきた学問ですから、地域研究の知の生産そのものに人種主義が絡んでいるのは当たり前なことですが、しかし、このような問いかけは抑圧されます。

近代的な学問の専門化のもつ弊害のひとつですが、専門というかたちで自分の調査の領域をあらかじめ決めてしまうと、自分がその専門領域にどういうふうにかかわってきたかということは問われなくなってしまう。その典型が地域研究なのです。

――確かに日本でも地域研究をやることが、日本の問題に結びついていくことはまれなようです。たとえば欧米の植民地主義を研究することは、そのまま日本の植民地主義の問題に結びつくはずですが、なかなかそうなっていません。

日本で、たとえばドイツの植民地主義を徹底的に研究したらその研究成果をドイツで発表する。そういうことが重要だと思います。日本の植民地主義の研究をやるのだったら、その研究の成果は韓国や台湾で発表する。それは絶対しなきゃいけないことだと思います。テッサ・モーリス＝スズキさんの『辺境から眺める』（みすず書房）という仕事は、日本研究の分野でそれを実践した最初の重要な成果だと思います。

被害者を加害者に追い込む暴力

――先ほど酒井さんがおっしゃったサイードのインパクトはほんとうに大きくて、『オリエンタリズム』では地域研究が、『文化と帝国主義』では文学研究・文化研究が根本的に変わったと思うんです。でも当初はバッシングもすごかったんでしょう。

それはすさまじいですよ、サイードの批判は根本的なものでしたから。実際、保守的な中近東専門家は、サイードが批判したにもかかわらず、いまだに同じことしかできていません。馬耳東風というのでしょうか。

――サイードの『イスラム報道』は、『オリエンタリズム』の前史とも言うべきもので、アメリカのメディアに現れるムスリム（イスラム教徒）が常にテロリストとして表象されることの問題を告発したものですが、ユダヤ系の人たちからすさまじい批判を受けたという話を聞きました。

彼が、ユダヤ系の人々が多い、ニューヨークのコロンビア大学の教員だったことも大きいと思います。

――ユダヤ系の人々のことで言えば、今のフランスで、ユダヤ系の知識人のなかに、人種主義的な言説でイスラムを批判している人々を見かけることがあって、何ともやりきれない感じがしているんです。

戦争前にはアンチ・セミティズム〔しばしば「反ユダヤ主義」と訳される〕の対象にユダヤ人が入っていたのが、戦後、ホロコーストが知られてきてからは、アンチ・セミティズムの対象のなかにユダヤ人が入らなくなります。セム人〔ユダヤ人、アラビア人など〕に対する人種差別ということでしょうが、実は宗教差別でもあった。もともと、ヨーロッパにいる非ヨーロッパ的な者たちへの差別の言説がアンチ・セミティズムだったわけですが、いつの間にか、戦後になってホロコーストの悲惨さが知られると、次第にヨーロッパが「キリスト教の伝統」ではなく「ユダヤ・キリスト教の伝統」として再定義されるようになる。あたかもキリスト教がユダヤ教の差別をしてこなかったかのような伝統観がでっち上げられるのです。「ユダヤ・キリスト教の伝統」なるものがねつ造されるにつれ、多くのユダヤ人が差別される側ではなく差別する側に自己画定するようになる。第二次世界大戦前に「ユダヤ・キリスト教の伝統」なんていう言い方は一般には存在しなかった。歴史的に考えたら「ユダヤ・キリスト・イスラム教の伝統」というのが当然でしょう。あるいは、近代ヨーロッパのユダヤ人排除の歴史では、一六世紀のスペインで排除されたのはユダヤ教だけでなくイスラム教も一緒でしょう。

ユダヤ教弾圧の歴史はイスラム教弾圧の歴史に伴われているのに、そのなかで、イスラムを特別視する。あたかもユダヤ人はセム人ではないかのように。ユダヤ人のシオニストのなかには、アンチ・セミティズムをやりはじめた人がいるのです。合州国の保守系のユダヤ人のなかにはそういうのが多いのです。

アメリカでも、いまイスラエルとかユダヤ系の人たちのそういった傾向……シオニズムを批判することができるのは、ノーム・チョムスキーとかジュディス・バトラーとかユダヤ系の知識人だけなのです。ユダヤ系ではない人間がやったら、袋叩きにあいます。大学でこうした問題を公開で討論したりすると、バスでユダヤ系のファンダメンタリストがどっとやって来て、会場がうめつくされてしまうようなことになります。

——その意味では、九・一一は、やはり大きかったんですかね。

それは大きかったですね。左翼の知識人が沈黙せざるをえなかった。五年間は何もいえなかった。大学内でティーチインを開いたりしてどうにかして発言の場を維持しようとしましたが、マスコミがあれだけ右傾化してしまったら息をつく余裕もなかった。

——驚かされたのは、九・一一の後、インド系の人やメキシコ系の人がアラブ系やムスリムとまちがわれて殴られたり、発砲されたりということが頻発したことです。

人種というのがまったく恣意的な概念であることがよくわかりましたね。関東大震災のときに何が起こったのかも。

——関東大震災時の朝鮮人虐殺は、非常時における突発的かつ散発的な暴力行為であるかのように思われていますが、秩序だった集団の組織化された暴力でした。実際、これは中野敏男さんの近著（『詩歌と戦争――白秋と民衆、総力戦への「道」』NHKブックス、二〇一二年）に教えられたのですが、関東大震災時の自警団は、後のアジア太平洋戦争期の隣組の形成に結びついていくのだそうです。

そういった場面があまりにも隠されてきたから、潜在的な暴力性についての感受性が日本の場合鈍くなっているのだと思います。人種主義の暴力は人種主義の被害者に対してだけ発現するのではなく、被害者を加害者の立場に追いやるわけですよね。被害者になりたくなかったら加害者になれという論理が、社会的に弱い立場におかれた者たちの行動指針になってしまう。ですから、被害者と加害者を本質論的に分けるのではなく、被害者がいつでも加害者になりうることの力学を解析することが必要なわけです。先ほどのアンチ・セミティズムの例は、この力学が悪く働いた典型でしょう。社会関係にある暴力性については、絶えず公開して、そのような暴力性と交渉する気力と能力を養う必要がある。学問的な訓練の役割の一つが、暴力性に直面しつつものを言ったり書いたりする能力を養うことでしょう。

―― 欧米では人種主義は大きな社会的問題で、膨大な研究があり、社会政策の前提になっていたりするのに、日本ではほとんど表だって語られることがありません。帝国であったにもかかわらず、これだけ語られないのも不思議ですね。

戦争前は、意味づけのしかたにいろいろ問題はあっても、結構な量の研究があって、人種主義を批判する言説も存在していたと思います。もちろん帝国の統合は知識人の誰もが考えていたことだったからです。しかし、戦後は、どうしてこんなに鈍くなってしまったのか。

人種主義は自然の現象ではないですから、そのなかには必ず政治的なコンテクストがあるはずで、それをひとつひとつ掘り出して議論していかなければいけない。いわゆる良心的な知識人のあいだにも人種主義が蓄積していることは、明らかにしておかねばならないことです。

日本の場合、人種問題は、他の国のように抑圧されているというよりは、精神分析の言葉でいえば「排除」されている。抑圧へゆく前の段階でカットしてしまっているわけです。どうしてこのような「排除」の仕組みができてしまったのかを考察しなければならない。そこはきちんと分析しておかないとまずいですね。

ただ、いわゆる精神分析だけではだめだと思います。まず、日本では、ヨーロッパやアメリカほど精神分析が一般化しなかったことがあります。また、フロイトとラカンのようなよく知られている精神分析だけでは不十分です。ぼくがいちばん可能性として見ているのはフーコーです。フーコーはある時期まで精神分析を、ヒューマニズムを超える知の可能性だと考えていたわけですが、ある段階から逆に一種の権力装置として批判するようになった。そこには「牧人権力*」の分析を経た、ということがあるんですね。

フーコーを社会学として読んでしまう人がいるけれども、そうじゃない。彼は牧人権力分析を体系化できないままに試みましたが、やがて、セクシュアリティの分析に移りました。が、そこでもまた同じようなことをやっていたりします。完結した知ではなく、絶えず人と人を連帯させる方策を求めつつ、一方で個人化戦略を、他方で全体化戦略を批判的に摘出する解析を止めなかった。そこでは、社会科学の批判は一度も止むことはなかった。ああいった方向の歴史分析はひとつの導きになるかもしれない。精神分析を使うというよりも、精神分析で扱われているような事象を歴史分析のなかにもちこむということです。患者と分析家の間の関係を考えていくように、分析対象と分析者の社会的、歴史的な関係を考えていくということです。批判的な地域研究が可能だとしたら、この方向にあるのではないでしょうか。

ルサンチマンによる政治の再構成

―― 酒井さんが『希望と憲法』(以文社)で書かれていた、帝国主義の歴史を人種主義の歴史として再分節するのは、とても大事なことですね。

この対談の始めに英国で感じた集団的な不安感の勃興について述べました。七〇年代にはまだそれほどはっきりとしていなかったものが、八〇年代には新人種主義として失業した若者たちや没落する中産階級層をとらえていった。イギリスの新人種主義の後、同じような不安感の勃興を二度目撃したと言いました。

英国の後に目撃した不安感は、八〇年代末から九〇年代の初めにかけての合州国におけるものでした。ご存知の通り、「ジャパン・バッシング」の時代です。日本のバブル経済による成功が吹聴され、合州国の自動車産業が明らかに没落の兆候を見せ始めた時期です。合州国では所得格差がどんどん広がり、労働者層が明らかに没落を始めた。それまで盤石の基盤だと思われていた農業が行き詰まり、中小規模農民が次々に離農を始めました。米国の自動車産業のメッカであるミシガン州で、中国系アメリカ人の労働者が日本人と間違えられて自動車工場労働者に撲殺されたのもこのころです。合州国全体が没落しているという気分が広く広がり始めたころです。九〇年代後半から二〇〇〇年代中頃にかけて株価が上がりＩＴ産業が爆発的に成長したりして、一種多幸症的な幸福感が支配しましたが、労働者階級の没落は一向に止みませんでした。

定期的に私のクラスに来た学生にアンケートをとっているのですが、八〇年代を最後に、将来自分たちが自分たちの親よりも「豊かになるだろう」と感じている学生は少数派になり、九〇年代になると一クラスで一人とか二人程度の絶対的少数派になってしまいます（これは日本と合州国の両方にいえることでした）。未来に希望がもてないというのは、若い世代共通の気分になったということが判ります。とくに労働者階級では、希望の欠如はむしろ不安感となって現れるようです。この不安感は、二〇〇八年の金融恐慌以来、再び強くなってきました。とくに、白人労働者層の貧窮化はますますひどくなってきていて、時に「怒り」というような暴力的な表現の形をとるようになってきましたが、この「怒り」はマスコミによって操作されてしまっていて社会変革のエネルギーになる代わりに、白人労働者層を排外主義にむけて煽動する口実に利用されているようにみえます。

もう一つの不安感の経験は、現在の日本です。九〇年代末以降の日本の雰囲気は「英国病」のころのイギリス、「ジャッパン・バッシング」のころの合州国を思い出させます。石原都知事の「三国人」発言*は、露骨な人種主義ですが、このような人種主義に喝采を送るような社会層が生まれてきた。この社会層は現代のグローバル資本主義における「負け組」と規定してほぼあたっているでしょうが、人種主義的な発言は彼らの不安感への反応でしょう。そしてこの不安感を決定的にしたのが、北朝鮮の「拉致問題」でした。「強制連行」と言わずにわざわざ「拉致」という。英国の例でも言いましたたが、植民地住民への蔑視によって支えられてきた宗主国国民の優越意識が維持できなくなってきた時に現出する人種主義でしょう。日本人のアイデンティティが実は植民地主義の産物であったという事実に、日本の国民主義が向き合わなければならない段階に入ってきたら、北朝鮮という「贖罪の山羊」が見つかった。北朝鮮に対する日本のマスコミの報道がまさにオリエンタリズムの再生産に他ならないことは、この事実を見事に示唆しています。グローバル化の一つの帰結が、第一世界における「負け組」と人種主義の問題ではないかと思います。

いかにして近代化論とレイシズムの問題をつなぐのかを考える一つの鍵が、「帝国の喪失」でしょう。人種主義のなかでいま新しい側面として起こってきたことがあると思います。日本でいういわゆる「ひきこもり」ですね。近代化の原理は、競争させて上昇志向性を維持して、そのかぎりで社会をたえず変えていくというメカニズムなわけですけど、そこから下りちゃう連中が出はじめた。歴史的に見ても、構造的に「負け組」の位置に置かれた者たちが人種化するわけですから、あの層は簡単に人種化するのではないでしょうか。

統計調査によると、東大に行った連中は東大に行く子どもたちを再生産しているようです。この統計が象徴しているのは、国民社会に上昇流動性が極端に減少してきているということでしょう。封建制の世界のような身分が固定された社会が現出してきているのではないか。自由競争という建前では、競争そのものが自由に行われるから、競争によって社会は常に自己改革を行い上昇志向性は維持される、と勝手に信じていた。しかし、昔から、自由競争は不自由な社会を作り出し、階級を固定化するという懸念はもたれていた。再び、自由競争と議会制国民主義の矛盾が顕在化してきた。しかし国民社会では身分によって階層化が正当化されることはない。四民平等は国民国家の基本ですから。そこで登場するのが、人種化の力学でしょう。この人種化の力学に頼らずに、国民国家を維持できるのか。そうすると人種によって規定された近代世界の基本構造が再び露呈してくる。第二次世界大戦までは、国内の階級闘争を国外の植民地競争に転嫁することで国民社会の平等の建前を維持してきたわけですが、第一世界（植民地宗主国集合）と第三世界（旧植民地）のあいだの膨大な階層差が急激に減少してくると――中国、インド、ブラジルなどの経済成長が示唆するのはこの点でしょう――第一世界の国民社会内の「負け組」を人種化せざるをえないのではないか。戦前には国内の過剰人口を植民地に送ることで、国内の矛盾を解消しようとしてきた。しかし、今国内の「負け組」を海外に棄民できますか？　と同時に、労働生産性の低い、国際市場で競争力のもてそうにない、例えば技術力も学歴もない労働力を将来どのようにして養ってゆくのですか？　上昇流動性が失われた社会では、近代化のプロジェクトそのものがやっていけなくなる。そうすると下層にいった連中は人種化するのではないかと思うのです。

――でも、「ひきこもり」の彼ら／彼女らは、社会的に分断隔離されていますから、本質化されるような属性が個々人に見いだされて社会化されることは難しいでしょうし、彼ら／彼女ら自身が共通性を確認したり、訴求したりという回路も断たれているので、人種というような形でひとくくりに集団化されるような事態にはならないのではないかと。

マイノリティ化もできないというわけですね。そうすると、上昇流動性を獲得するには、もうファシズムしかないか……。

アメリカの場合、外からぜんぜんちがうものを入れることによってひっかきまわすということがあります。上昇志向性をそういうかたちで維持して、アメリカンドリームを維持するというシナリオがあった。しかし、そのシナリオももう効かないでしょう。

——ただ、ビル・クリントンが大統領だったとき、技術革新によって経済を立て直すために、知的専門職の外国人移民を積極的に受け入れる優遇政策をとって、ミドルクラス以下の人々の間にルサンチマンを生みだし、ブッシュ・ジュニアが大統領に選ばれる事態になりました。その意味では、近年のアメリカンドリームも排外主義的になっているということでしょうか。それにしても、反知性主義的なモメントがあるにしても、ブッシュ・ジュニアへの人気が、あのだめさかげんにあるというのですから驚きです。

いまオバマが困っているのはそれです。「オバマは冷たい」「頭がよすぎる」「理路整然とものをいう。ブッシュがなつかしい」（笑）。いま世界じゅうの国でルサンチマンをもとにして政治が再構成されてしまう可能性が出ています。

——アメリカではティーパーティー*が大きな勢力になっていますね。ルサンチマンを下支えにした主張のアナクロさは驚くべきものです。

アメリカは、日本だととうの昔に消えてしまったような前近代的なものがたくさん残っている社会ですから。

——逆に言えば、日本ほどある種の近代性がこれだけ貫徹してしまった国もないんじゃないかと。

そう思います。前近代的なものは、近代化へのある意味でのバッファー（緩衝材）になるのですけど、日本の場合はそれがないですから。

反面教師としての日本

一九三〇年代から四五年まで、日本人の六人に一人が植民地と本国の間を動いています。だから植民地の経験は単なる表層的なことではなくて、日本の国民意識の核のところにあると思うのです。ちょっと調べてみると、どこの家族でも、植民地でいい思いをしたとか、召使を使えたという経験があるわけです。特に植民地の経験は男性性と深い関係がある。初めて植民地へ行って人種的な優位な立場を経験すると、日本ではうだつのあがらない人も、一人前の男になれる。その意味で、日本は帝国化することで近代的になりえたわけですが、そういう記憶は帝国でなくなってからもずっと残るものでしょう。

——興味深い研究があるんです。日本が戦後に高度成長できたのは戦地や植民地からの引揚者がいたからだというんですね。敗戦時に海外にいた軍人・軍属・一般人は六百万人を超えるんですが、その人々が一気に日本国内に戻ってくるわけです。農地改革などがあったので、吸収される人口もあったんですが、定着がうまくいかなかったこともあって、かなりの余剰人口が戦後に生み出されてしまう。そしてその人口がそのまま高度成長を支える労働力になった。高度成長を移民の労働力に頼ったヨーロッパと違って、日本では引揚者がいたので移民を必要としなかったというわけです。言ってしまえば、日本は戦前の帝国の破綻を、その責任に向き合わないで済むかたちで近代化を加速する資産に転用できたことになります。

それから日本では国民教育が成功しすぎたことがあると思うんです。国力を増強し、持続的に維持するために始まった日本の国民教育は、一人一人が高いリテラシー（読み書き能力）を獲得することを可能にしました。しかし体制翼賛的な教育を経ることでダイナミズムを失い、戦後しばらくは教育による社会的流動性の獲得もありましたが、一定レベルの教育水準が達成されてしまうと、実際には差異や破綻があるにもかかわらず、教育の空間はすさまじいほどに同質化してしまい、その反動で差異化されてこぼれることへの恐怖を生み出す場へと変わってしまった。

これだけ同質化が徹底して進行したために、同化という問題に対するセンシティヴィティが日本にはないということか、抑圧されてしまったのではないかと思うんです。

同化にはアシミレーションとアイデンティフィケーションがありますね。それが概念として整理されていないところがあると思います。同化という現象には、たとえば文化的な習慣のレベルの同化と、国籍をとるかとらないか、国家によって規定された国民としての権利を要求するか――たとえば社会保障の恩恵を受ける権利ですが――、その二つがあると思うのですけど、それが日本語の「同化」の場合にはきれいに分離されていない。

―― 現在、フランスではフランス人のアイデンティティが喧しく問題になっていますね。その背景には、非ヨーロッパ系の定住者が無視できないくらいに増えたということがあるわけで、あれは端的に言えば、フランス国籍が取りたかったら同化してフランス人になれという話なわけです。実際、サルコジは大統領に就任すると「移民・統合・国家アイデンティティ・連帯開発省」を創設して、公的な場におけるブルカ着用を禁止*したわけです。しかし日本の場合は、ああした明示的なものでもありません。

戦争前はそうじゃなかった。植民地では明示的な同化政策をやっていました。

―― アメリカではそれはないですね。

アメリカのいいところはそれです。隣の人が昨日来た移民かもしれないという可能性が常にありますから。

——ただ九・一一以降は……

人種の問題が出てきましたね。アラブ系やムスリムはテロリストだと。

——欧米には、イスラムに対する徹底した拒否感と嫌悪感があるように思えます。しかし、イスラムはキリスト教と出自を同じくするわけですし、中世まではイスラム地域の方が先進地域で、ギリシャ・ローマの知や文化も中東経由で移入していた。しかしヨーロッパは、そうした歴史をすっ飛ばして、ギリシャを自分たちの直接の起源にします。でもヨーロッパの起源であるギリシャは、当時は、エジプト大帝国のなかの辺境だったわけですよね。

ああした歴史化が起きるのは一八世紀です。近代というのは、過去の起源を遡行する時代ですから。一八世紀になって、それまでギリシャ語なんてろくに勉強しなかったのに、西ヨーロッパどこでも勉強させられる。

——日本では〔江戸時代の〕国学がそうですね。

一生懸命になって『古事記』以前の原《げん》日本語に戻ろうとします。そういった意味で国学には近代の性格が実に良くでています。ああいうふうに国民史をつくること自体が近代の達成ですから。ただ、いま古典的な近代の枠組みがどこでも変わりつつある。日本は二重の時間性のなかに生きているのかもしれない。近代に向かうテレオロジー（目的論）そのものが古くなってしまっているのに、一生懸命近代化しようとしている。

ひとむかし前の日本の知識人は、ヨーロッパの庶民とインテリは、同じ近代をずっと生きてきたから差がないとしきりに言っていた。だから、丸山眞男たちは、ヨーロッパを理念形にして、前近代的なものを克服することが日本の課題だと言ったわけです。でも彼らはヨーロッパのどこを見ていたのだろうか。そんなヨーロッパがどこにあったのだろうか。実際にはヨーロッパには階層的に大きな差があります、ブルジョワと労働者階層では生活感覚も文化も違います。しかし日本には本当にその差がなくなってきています。

台湾に住んでいると、土俗宗教がたくさん残っているので、いかに日本の寺や神社がプロテスタント化したかがよくわかります。装飾的なもの、土俗的なものをぜんぶ切って、衛生的になっている。逆に言えば、完璧に宗教が内面化されてしまっている。

――先進国でこれだけクリスチャンの少ない国は日本ぐらいじゃないですか。

逆に言うと天皇制がやっぱり……(笑)。

――貫徹しちゃったんですね。天皇制が近代主義のなかに。

日本の近代化を担った知識人たちは、ヨーロッパの留学先では金がないから下層の人たちのそばで生きているくせに、日本に帰ってくるとブルジョワのヨーロッパしか語らない。だからブルジョワの生活と比べたら、日本の庶民の生活は前近代的にみえるわけです。非西洋の知識人は、第三世界のどの国に行っても、ほとんど同じようにヨーロッパのブルジョワを見習おうとするので、日本の知識人だけを責めるわけにはゆかないのですが。

いま日本が直面しているさまざまな問題は、一種の反面教師になるかもしれませんね。産業化された社会のいろいろな地域で、日本と同じような傾向がみえてきている。いちばん典型的なのが、六〇年代の日本の学歴社会を見て、イギリスや北アメリカの研究者たちが、これは異常だ、近代からの逸脱で、こういうことはアメリカでも西ヨーロッパでも起こらない、と言っていたけど、そんなことはなくて、いまアメリカも西ヨーロッパの国々も明らかに学歴社会へ向かって動いている。現在の立場から見直してみると、教育の点では、日本はアメリカや西ヨーロッパより進んでいたことがわかってくる。六〇年代から反転して八〇年代には日本の教育が優れていると言って、日本的学歴社会の方向に教育制度を変えようとする議論が盛んでした。いまでは韓国や中国が理想だという。つまり、この三十年間で判ったことは、学歴社会は資本主義の近代の論理に符合している、ということでしょう。しかし、学歴社会が人々に希望を与える保証はどこにもない。それは、近代化が人々をより幸せにするわけではないことと同じです。その学歴社会というのはバラ色の近代じゃなくて、悲惨な近代です。近代化のなかには、環境破壊に典型的に出てきているように、人々を悲惨にする契機もある。そういった問題はこれから世界じゅうで出てくると思います。

――そういえば、ひきこもりや過労死は、hikikomori や karoshi としてオックスフォード英語辞典などの日本語以外の辞書に載るようになっています。実際、イタリアでは引きこもりが増えて問題になっているそうですし、フランスでは過労死が問題になっていたりします。こうした社会問題では日本は先進国なんですね（笑）。幸か不幸か、いろいろな条件が整いすぎたこともあって、近代化をある意味で疾走することができたために、今ではエントロピーが極大になって熱死状態を迎えている感じがします。

アメリカでも引きこもりが出はじめている気がします。

――日本だと、オタクという言葉にはいくぶん侮蔑的な響きがありますが、アメリカにはないようで、日本のオタク文化はクール・ジャパンとしてほめそやされますね。内閉的な姿勢は変わらないように感じますが。若い連中をみていると、〔オタク文化に〕無我夢中ですね。いま直面している問題は、日本のコンテクストだけじゃなくて、日本の現象として限定するのではなく、どこにでも起こりうる問題として、徹底していろいろなかたちで考えていくべきです。そのためには、問題を理論化することが重要です。そうしていけば、将来出てくる問題に対していろいろなところで使えると思います。

田辺元の人種主義批判と帝国的国民主義

—— 酒井さんがやられているように、現代の状況を考えるためには、京都学派を含めた戦前の日本の思想をきちんと読み直すことが必要だと思っているんです。

そうですね。戦前の日本の思想にはある意味で成果があるわけです。あの時期の日本の知識人は、ヨーロッパに対する劣等意識がいちばん少なかったし、ヨーロッパと本気で対決するつもりでやっていましたからね。それが戦後はぜんぶ失われちゃうわけですが……。たとえば「世界史の哲学」で言われていることには、今でも通用するものがあります。ヨーロッパの言う「世界史」は単なるヨーロッパの地方史でしかないじゃないかという批判ですね。この批判に対して、ヨーロッパの連中はまったく抗弁することができなかった。

—— 戦前の日本の思想は、本気で考えなければならなかった部分があったのだと思います。近代化が急激に進み、社会や環境が目まぐるしく変わっていくなか、列強による脅威にさらされながら、一方で、自らが帝国かつ宗主国として他者を支配して同化の暴力を行使するとき、内実は措くにしても、自分たちの基底とは何なのかということを考えざるを得なかったんじゃないでしょうか。そのモメントを戦後の哲学や思想はほとんどもっていない気がします。それで酒井さんにお聞きしたいことがあるんです。日本の思想は、そうした基底を思考するときにでも、どこか体系性への志向が希薄、というより体系的なものに対する拒否感や批判が先行するような感じを受けるのですが、どうでしょうか。

李さんの見解には同感せざるをえません。ぎりぎりのところでこの世界にはまったく秩序がないかもしれないという可能性と対決するとき、人は体系性に向かうわけですが、そこのレベルで思想を考えた人は、日本には比較的少ないのではないかと思います。

もうひとつは、体系性と対決するときに、単に体系性を壊せばいいということではないのですね。マルクスとマルクス主義の違いがよい例です。マルクス主義は資本主義には体系性があるという前提で資本主義を批判するわけですが、マルクスが言ったのは、資本主義のなかに体系があるという前提そのものが資本主義を再生産させるものだから、資本主義批判をやろうとしたら、資本主義のもっている合理性そのものを撃たなきゃいけないということでした。

この体系性の批判は、一見すると二つにみえるかもしれないけれども、三つぐらいの段階があります。ひとつは体系性を壊していこうという批判、それから体系性を樹立させようとする批判、それから体系性を樹立させようとする欲望そのものに対する批判です。戦後の日本は、いちばん最初の段階の体系性への批判しか残らなかったけれども、戦争中までは、二番目と三番目の可能性があったのではないかと思うのです。ヨーロッパがいままさにそれです。ポスト構造主義のモメントというのは、そのあいだの競り合いを細かくやっていたわけですよね。

――その意味で、酒井さんの田辺元論にとても期待しているんです。人種主義の問題で言えば、田辺はヨーロッパの進化論的で人種主義的な諸社会の編成を超えた、多元主義的な社会編成を構想しようとしたと思うんですが、それは現在の社会の多元性を前提にした人種主義の台頭に結びついてくる問題だと思うんです。言ってしまえば、田辺は二つ目の批判まで行こうとしたわけですが、酒井さんには田辺の批判的読解を通して三番目の批判までやっていただきたいんです（笑）。

田辺がいちばん最初に考えたのは、カントの第三批判（判断力批判）です。そしてカントは近代の最初の人種概念に基礎付けをした哲学者ですね。ですから問題は重なっている。田辺自身は人種という言葉は使っていませんが、「種の論理」は、人種にかんする論理でもある。人種を肯定する議論ではなく、田辺は人種ではなく国民への帰属によって人種を越える可能性を考えました。とくに戦後の日本では人種のもっている哲学的な問題性は逆転されて理解されていましたので、この点を理解する人は少なかった。というのは、田辺は即自的な日本人という考え方を否定しているからです。人は日本人として生まれるのではなく否定性を媒介にして日本人になるのです。日本人というアイデンティティは、個人が普遍的な理念に賭けることによって達成されます。ところが、戦後の日本では、日本人のアイデンティティはもっぱら国民性の議論に接近してしまい、民族文化や国民文化が実体化されてしまう。さらに、帝国の喪失の後では、人をどのように日本人にするのかという視点もなくなってしまいます。田辺の種の論理は、じつは人種主義批判と絡んだ議論だということがぜんぜん見えず、人種の「種」が主題化されているから、単なる人種主義の論理だと思い込まれてしまったのですね。ですから日本だけでなく、世界的に見ても、田辺の議論を読み直すことは重要だと考えています。

しかし、同時に、「種の論理」は人種主義の危険も孕んでいます。なぜなら、エティエンヌ・バリバールが主張するように、人種主義は普遍主義だからです。人種主義は近代の国民主義のもつ普遍主義を継承している。この点で、「種の論理」には帝国的国民主義の性格が如実に現れています。国民国家の基本理念である国民主権(戦前ですからこの点は明言できなかった)と法の前の平等を維持しつつ、国民の主体性を拡充しようとしたら、国民のなかに差別をもたらすものとしての人種主義は弾劾されなければならない。しかし、国民と国民外の国籍差別はどうなるのか。国籍は人種と無縁なのか。国民という概念そのものの植民地主義的な展開下で現出する差別性はどうなるのか。国家の拡張の運動をそのままにしておいて、人種主義を弾劾できるのか。それは人種主義を越えるもう一つの人種主義に帰着しないのか。そもそも、人種主義には常に人種主義否定の契機が備わっているのではないか。

もうお分かりでしょう。八〇年代に初めて田辺を読みはじめて驚いたのは、「種の論理」が戦後の合州国の国民主義に呼応するような社会存在論だったからでした。人種差別を否定する運動が、国民主義の核におかれることになる。しかし、このような帝国的国民主義に対しては、すでにマーティン・ルーサー・キングやマルコム・Xは一九六〇年代に鋭い批判を提出しています。たとえ国内の人種差別を弾劾したとしても、合州国の帝国主義が存続するかぎり、国内の人種主義は存続し続けるであろう、ということです。人種主義は国外の帝国主義に結びついているのです。

私は田辺を日本思想史の一幕として読むことには全く関心はありません。そうではなく、田辺元の社会存在論を帝国主義一般の歴史として読むことが課題なのです。ですから、六〇年代に提出された帝国的な国民主義の批判を経ずに、田辺を読むことはできないと私は考えています。現在人種主義を考える上で私たちが避けられないのは、合州国の帝国的国民主義です。この文脈で私には田辺元の仕事が気になるのです。

新しいレイシズムと日本

鵜飼哲
酒井直樹
テッサ・モーリス＝スズキ
李孝徳

レイシズム分析の射程

李　私がレイシズムをあらためて考えたいと思ったのは、戦争責任や植民地支配責任のような問題に取り組むとき、現在の日本の法廷で争われるような加害と被害の調停によっては、決して捉えきれない、解決できない部分があると感じていたからです。たとえば植民地支配の問題は、これまでの国家による賠償や謝罪を前提にした責任論のパラダイムだけでは対象化しきれないものでしょう。もちろん具体的な個々の被害に関しては、賠償や謝罪といったものは不可欠で、それは徹底的に訴求していかなくてはなりませんが、むしろそうした支配の根底にあるもの――私はそれをレイシズムによるものだと考えるのですが――を分析していかないと、問題の本当の解決にはならないと思うんです。

鵜飼　アイヌや沖縄の問題も当然そこに含まれますね。

李　日本の戦争責任や植民地支配責任で被害が生み出されたメカニズムを考えていくとき、レイシズムによる分析は不可欠です。と同時に、レイシズムを通じたアプローチは、そうした問題と現在世界各地の排外主義やナショナリズムの問題をつなぐものだとも思います。

鵜飼　李さんがジョージ・M・フレドリクソンの『人種主義の歴史』（みすず書房）の翻訳のあとがき

で書かれているように、日本はレイシズムの博物館のような国ですね。あらゆるタイプのレイシズム——門地差別、先住民や旧植民地人、移住労働者に対する差別——が日本の近代を貫徹しています（日本のレイシズム）*。

いま政権が代わって、アイヌ民族にかかわる政策をもう一段階進めようという動きがあります。アイヌの遺骨を北大、東大、京大などさまざまな研究機関で収集してきて、そのことが問題化されてきました。ところが、民主党政権下で計画されているのは、慰霊碑を建て、その同じ場所でこれまでどおり研究もしようということです。

アイヌの人たちのなかにもいくつか議論はありますが、旭川の川村シンリツ・エオリパック・アイヌ氏は、遺骨を判明しているかぎりそれぞれの土地に返し、そこで慰霊碑を建てるべきだと主張されています（『東京新聞』二〇一〇年六月一八日）。それに対して、有識者会議のほうはひとところにまとめることを提案し、そこにあいかわらず学者が入ってくる構造です。まとまっているほうが、これからも研究するのに都合がいいというわけですね。一九〇三年の大阪内国博覧会における、「学術人類館」*の発想そのままだと言わざるをえません。

モーリス＝スズキ（以下M－S）　学術研究の対象となった被支配民族の遺骨の問題は、国際的な文脈で考えるべきでしょう。現在いろいろな国で問題になっています。先住民遺物の問題は、一八、一九世紀の「科学的レイシズム」という考え方から出てきました。先住民の遺骨を採集するにあたって、人類学者や考古学者は、征服された人々の感情や文化を無視・蔑視したばかりではなく、発掘した人骨を恣意的に「研究」し特定の人間集団の「劣等性」を示そうとしました。日本では、とりわけそうした問題点に対して鈍感だったと思います。北海道大学を拠点とする児玉作左衛門に代表される研究者たちが、一九六〇年代にいたるまでアイヌの墓地から骨を採集し、九百人以上の遺骨がいまなお北大の収蔵物に入れられています。アイヌ共同体のなかには、祖父母の遺骨が埋葬場所から奪い去られたのを覚えている人たちがいまも生きています。こうした遺骨のアイヌ共同体への返還は、早急に取り組まれるべきことではないでしょうか。現在では多くの国々に、先住民遺物の返還を定める法律がありますその他の国々でも、法律はないにしても、博物館や研究機関に人的遺物の先住民共同体への返還を定める倫理規定が存在します。

わたしの住むオーストラリアでは、まだいろいろと未解決な問題も残るのですが、少なくとも大学や博物館においては、先住民遺物の扱いに関し厳しい倫理規定があります。

鵜飼　それが日本はできていないのですね。

李　アメリカもどうでしょうか。ハワイに関しては、先住民の遺骨が発見された場所は開発できないといったように、先住ハワイ人に関する政策や法律があるようですが、先住アメリカ人の場合はあまり見られない気がします。

鵜飼　ニューヨークの自然史博物館の展示を見たことがありますが、いまだにすさまじい状態ですね。とくに先住民にかんしては。

李　アメリカ先住民の位置づけは、現在どうなっているんでしょうか。

酒井　法律的にまだまだですね。カナダでは先住民の権利回復の運動は展開をみせ、その成果も出始めましたが、アメリカ合州国は大幅に遅れています。戦前の日本のように同化政策も強烈に働いています。いまだに先住アメリカ人を「誇り高い合州国市民にさせてやった」という修辞が大手を振ってまかり通っているわけです。私の住んでいるニューヨーク州のイサカの近くに複数の居留地（リザベーション）*があるのですが、居留地は半ば独立国ですから合州国連邦政府や州政府の税金がかかりません。そこで、賭博場をつくってお金をもうけることがとてもはやっています。民主党ではなくて共和党の議員がサポートしているのですが、いろいろなかたちでの既得権が動いていて、しかも多額の金が動いているために先住民の共同体が内側から壊れてしまっています。その過程は現在進行形ですから、これから一体どうなるか。

　私が勤める大学にはイサカ先住民研究のセンターができたのですけれども、先住民の学生がほとんどいないのです。先住民の人たちは離散してしまっていたりするし、大学教育まで到達する前に脱落してしまう人が多いからなのですね。黒人に対する差別は一般的な常識になっています。奴隷制や一九六〇年代まで続いた制度化された様々な形の人種差別については比較的よく知られています。けれども、植民地化の過程で顕在化する人種主義に対する責任感というのは、アメリカでは一般に語られないことになっていますから、先住民について語る人はものすごく少ないのですね。その意味では、アメリカ国内では認識のギャップはとても大きいと思います。

鵜飼　北海道でもそうです。いまある種のアイヌ・ブームがあって、北海道に住んでいる人たちがアイヌ語を勉強するケースは、かつてと比べると広がっているでしょう。しかし、北海道で、「ここは植民地だ」と言っても受け入れられません。公園にいまだに〝開拓者〟の碑、黒田清隆とケブロンの銅像が立っています。それも戦後の、六七年ぐらいに建立されたものが。つまり、世界的な脱植民地化の時代を経たのちに、植民者の碑が立てられたことになります。

M-S オーストラリアの場合、一九七〇年代までは、学校でアボリジニの歴史をほとんど教えられていません。それまでは、オーストラリアの白人の多くは、先祖が「未開地」を切りひらいた開拓者だと思っていました。植民者たちによる侵略の暴力の意識はほとんどなかったのです。画期的だったのは、労働党のホイットラム政権の誕生でした。それ以降、状況はかなり改善されました。

ご存知のように、二〇〇八年にケヴィン・ラッド首相のもとでアボリジニ系オーストラリア人に対する議会の謝罪決議が採択され、レイシズム的同化政策、とりわけその一環として行われた先住民児童の両親からの強制隔離に対する謝罪がなされました（オーストラリアの先住民への謝罪）*。九〇年代の法律改正（最高裁における Mabo 判決とそれにつづいた Land Rights の法規的認知）の結果として先祖伝来の土地を取り戻すことができた先住民共同体もあります。しかしながら道はまだ遠い。現在にいたるまで政府はアボリジニの人びとが強制的同化政策で受けた損害への賠償を行っていませんし、意識的・無意識的なレイシズムに根差した差別は、依然として国民のあいだにかなり残っています。

日本のポストコロニアル

李 日本は国家が犯した暴力に対して、まず被害者の名誉回復をきちんとやったらどうかと思うんです。旧土人保護法*や琉球処分*は不当だったと公式に認めるとか、現在では日本籍を持たない非日系BC級戦犯に対して暫定的なものであれ謝罪するとか、戦前に弾圧した思想犯への対応は間違ったものだったと公式発表するとか……。アメリカではクリントン政権のときに、ハワイ王国の併合が違法だったことを謝罪しましたし、最近では過去の奴隷制に対する謝罪決議が各州であがっています。オーストラリアではアボリジニに対する政策を国家が謝罪しましたし、韓国では真実究明委員会や真実和解委員会*があって、国家暴力に対する「過去清算」をやろうとしていますね。それぞれ問題はありますし、国家を謝罪主体として絶対化することの危うさはありますが、それでも新たな展開へと踏み出しているわけで、日本でもそうした動きを始めれば、過去の問題だけでなく、現在にある問題も大きく解決に向かう糸口になると思うのですが、そうしたモメントは少ないですね。

鵜飼 日本は要するに、村山談話*が到達点で、それより先に行く必要はないというコンセンサスが九五年を境にできあがってしまったわけですね。一方、右派の側は村山談話の破棄を求める。そこで構図が膠着してしまっている。

李 慰安婦に対する謝罪と補償を政府に求める決議はあちこちの地方議会であがってきていますけど、いまひとつ全体的な運動になりません。

M-S 何回もそういう話があって、結局は中途半端なままに終わってしまう。村山談話もそうだと思いました。ある意味ではそれは最悪の結果ですよね。すでに謝罪したという意識が多くの日本の人たちにはあるので、まったく問題は解決していないのに「どうしてまだ騒いでいるんだ」ということになってしまう。

鵜飼 例外的な時期に、社会党の党首〔村山富市〕を首相にしてある程度のことを言わせ、この問題にずっと責任があった自民党は、河野〔洋平。当時、社会党と連立を組んでいた自民党の総裁〕はいたにしても、端のほうに置かれていました。……村山に不十分なことを言わせ、それを日本が言ったことにして、そのあとはまた自民党の政治家たちはでたらめなことを言うというパターンの繰り返しです。

李 不思議なのは、こうした国内の問題が外交問題になって「解決」されることです。たとえば指紋押捺拒否運動*は、日本における一種の公民権運動*だったわけですが、一九九一年に海部首相が渡韓した際に外交的な「成果」として在日に対する指紋押捺が撤廃され、金大中大統領が来日したときに、外交上の「お土産」として全廃されるというふうに、外交問題のなかで扱われてしまう。

M-S 安倍首相が従軍慰安婦に関するひどい発言をして、それがアメリカのメディアで批判されると、アメリカに行って「遺憾である」とブッシュに謝罪し、アメリカ合州国大統領がその謝罪を受け入れる。あれはとても象徴的でした。

鵜飼 だれに謝罪しているのかまったく不明です(笑)。あんなトンチンカンなことが起きるのは日米関係だけですね。

酒井 あれは戦後一貫して続いてきた日本の政治家の姿勢ですね。もともとは岸信介だとか賀屋興宣だとかの戦犯の系列をひく保守政治家の行動原理でしょう。それが戦後の政治指導者一般の心構えになってしまって、いまや、国民一般にまで広がっている。日本の政治を指導する道徳意識が、合州国の審判に対して謝罪するあるいは自己の正当性を主張するという形になってしまっている。責任を考える以上、「誰に対する責任なのか」が直ちに問題になりますが、戦争責任や植民地責任が、日本の国家や人民が引き起こした暴虐の被害者に対する責任ではなく、戦勝国の代表である合州国に対する責任になってしまっている。自民党の右派だけでなく、「押しつけ憲法」といって連合国の占領によって可能になった戦後改革を拒否する保守政治家の意識のなかに、合州国を道徳的な権威とする態度が惨めな形で刻み込まれてしまっている。彼らの論法によれば、合州国を父のように崇めるのでなければ日本人は責任の主体になれないことになってしまう。

鵜飼　東京裁判以来、結局のところ構造は変わっていません。

李　日本の報道では、慰安婦問題で日本に謝罪を要求する議会決議が米国であがっているのは、選挙でアジア系の票を獲得するためだという解説なんです。だから提案者がマイク・ホンダという日系人だとわかると、「日本は海外の日系人に対して冷たくしてきたからだ」みたいな、さらにめちゃくちゃな説明になったりします（笑）。マイク・ホンダ自身はなぜ日系人のおまえがやるのかと日本の記者に聞かれて、自分は顔の色でこうしたことをやっているんじゃないと答えていましたね。

酒井　これまでの日本政府や日本国民の慰安婦問題の対応の仕方を見ていると、日系人として恥ずかしいからですよ。いまは縁が切れてしまって日本とは関係がないといっても、日系アメリカ人として、日本を密かに支持したいのではないかと他人に勘ぐられる。そこで「私は日系人だが、慰安婦問題について日本政府や日本の世論のあり方には反対する」と宣言せざるをえないからです。恥を感じる能力があるなら、安倍政権の慰安婦に対する態度を許容するなどとはおくびにも出せないでしょう。安倍晋三や麻生太郎の慰安婦問題に対する態度を肯定する現在の日本国民の主流と一緒にされたくないからです。

日本の状況は、従軍慰安婦問題がジャーナリズムで取り上げられたあたりから、一九八〇年代から九〇年代にかけてのヨーロッパのネオ・レイシズムの問題とひじょうに似た側面をみせてきています。それは確実に脱植民地化の問題とかかわっている。加害者と被害者の関係が奇妙なかたちで逆転してしまって、宗主国の国民が自分たちこそ被害者だといいはじめてしまう。いまその状況が全世界的に、第一世界——産業化された世界——のなかに全面的に広がっていった。オーストラリアのポーリン・ハンソン*がいまやアメリカのサラ・ペイリン*になって現れている。

M‐S まったく、そう感じます。

酒井 そのような逆転現象が早く起こったオーストラリアのような国は、先へ行く可能性を示している部分がありますが、いまアメリカでは、いったん行きつくところまで、ティーパーティー*の運動は続くと思います。オバマはこうした反動がくるというのがわかっていたから、言葉の使い方などにも気をつかい、そうした層を刺激しないようにやってきたわけです。ですからオバマの姿勢には優柔不断の印象がつきまとう。それでもあれだけの反動が起こってしまう。

M‐S けれどもアメリカが面白いのは、そういう現象があるいっぽうで、移民の人権運動などがかなり盛り上がっています。両面あるのですね。

酒井 アメリカも厳しいには厳しいんですけれども、日本にいるとちがうなあと思うのは、一方の勢力が覆ってしまって、ものがいえなくなるという状況は長続きしない。九・一一の後に、ジョージ・ブッシュの人気が高く、アメリカ人の愛国心を逆撫でするような批判的発言が全くできない状況があったわけですけど、しかしそのような状況は長続きせずに反発がまた出てきてひっくり返されてしまう。

李 そうしたダイナミズムは現在の日本では見られないですね。民主党政権の成立はありましたが、ダイナミズムなのかと言われると……。

鵜飼　それは五〇年代から言われてはいましたが、七〇年代後半から顕著になりましたね。いま六〇年や七〇年の安保闘争の写真を見ると、若い学生も外国人も、「同じ国とはとても思えない」と言います。

李　それでも九〇年代はまだ意識があった気がします。東西冷戦終結後、これまで封印された植民地主義の問題が浮上してきた際には、限界がありつつも応えようとした姿勢がありましたから。メディアのレベルでも、NHKが韓国のKBCといっしょに尹東柱《ユン・ドンジュ》*の番組や従軍慰安婦のドキュメンタリー番組を作ったりしましたし、民放でも慰安婦や在日朝鮮人の問題を扱った番組がそれなりに作られました。

鵜飼　NHKでは、女性国際戦犯法廷の番組改竄事件*のショックが続いているのでしょう。あの番組を担っていた人たちが何人も左遷されて、現場に不在になっていますから。

M-S　メディアの問題で言えば、沖縄の基地問題に対するメディアの反応をしっかりと分析すべきだと考えます。鳩山バッシングの道具として沖縄の基地問題が取り上げられるようになりました〔政権交代後、民主党の鳩山首相は沖縄・普天間基地の「県外移転」を約束したが、結局辺野古移転を受け入れ〕。ところが鳩山が首相を辞任すると基地問題の本質に関する報道が、あっという間になくなってしまった（笑）。

鵜飼　沖縄からしたら〔十年前と〕同じですよ。十年前の名護市の住民投票で〔基地受け入れ反対側が〕勝って、それで市長は〔辺野古への基地移転案を〕受け入れて辞めた。このパターンが、首相のレベルで反復されただけ。

李　私は沖縄へのこうした扱いを見てつくづく思うんですが、本土の人々は沖縄の人たちを同じ日本人だと思っているんでしょうかね。

鵜飼　それは例によって「本音」と「建前」の使い分けで、「建前」では日本人だけど……。これはコロニアリズム、レイシズムの表れ以外のなにものでもないと思います。

酒井　それは国民主義が必ずもつ一面であって、マイノリティは建前ではみんないっしょだけれども、当然差異が持ち込まれます。マジョリティはマイノリティを統合できているつもりでいて、同時に露骨な差別が歴然と残っている。マジョリティは差別に徹底的に鈍感なわけです。そのくせ温情主義的にマイノリティを受け入れていると思い込んでいる。

鵜飼　包摂と排除ですね。

酒井　こうした状況で、沖縄の問題とアイヌの問題、在日朝鮮人の問題を連携させるような報道のしかたはあったのでしょうか。

鵜飼　報道のレベルではまれだと思います。〔日本には〕いろいろなタイプのレイシズムがあります。日本人主体の側からすると、多様な歴史関係にある他者たちにまなざされている。そのまなざしの質には共通点もある。同じ時期に、同じプロセスで抑圧を受けたという歴史的理解はありうる。とはいえ、アイヌの人たちの視線のもとにある日本人（シサム）、沖縄からまなざされる日本人（ヤマトンチュ）、朝鮮半島から、あるいは在日の人々からまなざされる日本人（イルボンサラン）は、まったく同じものではないでしょう。ひとつひとつの出会いを掘り下げて、自分が複数の他者にとってどんな存在でありうるかを想像する努力を重ねていくほかはありません。

李　しかし今の民主党政権で言われているのは、中国や北朝鮮が軍事力を強めているから、沖縄に基地を置かなきゃいけないということです。

鵜飼　客観的にはある種の自家撞着が起きているのだと思います。歴史的にはすべて日本がしたことに起源があるのですから。

李　八〇年代には〔フランスの極右・国民戦線の〕ルペン*が日本をうらやましがっていたとか。単一民族で……

鵜飼　八〇年代の日本は経済も好調でしたからね。ルペンが「日本は理想の国だ。なぜ彼らは栄えているか。彼らの外国人政策のためだ」と言っていたことをよく覚えています（笑）。

血統主義と生地主義

鵜飼　国籍の問題は重要だと思います。日本でレイシズムという言葉を意味のあるかたちで定着させ機能させようと思うと、この問題をくぐらざるをえません。英米仏でレイシズムの問題が論議されるときはこの間、ほとんど「〔「血」や「遺伝子」の差異を理由とする〕生物学的レイシズムから〔「文化」や「民族性」の差異を理由とする〕文化主義的レイシズムへ」という図式で論じられることが多いでしょう。少なくとも日本ではこの図式はそのまま通用し難いと思います。いまだにこの国で、「レイシズム」という言葉で表現しうる内容は、基本的には生物学的なタイプのレイシズムなのではないでしょうか。それは、国籍法が血統主義であることとも無関係ではないように思います。

それに対してフランスでの議論は、生地主義の〔国籍法をもつ〕国におけるレイシズムの問題でした。

そこに私は学生時代にいたので、「血統主義と生地主義では生地主義のほうが優れている」というタイプの〔フィンケルクロート*に代表される〕論理を脱構築することが、八〇年代〔フランス〕で重視された思想的コンテクストを構成していました。日本でも今後、血統主義をクリアすることをもって進歩の基準とするような傾向が強まるのではないかという感触があり、〔フィンケルクロートが血統主義批判のために依拠した〕ルナン*の「国民とは何か」を訳してそれに批判的なコメントをしたこともあります〔『国民とは何か』インスクリプト、九七年刊〕。このところ、そのような予測が正しかったかどうか、やや疑問に思っています。

酒井　その場合の「血統」というのは、親族関係ですか。

鵜飼　国籍が何で決まるか、ということです。〔血統主義は〕属人主義ともいいますね。〔それに対して生地主義は属地主義。〕

酒井　親族関係に基づく、親が誰で、誰と結婚してというような血統と、生物学的なレイシズムというのは、ちょっと別のことではないでしょうか。

鵜飼　いや、日本ではどこかでつながっているように思われます。それがイギリス、アメリカ、フランスなどの国からは見えにくいのではないかというのが最近、私が抱いている疑問なんです。

フランスの視点からは、ドイツはいまでも属人主義の国であり、したがって生物学主義的レイシズムへの傾斜があると考えられていています。八〇年代には、ドイツのレイシズムの根底にはこの血統主義があると言われていました。〔フィヒテに代表されるドイツ的な国民概念に対して、フランスではルナンの国民概念が対置される。ところが〕フランスにもいくらでもレイシズムはある。フランスの批判的知識人はこの問題に意識的です。デリダやバリバールの当時の仕事は生物学主義と文化主義というこの二項図式を脱構築しようとしていました。

一方、フランスでドイツについて言われていたことは、かなりの程度日本にも当てはまります。血統主義の国籍法があり、植民地時代からの国籍と戸籍の関係があります。いまだにそれが機能している状態です。この構造の持続のうえに、新たなレイシズムが現れてきていることは間違いありません。したがってその制度的前提は血統主義にもとづく国籍法であり、それを条件として形成される生物学的レイシズムであるとは考えられないでしょうか。その意味でこの「継続する植民地主義」を正確にとらえないと、日本ではレイシズムという言葉が空回りしてしまうのではないかという危惧を抱いています。

二〇〇一年に石原慎太郎が、母校だからと言うことで一橋大学に講演にくることになり、学生が反対運動を組織しました。私もパリから大学宛に公開質問状を出しました。石原は当時、中国人で犯罪を犯した人を引き合いに出して「中国人のＤＮＡは犯罪を起こす素因がある」という趣旨の発言をしていました。これは絵に描いたようなレイシズムであり、それも生物学的タイプの言説であると言わざるをえません。このような人物に講演を依頼する大学の責任を問うために公開質問状を送ったのです。しかし、何の反応もありませんでした。帰国後、高橋哲哉氏にこの話をしたところ、「日本では生物学的だから批判されるべきだという話はまったく通用しませんよ」と言われました。そもそもそういう問題意識がない、日本人から生まれれば日本人ということが依然当然視されている社会だからだと。

血統主義と生物学的レイシズム

酒井　鵜飼さんの指摘された血統主義と生物学的レイシズムのつながりですが、たとえば沖縄の「混血児」に対する差別の問題は糸口にならないでしょうか。沖縄のなかでの差別の様々な制度のなかで、沖縄と本土の人との間で生まれた場合、沖縄の人と米軍の黒人との間に生まれた場合、沖縄の人と白人との間に生まれた場合で、厳密に層化されるわけです。これがいわゆる生物学的レイシズムですね。しかし血統であれば、婚姻を軸にした家族関係ですから、区別はそれほど確実には起こりえないのではないでしょうか。

むしろ生物学的なレイシズムで差別されるあり方と、血統で差別されるあり方の二種類があるように感じるのです。血統でいくと、韓国でみられるように、同族で結婚しないとか、先祖からの系統で社会的序列が決まるとか、中国で見られるような血統の関係でいくと、むしろ生物学的レイシズムを希薄化してしまうのではないでしょうか。血統という言葉は古くから、例えば、儒教の文献によく見られます。一八世紀あるいは一七世紀以前の文献ですね。ということは、生物学的な血統概念が成立する以前の話です。血統は血の繋がりのことですから、親と子、あるいは婚姻によって繋がる親族関係による財産所有や相続などを正統化したり禁止したりする原理のことですね。ところが、生物学的な血統となると、親族関係とは独立に、血の集団が想像されるわけです。「ドイツ人」の血だとか、「ゲルマン民族」の血、「日本人」の血が語られますが、同じ血を分ける者たち（しばしば、興味深いことに「同胞」――つまり同じ子宮から出てきた者たちという意味ですね――と呼ばれるのですが）のあいだには親族関係がある必要はありません。生物学的な血統概念は、この意味で、近代的な集団「民族」や

「国民」と同じような構造をもっています。「民族」や「国民」の顕著な特徴は、それが親族関係とは独立した集団であって、しばしば親族の比喩を用いて語られるにもかかわらず、親族的な関係とは無縁な集団だと思います。したがって、「混血児」の問題は、生物学的な「民族」概念が普及した後で、すなわち、国民国家の成立と深く絡んだ問題ではないでしょうか。私には日本が特別だとはどうしても思えないのですが。

ヨーロッパだったら、ドイツ系とスペイン系が結婚して子どもが生れても、血統でいけばまったく問題が起こらないし、イギリスの王族がアフリカの部族の王と結婚しても、その子どもはイギリスの王族になる。その部分では、血統的には同じで差別は生じない。けれども階層が下がってくると、こんどは生物学的と見なされる違いで厳密に区別するようなことが起こる。その二つはちがうように思えますが。

鵜飼 日本の場合その区別は、同じ明確さでは意識されてこかかったと思います。

酒井 そうすると戦前の日本政府が進めた日台結婚や日鮮結婚の奨励政策はどうなるのでしょう。

鵜飼 それは階級の問題と絡み合っているからだと思います。日本の場合、ヨーロッパの王族とちがって、建前としては天皇が外国人と結婚する可能性は排除されてきましたから。

酒井 ええ。ただ、韓国王朝とはやっていますけど。

鵜飼 それは近代に入ってから日本優位で行ったことで、すでに西洋的な論理が部分的に導入されて生じた事態ではないでしょうか。それもやはり、植民地主義的なレイプの論理、日本の「種」を植え付けるという民族浄化的な発想と切り離し難いように思います。ヨーロッパ的な、王族は民族とは関係なく王族同士で国境を超えて婚姻していくという可能性は、日本の場合、すくなくとも通例とはみなされてこなかったのではないでしょうか。〔帝国臣民全体にわたる〕「天皇の赤子」という表象と純粋な生物学的なレイシズムは矛盾します。しかしまさのその矛盾の圧力のもとでこそ、被抑圧者が「天皇の赤子」になる可能性に吸引される力学が生まれるわけですね。要するに、現在新しいと言われるレイシズムにおいても、血統の論理と生物学的差別の論理は、事柄自体としては別のことでありながら、ある表象のレベルでは補完しあって機能してきたとみたほうがいいのではないかということです。当然のことながら、生物学的レイシズムが本来フィクションであることは明らかですね。その意味では生物学的と言われるレイシズムも、つねにすでに文化主義的だったことは容易に証明可能です。

『ユダヤ人の起源』（武田ランダムハウスジャパン）のシュロモー・サンドのイスラエル批判は、八〇年代のフィンケルクロートがフランスでやっていた議論とある意味で同型です。ルナンの国民論をもってきて、現在のイスラエルを批判する。シュロモー・サンドは『暴力論』の著者であるジョルジュ・ソレルの専門家です。ソレルはルナンを非常に尊敬していました。彼の唯一の体系的著作はルナン論でした。シュロモー・サンドによれば、エドワード・サイード*が批判した「オリエンタリスト」ルナンは前期のルナンであり、コミューン以降の後期ルナンは、ドレフュス事件*におけるドレフュス派の議論を準備したという位置づけになります。彼は、いまのイスラエルに対しては後期のルナン、「国民とは何か」のルナンは有効だと考えています。エスニックなユダヤ・ナショナリズムを科学的に検証すれば、どれだけ時代を遡行しても単に混血があるだけで、イスラエルのユダヤ人の九九パーセントはパレスチナと歴史的に関係がないことがほぼ分かっています。ところが恐ろしいことに、いまアメリカでは、シュロモー・サンドの議論に対抗して、ユダヤ人固有のDNAを発見すべしというプロジェクトが膨大な資金を投入して立ち上げられたそうです。このタイプの生物学的なネーションの規定は言うまでもなくすべて幻想です。つねに、どこでも幻想だけれども、このユダヤ人の例に端的にみられるように、文字通り亡霊的な力をもっている。

日本はどうも幻想以前のような、まだまどろんでいるところがあって、われわれが九〇年代にやろうとした作業は、受け取り手もなく地に落ちてしまった観があります。そこから、問題の戦略的な組み立て方がややずれていたのではないかという反省が出てくるのです。

李 日本は、戦前はある意味でフィヒテ流の言語を中心にした種族的な国民概念であったために問題があったから、戦後は国家理念への同意に基づくルナン的なものに変わればいいということではだめなんだという話を鵜飼さんはしようとされたわけですね。ただ残念なことに、日本の根がフィヒテ的であるという前提すら認識されていなかった（笑）。

戦前日本の人種主義体制

李 酒井さんが論じられているように、戦前の日本は帝国主義化していくなかで、多元主義的な民族観をもっていて、表向きには棲み分けを主張していますが、あれはどういう位置づけになるのでしょうか。

酒井 二面性がありますよね。日本の植民地政策がやろうとしたことをまともにとったら、植民地の権力関係を突き崩すような日本政府にとってヘマなことをやってしまう結果になるかもしれないわけですけれども、少なくとも彼らの多元主義の論理のなかに、同時代のヨーロッパやアメリカでもない、通婚奨励というような政策があった。じっさいにはこの政策がそれほどうまくいっているとは思えないのですけれど、台湾に行くと、その子孫にいまでも出会ってしまう。韓国や日本の中にも、これは黙っているけれども、この政策のおかげでおじいさんとおばあさんが結婚して、今の私たちがいる、という人たちがいる。もちろん、日本帝国の崩壊後六十年以上、日本だけでなく、韓国でも台湾でも、彼らの出自が公的に語られることはほとんどなかったわけですが。

鵜飼 あれは日本人の血の優位性が前提されていたのだと思います。先方の血のことなどは考えていないのではないでしょうか。

酒井 日本の植民地期の通婚の問題を考えるときには、ジェンダーの視点が重要です。一般に植民地権力関係は異性間の性的な比喩で語られることがおおい。日本軍が南京で行った中国市民の虐殺が「南京の強姦（The rape of Nanjing）」と呼ばれるのはその典型ですね。南京虐殺の悪評を打ち消すために作られた映画『支那の夜』が性的な比喩では全く同じパターンをとっているのは象徴的ですね。しかし、それは植民地権力の一般的な了解の仕方の問題であって、植民地主義の政策がそのような比喩で説明がつくかどうかとは別でしょう。宗主国の男が植民地の女を娶るあるいは寝取るというのが普通なのだけれど、それだけでは植民地権力は維持できないでしょう。どの程度本気かわからないのですが、日本人女性が植民地男性と結婚するような逆の場合も奨励されているのですね。当時の日本の植民地官僚が最も敵視したのは民族主義だと思います。いかにして民族の本質化を防ぐか、いかにして民族を流動化させるか、を彼らは考えざるをえなかった。「民族」の可塑性は、当時の社会科学の流行のテーマでしょう。そういったものも含めてやろうとするかぎりでは、ルナン風のナショナリズムを徹底的に追求しようとした側面もあるのではないかと思います。

明治の初めに戻ると、福沢諭吉があれだけ儒教を批判するひとつの理由は、儒教が古い意味での血統主義だからですね。実際に儒教で重視されたのは血統関係というより親族関係一般だったわけですが、少なくとも福沢は親族関係の延長としての国家観を壊そうとした。そうでないと国民ができないと。国民とは親族関係ではない別の原理によって連帯する集団でなければならないと。

鵜飼　まず日本のなかでの地域間の差異をどう揚棄していくかという問題がありましたからね。言葉も通じなかったわけですから。

M-S　レイシズムにはいくつかのカテゴリーがあると思いますが、じっさいの構造としてのレイシズムを考えると複合的です。一般の人々の思想が理路整然としているわけではないでしょうし、個人のレベルで血統主義を信じているということはあまりないのではないでしょうか。

鵜飼　人々の心というよりも制度ですよね。国民国家形成の時期と帝国形成の時期が日本の場合ほとんど重なってしまっている。そのために、西ヨーロッパやアメリカと比較すると当然ずれる面があるでしょう。民族間の通婚に関して言えば、それを奨励するイニシアチブが誰にあったかという問題が残ります。いちばんひどいかたちでは、旧ユーゴの内戦のときに起きたような、「民族浄化」の意味を伴った通婚の観念もありえたのではないでしょうか。

国民の資格

鵜飼　まず日本でレイシズムの議論を定着させようとするときに、日本の国籍法自体の問題点は外せないと思うんです。

M-S　戸籍法も。

鵜飼　戸籍法と国籍法。われわれはどうしても「明示的レイシスト」としての在特会（在日特権を許さない市民の会）*に目がいきがちですが、現行制度そのものがレイシスト的であるという議論を一方でしていかないと妙な話になってしまうでしょう。あのような人たちが出てきたのも、日本社会の基本構造が変わらずにきているなかで起きていることです。「継続する植民地主義」という不変性を踏まえないと正しい認識は得られないでしょう。この国では、イギリスやフランスのレベルの脱植民地化も、実は本当にはまだ起きていないのではないでしょうか。

李　血統というものがどう考えられているのかも重要だと思います。たとえば中南米日系人を労働者として入れるために、日系の規定を変えてきたことがあるわけです。両親ともに日系でなければならなかったのが、四分の一になり、八分の一へと変化した。つまり国家が資格の付与を通じて血統による人種を作り上げているわけです。

鵜飼　血統というのも法的フィクションであり制度ですよね。血統は自然ではありません。国籍法としてあるかぎりこれは制度です。九〇年代にわれわれが強調したかったのは、血統主義に代えて生地主義を採用することは、結局同化政策の合理化に帰着するのではないかということでした。フランス人の大半はフランスで取られている同化政策の暴力性に無自覚です。反レイシズム運動の側も、現行の生地法の防衛を最大公約数にしている観があり、この点に十分自覚的であるとは言えません。ルナンは国民であることの要件として精神的な国民理念への同意を要請しています。今イギリスでもドイツでもフランスでも、移民の国籍取得のためのテストが採用されていますが、これはある国籍保持者たるためには単なる宣誓だけでは不十分であり、言語を中心に一定の文化的条件を満たす必要があるという考え方から出てきたのだと思います。しかし、容易に想像しうることですが、同じ試験を現在のフランス人やイギリス人やドイツ人に課してみたら、果たして何人残るでしょうか（笑）。

M‐S オーストラリアにも、国籍をとるためのテストがあります。アボリジニの言語をできるかどうかを入れるべきだという議論があります（笑）。

酒井 学歴社会の延長として国籍を考えようということなのですかね。

鵜飼 資本の論理との関係でいうと、それにパスする人間だけが一等国民で、血統で生まれてもそれにパスしない人間は資本にとって役に立たない人間だということではないでしょうか。

M‐S しかしテストの質問内容を見ると、すごく儀礼的なところがありますね。

鵜飼 イギリスとフランスのテストを見ましたが、なかなか難しいんですよね。

M‐S 難しくてもあまり意味はありません。テストは雑学クイズのようなものです。市民権をもっている多くの人たちも、おそらく準備しなければ合格しないでしょう。国籍取得のためのテストとは、移民たちが居住する社会に適応する助けにはなりません。受け皿となる社会にあるゼノフォビア（外国人嫌悪）へ向けたパフォーマンスにすぎません——「ほら、政府はあなたがたの不安に対応していますよ」というわけです。しかしながら、そうすることで、不安には根拠があるというメッセージを伝えることにもなります。レイシストたちがもつ恐怖を沈静するのか。むしろ煽っていると感じます。

李　フランスの場合、マグレブの人たちをふるいにかけるために行われているんじゃないでしょうか。

鵜飼　当然そうですけど、でもEUが自由流通になっていますから、EUのなかで来る人たちも……マグレブのことだけだったら、もっと前からあっても不思議はないですけど、やっぱりEUの進化とともに試験という話も出てきている面もある。

酒井　EU内で言えば、主として東ヨーロッパから入ってくる人々を制限しないといけないということでしょうか。

鵜飼　イタリアでもアルバニアからの難民が問題になっているといいますから、すでにムスリム〔イスラム教徒〕の問題が入ってきているわけです。ヨーロッパには、移民だけではなく、本来ムスリムが厳然として生活してきました。EUのなかで自由流通になれば、当然ヨーロッパの他国からのムスリム移民の流入の問題が浮上します。

酒井　スイスのモスク尖塔の禁止（二〇〇九年）のようなかたちでやるよりは、テストでやったほうが公平だろうと（笑）。

鵜飼　フランスではサルコジが、「受動的に、来るから受け入れるのではなく、能動的に、フランスが選ぶべき」という議論をしています。

李　ドイツもやってますよね。ある種の高度な専門職の移民に対しては積極的に帰化を認めていく。

鵜飼　いまヨーロッパはその方向に「右にならえ」をしているので、日本の移民政策も同様の傾向を強めつつあります。

M-S　もうすでに日本にはそういう研究所がありますね。

日本の移民政策の現状

酒井　いますでに移民政策を日本のなかで考えざるをえないし、考えているわけだけれども、それがまったく公共で語られることがないということは、レイシズムが語られないことと結びついているのでしょうか。

M-S　二〇〇八年、外国人材交流推進議員連盟の報告が出ました。日本は「移民国家」になるべきであり、今世紀半ばまでに外国人人口を約一千万人に増やすべきであると提言しました。これは見方によっては「リベラル」な提言に聞こえますが、明らかに根深いナショナリズムを反映しています。報告を支えている議論は、日本の政治力と経済的競争力を保つ唯一の方法が、若く有能な労働力を国外から導入し、外国人労働者を増加させることである、というものでした。「輸入」すべきものはあくまで経済資源としての「人材（＝労働力）」であって、希望や要求や人権を備えた個人ではないのですね。

鵜飼　九〇年代初め、ブルジョワジーの一部から将来移民を受け入れるしかないという議論が出てきたとき、われわれの間で議論されていたのは、3K的な職業は移民労働者がやって、日本では寄せ場も解体されて、日本人はそういう職種にはつかないというヨーロッパ型の社会になるのかどうかという点でした。日本の近代は寄せ場を維持し、部落を維持し、日本人のなかに景気の調整弁を繰り返しつくりだし、さらに植民地の労働力を強制動員してきた、この構造が維持されることになるのかどうか。必ずしも誰かが決めたということではないと思いますが、日本の資本主義社会はその後新自由主義の方向に舵を切り、派遣労働者問題が深刻化するなかで、寄せ場的状況が全社会領域に拡大し、日本人のなかに貧困層を再生産する方向に向いました。いまは調整の必要も唱えられていますが、実際のところどうしていいかわからないという時期でしょう。ブルジョワジーにとっても、九〇年代とは問題の所与がかなり変わってきているのだと思います。日本人をまるごと救うという方針はもうありえないでしょう。「余計な」日本人をいかに切り捨てつつ「優秀な」外国人を入れるか——資本の算段はおおむねそういうことでしょう。そのとき出てくる排外主義は、日本でいままで経験したことのない質を帯びることになるのではないでしょうか。

M-S 外国人受け入れ政策と排外主義の在特会を並列させて考えると、ガッサン・ハージの議論〔『ホワイト・ネイション』(平凡社)〕を想起させます。受け入れにしろ、排除にしろ、決定していいのはわれわれであるという点では、双方とも同じです。大きく言えば人間の越境的移動は、ひとつの側だけで決められるものではありません。どうして、"We Decide." とだけ主張できるのか。国際社会の一員である、という意識がすっぽりと抜け落ちている。

鵜飼 そういうかたちで主権を行使するわけですね。ただガッサン・ハージのストーリーと少しちがうのは「自信」ではないでしょうか。日本の場合、ホワイト・ネイションの自己肯定が貫徹するのとは違って、多数派の側に「自信」がない。

国民意識と人種主義

鵜飼　一九〇三年の「学術人類館」の設立趣意書を見ると、ヨーロッパの場合との顕著なちがいが見られます。ヨーロッパの「人間動物園」は、獲得した植民地を民衆に見せるという機能をもっていました。「遠い者」を連れて来るということでした。一方日本の場合、内地と最も近い民族と日本人の「ちがい」を「見せる」ためにやった。設立趣意書にはっきりそう書かれています。「イエロー」などという色彩名称で象徴的分離を設けることができないところで、レイシズムを民衆のレベルでつくりあげたわけです。

酒井　いまでも強烈に機能している、在日の人たちとわれわれは違うのだという日本人マジョリティの確信はどこからくるのでしょうか。ハージの場合は、オーストラリアが対象ですから、もともとイギリスから入ってきた人々、その後にギリシャなどから入ってきた人々、次いで中近東から入ってきた人々との差は、いわゆる人種としてある程度明示的に言えたわけですけど、日本の在日の人々の場合にはそうした「違い」はないですよね。とするとそれは戦後にできあがった文化的レイシズムなのでしょうか。

李　私はそういう感じがしますが。

鵜飼　ただ、二〇世紀初頭の「学術人類館」の事例から分かることは、この国が、細かいところでちがいを指摘＝創作して、民族のちがいを人種化していく過程を確実に通ってきたということです。この時期以降、日本の一般の民衆の視線のなかに消え去りがたく刻印されてしまって、いまだに解体されずに残っているものはあると思います。

酒井　一九〇三年の段階で、すでに近代的な、人種主義的な国民意識ができあがっていたというわけですね。

鵜飼　国民意識の形成と民族の人種化、その両方が圧縮されたかたちで行われてきて、それを対自化して解体する努力をしてこなかったわけですから、当然のことながらこれはいまも残っていると考えるべきではないでしょうか。

酒井　一八六〇年代の明治維新の直前くらいから一九〇三年くらいまでの急速な近代化は、急速にコードを変えていった。ところが日露戦争前後ぐらいからその母型みたいなものはほとんど変わっていない。

鵜飼　日本は残念ながらこれまで変わる契機を逸してきましたし、差別される側からみれば、これはレイシズム以外のなにものでもないと知覚されているのではないでしょうか。

李　近代国家になろうとしてからの日本は、ことごとく「外交」＝対外関係を失敗し続けていると思うんです。北海道（アイヌ・モシリ）、沖縄、台湾、朝鮮、中国、南洋諸島、東南アジアに対する植民地主義・帝国主義を反省しないまま／できないまま否認し続けているから、そうした「外交」的な問題が戦後はレイシズムとして国内問題に変化して残存し続けているんじゃないでしょうか。被差別者が人権状況や法的地位に改善が見られても「何も変わっていない」と感じるのは、そうしたコアの部分が変わっていないと感じられるからでしょう。

鵜飼　いまはインターネットさえみれば各国のディープなところで日常何が言われているかがたちま

ちわかります。かつてはその国まで行ってトイレに入らなければ見えなかったことがいまでは動くまでもなくすぐ見えてしまい、それを見る限り、帝国的経歴を持つどこの国の状況もおおきく変わっているとは思えません。「いまフランスでブルカ*が禁止されようとしている。いったい何をやっているのか」とみんなびっくりしています。しかし、レイシストの側の書き込みを見れば、この国の根幹も植民地期以来何も変わっていないことは明白です。

戦後世界の移民政策

李　イギリスでは一九六五年に移民政策が変わりますが、アメリカでも六五年に移民法*が変わります。一方、アジアでも、ベトナムの北爆が始まり、日韓条約が結ばれ、大きく情勢が変わっていくことになります。このあたりから戦後世界の人流に大きな変動が起こり、移民政策と人種主義との関係も変化したのではないかと思うのですが、どうでしょうか。

酒井　アジア太平洋戦争・第二次世界大戦で、人種をモットーにして長期的な広域支配体制を維持することができなくなってきたことがはっきりわかった。ヨーロッパのなかでは「ヨーロッパ人のためのヨーロッパ」をつくろうとして、戦後もそれが密かに維持される。「ヨーロッパ人のためのヨーロッパ」というのは一九三〇年代にはやった政治的なお題目です。これは実に空虚なもので、誰がヨーロッパ人かどこがヨーロッパかを一義的に決定する方法はありません。しかし、まさにこの曖昧さのために、このお題目はヨーロッパを席巻することになる。ご存知のように、「ヨーロッパ人のためのヨーロッパ」はしばしば「ユダヤ人問題」と並列して論じられました。ショアー〔ナチスによる絶滅政策」という悲惨な事態が起こったために、このお題目は六十年ほど禁句になっていました。しかし今度は「ユダヤ人問題」ではなく「アラブ人問題」あるいは「イスラム問題」に伴われつつ、またこの問題がヨーロッパに戻ってきたという感じがします。もちろん、「ユダヤ人＋イスラム問題」は基調低音のようにヨーロッパではずっと鳴り続けてきたわけですが。

日本がかかわっていたアジア・太平洋戦争の場合には、日本とアメリカがイデオロギー的な熾烈な競争をやって、さすがにどちらの側も、植民地体制の原理を正面にかかげて秩序をつくることができないことがわかってしまった。日本の場合は、まがりなりにも、多元主義や反植民地主義の修辞を用いざるを得なかった。それがアメリカの場合はすこし遅れて来ます。戦後はそれまでの移民政策をなし崩しに変えていくものの、最終的には六五年に移民法を大きく改正しますし、公民権法*が成立します。もはや、正面から人種的な位階を掲げて国内の統治を正当化することはできなくなっていった。国外でも、戦後の日米関係に現れているように、実質的には植民地関係であるにもかかわらず、植民地体制を表面に出すことはできなくなり、「平等なパートナー」として日本を承認しているかのように振る舞わなければならなくなります。移民法の改正の結果、合州国は、とくにアジアに向かって開いてしまうのです。

鵜飼 あの時期の移民は、西側全体の経済的な一体化と見合っていたのではないでしょうか。

李 フランスでは、アルジェリアが六二年に独立して、それまでは曲がりなりにも同国人であったアルジェリア人が移民労働者になるという問題が起きますね。

鵜飼 昨日まで独立戦争を闘っていた人たちが移民労働者になって地中海を渡った……。

酒井　アジアの場合は、四〇年代後半から六〇年代にかけて次々に国家が独立しました。アメリカは、イギリスが植民地体制を肯定するのに対して、名目上は植民地を肯定しないという論理の立て方をしてきました。植民地主義には反対する、国民国家の形成は肯定するといいながら、実質的には植民地体制を維持していくような装置をつくりはじめる。

鵜飼　六五年には、英、米、日本は、同期的に変化を経験する必然性があった。サンフランシスコ条約（一九五二年）の内容は実質的に英米が決めたことですし、基本的にはその枠のなかに日本はいまもあり続けています。それとヨーロッパ・アフリカ関係を基軸とした地中海のほうとでは、必ずしも同時的な展開とは言えないようにも思います。

国籍と戸籍、日英比較

M-S　制度的に日本で興味深いのは、国籍法と戸籍法の関係です。そういう二重の制度があったため、植民地時代にはみんなが日本帝国の臣民になる。しかし同時に内地戸籍と外地戸籍で分けられる。帝国が崩壊して占領期が終わると、その二重性は廃棄され、日本に住む外地戸籍の臣民は、ある日突然外国人になってしまった。イギリスの場合は、大英帝国臣民の幻想はもっと複雑なかたちだったし、日本のような二重制度がなかったから、解体されるのにもっと時間がかかりました。

一方で、似ている側面もありました。「本当のイギリス人」――パトリアルズ（PATRIALS）という、祖父母の代からイギリス人であるような人々――でないとされる移民や旧植民地出身者でイギリス国籍をもっている人々を、だんだん切り捨てるようになっていきます。日本における「日系人」の扱いと相似します。

酒井　いまでも、イギリスからオーストラリアや南アフリカに帰化した人たちは、イギリスに戻ればすぐに英国籍をとりなおすことができますね。

M-S　イギリスには日本のようなはっきりした戸籍制度はないので。

酒井　日本の戸籍制度には二重の機能があるのではないでしょうか。近代の戸籍法を制定する段階では、それまでの家系の系列から新しく家族をつくりだし、ブルジョワ家族をつくりだすという機能があると同時に、その系列から切り離した個人をつくりだして国民に統合するという役割の二つがあったわけですね。

鵜飼　そう、兵役の問題は非常に重要ですね。近代家族制度は国民皆兵を可能にするための制度でもあったわけですから。

M-S　イギリス帝国の構成では、植民地住民のほとんどはイギリス臣民であり、それはイギリス本国へ移住する権利を有することを意味していました。一九四八年のイギリス国籍法は、インド独立直後にできたものですが、新たに独立した旧植民地の国民がイギリス臣民の地位を保ち、それらの国が英連邦に属しつづけるかぎりイギリスへの移住権を保持することを認めました。五〇年代と六〇年代初期のイギリスは労働力不足で、アイルランド、インド、パキスタン、西インド諸島を含む旧植民地からの移民を促進したがっていました。ところが六〇年代後期になると「有色」移民に対する人種主義に根差したバックラッシュがあって、七一年にイギリスは国籍法を改定し、「国民」に二つの階層をつくりあげました。海外で生まれても祖父がイギリス生まれならば従来どおりイギリス入国が認められる（そうした人びとはもちろんほとんど白人です）。ですが旧植民地出身の他のイギリス臣民は、イギリスで生活し働く権利を奪われました。たとえイギリスのパスポートをもっていたとしても。パスポートを出している国に入国できないとは、なんという皮肉な状況だったのでしょうか！

酒井　私が最初にイギリスに行ったのは七二年だったのですけど、そのときのロンドンの医者の半分近くが南アジアからの移民でした。ロンドンに住んでいる人たちは「色のついた社会福祉制度」と感じていたようで、反移民運動がすでに始まっていました。

その点で日本とはまったくちがいます。日本の場合だと、五〇年代から韓国からの移民が実はたくさん入っていたけれども、イギリスにあったような仕方で移民が社会で可視化されることはほとんどなかった。

李　実は、戦前の日本で医者の免許をとった台湾人は、戦後も日本で医者ができるというので、かなり無医村に入っているんです。そういう意味での帝国の体制は戦後日本にも残ったんですね。

鵜飼　戦後的に、冷戦の論理に則っていたのでしょうね。台湾と韓国ということで。

帝国の喪失と忘却

酒井　日本が敗戦国であるのに対して、イギリスはまがりなりにも戦勝国だった。そのあとにイギリス政府がやろうとした——じっさいにはできなかったのですが——のは、第二次世界大戦中に喪失した様々な権限を回復するという作業です。日本ではそのようなことは全面的に不可能でした。

他方、一九九〇年ぐらいからはっきりとわかってきたことは、両方とも、アメリカのもっとも従順な属国になることによって帝国の仮の地位を維持しつづけたということです。アメリカの露払いを務めることによって、内的には脱植民地化をしないでもすむような処置を行ってきた。そのことと、在特会とか最近起こっていることと、ひとむかし前にイギリスでいわれたような「ロス・オブ・エンパイア（帝国の喪失）」の問題が、結びついているようなことはないですか。

M‐S　日本の場合は、帝国を失ったことで忘却できるので、考える必要がないと思っていた。イギリスの場合は、ある意味では敗戦国ですけど、まったくその認識はない。世界各地の植民地で独立戦争があり、何回もイギリスは負けました。ところがイギリス人にはぜんぜんそういう認識がない。

鵜飼　世界的にも、イギリスは負けたというよりも撤退したと思われています。ベトナムでもアルジェリアでも、派手に負けたのはフランスです。

M‐S　イギリス人はいい人たちだから自らの意思で本国に戻った、と（笑）。

鵜飼　考えてみるとそこがすごいですね。インドでもパレスチナでも、イギリスからすべての戦後世界の問題が出ているのに。アパルトヘイト*にしても、もともとロンドンでアイデアが出たものですからね。

李　南アフリカでアフリカーナー〔オランダ系を中心とする白人多数派〕がアパルトヘイト政策をとったのも、ボーア戦争〔一九〇二年まで〕で負けたイギリスへのルサンチマンがアフリカ黒人に向けられたからでしょう？

鵜飼　そうですね。ボーア戦争は世界史的な戦争です。イギリスがこの戦争に力を割かなければならず、ユーラシアをめぐるロシアとの力関係で極東に同盟国が必要になって日英同盟の締結に向うわけすから。日露戦争はイギリスから見れば、ボーア戦争の裏で起きた出来事でした。

李　南アフリカで一番アフリカ黒人を搾取したのは西洋の企業ですよね、ダイヤモンド産業とか。しかし真実和解委員会は、イギリスや企業の責任を問うことができなかった。

鵜飼　いずれにしても真実和解委員会は一九六一年から九三年までに期間を限っていますから、その前の三百四十年はまったく問われていません。

李　フランスでは、インドシナの問題〔一九五四年、仏領インドシナがフランスとの戦争に勝利してベトナム独立〕は、あまりトラウマになっていないんですか。

鵜飼　いや、なっています。そのあとすぐアルジェリア戦争が始まったので、別のトラウマに隠されているかたちですけれど。

M-S　私はちょうど、イギリスが負け続けたその時期にイギリスで育ちました。エイデン、いまでいうイエメンの一部ですごい独立戦争があってイギリスが負けます〔一九六七年、南イエメン独立〕。キプロスでもあったし〔一九六〇年独立〕、ケニアでマウマウ〔先住民を中心とする秘密結社〕の運動〔一九五〇年代〕があって、いろいろなところでイギリスが負けた戦争があったのですが、現在の一般のイギリス人の記憶にはほとんど残っていない。

酒井　第二次中東戦争〔スエズ戦争、一九五八年〕では、イギリスとフランスが〔エジプトに〕負けたのでしたね。

M-S　ケニアで起こったマウマウの戦いは、この五年ぐらいでやっと少し研究されるようになりました。そのときイギリスの植民地当局は、収容所をいっぱい作ったりして、ほんとうにひどいことをしたのですね。その意味では日本とは異なる忘却です。似ているのはアメリカの属国だった点。

酒井　イギリスには戦後、アメリカの基地がありましたし、日本と同じように、イギリスの女性が米軍人と関係を持つということが社会的現象としてありましたね。一方では、イギリスは被占領国でもあった。

M・S　当時の世界秩序として重要なのは、イギリスは元植民地の基地をそのままアメリカに譲った点です。中近東でもかなりそうでしたが、いちばん典型的な事例は〔インド洋の〕ディエゴガルシアですよね。イギリスの植民地だったものをアメリカに譲渡し、島の住民をぜんぶ追い出してアメリカの核兵器基地にしました。

鵜飼　フランスでも多くのことが忘却されてきました。われわれのように外から行った人間は、〔映画〕『アルジェの戦い』を観てフランス軍による拷問を知っている。ところが、フランス人の大半は知らなかった。世界中で「アルジェリア戦争」と言われていたのに、フランスでは「戦争」と呼ばれていなかった。どこも、為政者からすると、彼らなりに緻密に蓋をしつつ戦後を乗り切ったということでしょうね。戦後の脱植民地化過程はその意味でも大変だった。

レイシズムの多様性

酒井　ヨーロッパでも、レイシズムのカテゴリーは整理されているわけではないし、イタリアのようなところへ行くと、地域差が人種になって、その上に移民が入ってきて、そこでまた人種の問題が起きています。

鵜飼　それがヨーロッパの真の姿でしょう。

李　そのことでいうと、イングランドとスコットランドとウェールズとアイルランドの違いは何なんだろうと考えたりするんです。歴史的に見れば、イングランドによるアイルランド、スコットランド、ウェールズ支配はきわめて過激な植民地支配ですね。インド支配もアイルランドへの政策を適用したという話です。一方で、ブリティッシュ〔英国〕がそうした地域によって人種主義的に分節化されているのかというとそうでもないように思えるんです。

酒井　最近のロバート・ヤングは、ブリテンは、すでに一九世紀に多文化帝国だったという議論を始めてしまっているのです（笑）。

李　ロバート・マイルズは、戦後のイングランドに出てきたイーノック・パウエル*が訴えるような移民排斥を、文化的差異に基礎づけているから新しいレイシズム（文化主義的レイシズム）だと言うことがあるけれども、そうしたレイシズムなら戦前のオーストラリアにはすでにあったんだと言っています。

M-S　かなりありましたね（笑）。

酒井　そういう意味ではバリバールの仕事は重要で、レイシズムを広く考えたときに、レイシズムは平等を希求する運動であるという。それが逆転して強烈な差別をつくりだすという側面を見逃してはならないのではないかと思います。

鵜飼　バリバールの「人種主義の構築」という論文（本書所収）はひじょうに重要な議論を提示しています。現状の評価自体が思想潮流ごとに分裂していることの確認から説き起こします。

〔いっぽうは〕「人種主義は消滅しつつある」という見方――ある意味で『人種主義の歴史』の〕フレドリクソンの議論も、明示的レイシズムが二度と同じかたちで現れることはないとみる限りでこちら側に入るでしょう。新保守派、ネオコンも、アメリカがなぜ世界を指導できるのかというと、すでにレイシズムを克服したからだという議論ですね。フランスのシュヴェーヌマンなどにもある意味で同じ傾向があり、共和主義左派、反共同体主義の立場を取る人たちも、フランスには人種主義はほとんどない、国民戦線だけだと考えています。さらに、ハイブリッドという議論をしているポストコロニアル派、多様なアイデンティティ論も、基本的には昔日のレイシズムは終わったという認識です。ある意味でネグリ＝ハートの〈帝国〉論もこちら側に入るかもしれません。それに対して「人種主義は激化しつつある」という議論をしている人たちは、冷戦の終焉、グローバル化によって、伝統的な反人種差別勢力、社会党・共産党などが後退して、民衆的な移民排斥運動に対する歯止めがきかなくなっているという議論が一方にあります。他方には、最悪の人種差別はこれから到来するという見立てをする人々がいます。ヨーロッパが世界化すれば、ヨーロッパ起源のレイシズムも世界化するという議論もあります。

この評価の混乱は何に起因するのか。バリバールによれば、レイシズムという概念があまりに多様な事象を包含するにいたったところにその原因の一端があると考えられます。植民地期のレイシズム、反ユダヤ主義、ポストコロニアル社会における様々な問題が、いずれもレイシズムという言葉で名指されているけれども。それは、フーコー的な意味での権力としての知の作用の結果として生じたことなのではないか。サイードはフーコーの方法を援用してオリエンタリズムの分析をしましたが、バリバールは、第二次世界戦争後のアンチ・レイシズムの言説も、ユネスコのような国際機関が生産した知の権力構造のもとで形成されていったものと見ています。ところが現在、レイシズム概念そのものが脱構築的な局面を迎えている。そのことがレイスを語る言説を、ともすると上滑りに、効果のないものにしてしまってはいないか。ダーバン会議*で生じた事態なども、一度この角度からも検討しなければならないのではないかというわけです。

多文化主義の難しさ

李　人種主義を克服するために、どういう社会を構想するかというとき、九〇年代にあった多文化主義*とか、フランスに代表される共和主義という理念は、無効になったとは言い切れないものの、あまり語られることがなくなりましたね。

鵜飼　いずれにせよ不十分だったことは間違いないでしょう。多文化主義の実例としては、公民権運動以後のアメリカというイメージがあって。

李　多文化主義を主張したのは、カナダやオーストラリアではないですかね。

鵜飼　公民権運動以後のアメリカのイメージは、フランスの反人種主義運動のなかでも強烈にありました。カナダはかならずしもモデルにならなかったと思います。

酒井　カナダの場合、公用語が二つ〔英語とフランス語〕あったとかいうことがありますから。

鵜飼　カナダは、七〇年代まではケベック〔フランス語圏〕独立運動が主軸でした。

李　ヨーロッパでは多文化主義の議論は出てこなかったんでしょうか。

M‐S　世紀がかわって状況もかなり変化してきたように思います。イギリスでは、多文化主義にかんして相当の議論がありました。しかしながら、イギリスの文脈では「民族」や「文化」よりも「人種」の問題のほうが強調されるようになっています。イギリス国内には、「多文化主義」という捉え方では人種の問題を適切に扱うことができないと批判する学者や運動家がいます。オーストラリアでは、多文化主義が一九八〇年代に政府の政策の基礎として広く使われましたが、保守党のハワード政権によってひっくり返されて、この保守党連合政権は九六年から二〇〇七年まで続きます。〇七年に労働党が政権を取ってから、多文化主義にかんする議論があるていど復活しました。

とはいえ、政治的右派ばかりでなく革新的な考えの人びとからも、多文化主義をやや批判的な立場で見る人が出ています。多文化主義が「文化」を実体視し、さまざまな共同体内の非対称的権力関係による分層化や、不平等や差別の物質的基盤に対して十分な注意を払っていないという問題です。

鵜飼　多文化主義はコミュニティ単位の差異を国のなかで認めることを意味しますから、難しい議論になります。ディアスポラ〔在外離散集団〕も共同体として考える場合にはある意味で家族を固定して考えなければなりません。基盤的な人間関係から自由な個人単位の議論ではありえず、一概に新しい理念と言えるかどうか。ディアスポラ社会のなかで古い伝統や家族的な絆が回帰してくる危険性もつねにあるのではないでしょうか。フランスはコミュニティを個人に解体して社会に統合するというヴィジョン〔共和主義〕ですから、このような多文化主義は共和制と相容れないという議論が根強く存在します。

李　ある種のフランス知識人のコミュニタリアニズム〔共同体主義〕*への嫌悪感はすごいですね。

鵜飼　不幸なことに、ムスリム女性が着用するベールがその象徴になってしまいました〔スカーフ問題＊〕。パリでは「反イスラム」という一点でシャンゼリゼに八百人が集まったそうです。「豚肉を食べながらイスラム法が禁止する酒盛りをしよう」との呼び掛けがインターネットの会員制交流サイト「フェースブック」を通じて広がっていった。これは完全に在特会と同じ現象でしょう。

「市民運動」としての在特会

鵜飼　在特会は欧米の極右と行動やメンタリティが近いとはいえ、東京と関西では見方が微妙にちがうようです。関西では在特会は「チンピラ」視されていて、対抗する側が動員のダイナミズムで負けるという感じはしていない。関西には大学関係、地域運動の関係まで含めて、本当に危機的なときには人が出てくる構造はまだあるので、いまのところ在特会に凌駕されるという危機感はない。

東京の場合、二〇〇九年の八・一五に現れた五百人が与えた印象は強烈でした。〔左翼の側が〕動員のダイナミズムで圧倒されるのではないかという恐怖を感じました。向こうがオフ会的な出方をしてくると、百人単位、千人を超えるのではないかというところまできていて。こちらは呼びかけても、なかなか千人を超える人は集まりませんから。

一方、在特会は街宣車の右翼に対してひじょうに侮蔑的な面を見せることもあります。伝統的な右翼は左翼の日本人に対して「日本人のくせに恥ずかしいやつらだ」という観念がある。それに対して、在特会には左翼と外国人の区別はないようです。

李　日本政府に謝罪と賠償を求めて来日した元慰安婦のハルモニたちに、「売春婦！」と泣きながら罵声を浴びせ続ける若い女性たちがいたという話も聞きました。これも右翼の確信犯的な攻撃というより、どこか壊れた感じがありますね。

また、「そよ風」という女性たちによる愛国と救国をアピールし、ネットで参加者を募る団体があって、中心になっているのは若い女性たちのようなんですが、靖国参拝や皇居への参賀を呼びかけ、自虐史観の脱却や男女協同参画の反対を訴えているんですけれども、いわゆる右翼というのではないし、示威行動もネットでの呼びかけに個々がバラバラに反応して集まってくるという感じのようなんです。

鵜飼 かなり多様で、おじさん一人で来ているケースもあります。若者が多いとはいえ、運動の総体を若者運動と規定することはむつかしいでしょう。三十年ぐらい右翼と対峙してきた経験がありますが、ある意味でこんなに左翼に「似た」右翼は見たことがないとも言えるし、こんなに「壊れている」右翼は見たことがないとも言える。それが東京での印象です。

それでは、この運動をどう規定するか。「愛国者という自己意識をもっている市民運動」という見方が東京の在特会ウォッチャーからは出ています。われわれは発想が古いので、いったいどこから金が出ているのかという話にすぐいきがちです。そうではなく、ブルジョワジーが連中を使っているということではなくて、自発的な市民運動としての在特会を分析することがまず大切だという議論があります。

M・S でも同時にお金がどこから出ているかも気になりますね（笑）。

鵜飼 それは両立するでしょうね。両方からみないとまずいでしょう。仮にいま出ていないとしても、将来的に、ブルジョワジーのあるフラクションが、ある目的で出資をするということはおおいにありうると思います。

在特会が天皇制擁護なのかどうかというのも難しい問題です。彼らの主張は言わば「尊王なき攘夷」です。外国人に悪くいわれているから靖国に行く。英霊などという歴史意識が明確に共有されているわけでもないようです。無内容な「日本人」以外の何者でもありえない日本人と言えばいいしょうか。

酒井 やはりそれは脱植民地化の問題と深く結びついているのではないでしょうか。脱植民地化に伴う自信喪失に関連している状況から出てきたものでしょう。

被害者意識と差別

李 在特会の問題で言えば、もともと外国人排除や移民排斥は、雇用を奪われることへの恐怖などが古典的なものですが、「外国人は特権をもっている」から排斥するというのはどういうことなんでしょう。

M‐S ある意味ひじょうに典型的だと思いました。自分たちは被害者だという意識をもっているのですね。不思議なのは、特別在留許可とか特別永住許可は、在特会の人たちは権利だと思っているらしいけれど、それは違うでしょう。基本的権利ではなくて、日本政府が与える許可なのですから。

李 誤解されることが多いんですが、日本では特別永住許可といってもいわゆる永住の権利ではないんですね。四年間（延長手続きをした場合は五年間）国外にいたら自動的に喪失する（剥奪される）ものですから。

酒井　九〇年代のカリフォルニア州での住民投票で、弾劾の対象になったのは母子家庭を持つ独身の母親と移民でした。「彼らは特権をもっている」というのです。それで全州の住民投票を通すだけの動員ができた。独身の母親と移民が「我々」の税金を盗んでいるというわけでしょう。政治問題のなかでいろいろなかたちが出てくると、自分が被害者であるというところに収束していく運動は多い。

李　それが、階級が上の、いわゆる支配層の人間に向かわずに、歴史意識を欠いたまま過去が召喚されて、社会的に負の烙印を押されてきた被差別者に転嫁していくわけですよね。レイシズムの典型です。

鵜飼　ポグロム〔帝政ロシア時代のユダヤ人虐殺〕もそのように起きてきましたし、そのパターンが本格的に始まっているのではないでしょうか。関東大震災のときの虐殺にも、同様の行動パターンはすでにあったように思います。

M・S　オランダの極右は典型的で、悪いムスリムに奪われている自分たちの自由を取り戻すための党ですから「自由党」。

鵜飼　ネットを見ると、朝鮮半島に関するものは、北朝鮮や韓国にとりつかれている人たちがいますが、他方で在特会の人たちのなかには、とにかく異質なものはいや、外国人は見たくない、という閉じ方をしている人も相当いるような気がする。その両者の関係を最近、考えはじめたところです。

酒井　鵜飼さんは以前、「恥」の問題を扱った、非常にすぐれた論文（「ある情動の未来――恥の歴史をめぐって」、『トレイシーズ』一号、二〇〇〇年一一月。『主権の彼方で』岩波書店、二〇〇八年に収録）で日本人が恥を感じるときの過剰反応は、韓国人や中国人にわれわれ日本人が告発されるという、まったくのファンタジーのレベルで出てくる、一種のオブセッションによる自己防衛だと書かれていましたが、在特会はそういうものとは違うのですね。

鵜飼　「恥の文化」といわれていた時代から高度成長期を経て、日本社会がどのように変貌したかを考えると、むしろある種の恥の感覚を内面化してしまった部分があるのではないかと思います。その意味では高度成長は、日本人のメンタリティをかならずしも近代化しなかったとも考えられます。いま東京では、路上生活をする人々が膨大にいますが物乞いはほとんど見られません。われわれが子どものころ、物乞いは日常の風景の一部でした。ヨーロッパへ行っても物乞いは普通にいます。いまの東京では、路上生活者は物乞いをせず、青いシートの家のなかにひっそり隠れて生活しています。生活保護の取りにくさにも恥の感覚が働いているのではないでしょうか。

〔ルース・ベネディクトの〕『菊と刀』は「恥の文化」を前近代なものと見ていました。同じ時期の丸山〔眞男〕の議論もそうですね。戦犯裁判でも日本軍部よりナチのほうが立派だったと述べているところなど。ここにきて衝撃的なのは、高度成長は日本人のメンタリティのその部分を近代化せず、むしろ内向させてしまったのではないか、そしてその内向した恥の感覚が、在特会的なかたちで出てきている可能性も排除できないのではないかということです。元「慰安婦」こそ「加害者」であり、日本人は無実なのに攻撃されてくやしいという倒錯した感情が涙になって出てきてしまうようなところには、非常に屈折したかたちでこの恥の感覚が働いているように思えます。

酒井　アメリカのティーパーティーの連中は在特会みたいな傾向があるように思います。

M-S　オーストラリアで難民支援デモに参加していたときに、中産階級に属するだろう白人女性が私たちに近づいて、すごく感情的に何かを言ったのです。最初は何を言っているかわからなかったのですが、途中で「ホワイ・ドゥー・ユー・サポート・レイピスツ？（なぜ強姦者を支援するのか？）」と言っていることがわかった。このデモのちょっと前に加害者がレバノン系だったレイプの事件があったので――彼は難民ではなかったのですが――、たぶんそのことが頭の中にあったのでしょう。私たちは被害者であるという感情がそうした発言になって出ている。難民＝強姦者などという等式は、成立しようがないにもかかわらず。

酒井　イギリスでは雇用状況が悪いのですが、それが東ヨーロッパから移住労働者が多く入ってきていることに結びついて、職を奪われているという被害妄想を持つ人が出てきているのを、たまたま最近知りました。だからいまの労働党政権は生ぬるいという話になっている。

鵜飼　それは三〇年代と同じですね。その面ではあまり変わっていないのではないでしょうか。雇用の問題は伝統的なファシズムの構図です。それは資本主義が資本主義であるかぎり不可避です。だからこそ資本主義を打倒しなければならないのだけれど、その展望が見失われたとき、こちら側の言説もどうしても心理主義的になりがちですね。

M-S　ファシズムの論理の基底にあるのは、「自分たちは被害者」という想定でしょう。

鵜飼　ヒットラー自身、祖母がユダヤ人の男性にレイプされたのではないか、その結果自分にもユダヤ人の血が流れているのではないかという妄想があったわけですね。

M-S　オーストラリア、イギリスでは半分冗談になりましたが、人種差別的発言をする前に出てくる常套句が、「私はレイシストではないですが、あの隣の人たちは……」と(笑)。もうひとつ、「私の友人の一人はブラック(あるいは、ムスリム、アジア人等)だが……」。その構造も分析すべきだと思います。

李　フランスでは、自分がレイシストであることを否定しない人もでてきたという話を聞きましたが。

鵜飼　九〇年代の初めに行われた世論調査で、自分がレイシストかどうかという質問がありました。それに対して、「どちらかというと」と答えた人が顕著に増えたのです。いまはまた別の時期に入ってきていて、レイシストであってはいけないと考える人が増えているようですが。

中国へのルサンチマン

鵜飼　日本に関しては、冷戦で自分が勝者の側に付いていたのだから得をするはずのところが、逆に「失われた二十年」に突入し、冷戦の敗者であるはずの中国が力をつけてきていることが不条理に感じられていることもあるようです。これは日本人の一般的な歴史意識のなかではどうやら説明のつかないことのようです

一般的な日本人の歴史意識のなかでは、この国の歴史を戦前からまるごと肯定したいという感情が連綿と続いています。冷戦で共産主義が敗北したのだから、戦前の共産主義者弾圧も正しかったではないか。植民地主義にしても、いまアメリカが世界でやっていることをみたら日本がとやかくいわれることはない。昔から日本はすべて正しかった、近代史をまるごと肯定してもらいたいという欲望は、安倍政権などには顕著にみられました。だから、慰安婦問題であれほどたたかれるとは想像もできず

にアメリカへ行ったわけです。
日本は冷戦のなかで復興を遂げたとはいえ、むしろ一貫して使われる立場にありました。冷戦における西側の勝利がもたらしたパラドクスのひとつは、ユーラシア大陸のいろいろな国が冷戦期にはなかった交流を始めてしまい、アメリカ大陸がまるごとマージナル化される可能性さえ出てきていることでしょう。冷戦を勝者・敗者で分けること自体、歴史の具体相からみればまったく的外れなのですが、日本にはその分割に固執している人が多いようです。
中国が力をつけてきたことに対するルサンチマンが、「おまえがほんとうの敗者だろう」ということを換喩的に北朝鮮に対して言い募るかたちで出てきているのがいまの構図なのではないでしょうか。
李　北朝鮮が最後の確認のよりどころなんですね。
鵜飼　そう思います。日本帝国主義と闘う朝鮮民族はある意味で北の共和国が代表してきたのですが、体制間矛盾としての冷戦期には国としての顔はかならずしもはっきり見えなかったところが、冷戦が終わってはじめて、この国が一貫して日本と対峙してきた「他者」の相貌を見せることになったとも考えられます。国家として「敵」の顔を見せた、その顔を日本は直視できないのです。
M-S　すると北朝鮮が変わるとどうなるでしょうか。推測としては、ルサンチマンはかなり中国のほうに向かうでしょうか。
李　もう始まってますけどね。上海万博の報道とか本当にひどいものでした。ほとんど「〔中国は〕民度が低い」と言わんばかりでしたし、うんざりするほど「ナショナリズムの発露だ」と繰り返してましたしね。

酒井　「民度が低くあってくれ」という感じ（笑）。中国は文明化の度合いで「日本より遅れたままでいてくれ」、ということでしょうか。

李　でもなぜ決まって「ナショナリズムだ」という批判が出るんですかね。

鵜飼　自分たちがナショナリズムだといわれる前に　相手にレッテルをはる、ということではないでしょうか。

「歴史による権利」「労働による権利」

鵜飼　血統主義と生地主義の議論に戻ると、たしかに一見、生地主義にすると民主化が一段階進むようにみえます。しかしそれは合理的な同化への道であることに変わりはなく、目指すべき社会はあえて言えば「最小同化社会」、マイノリティがいちばん同化せずにいられる社会だと考えます。そこに至る過渡的な議論として、血統主義の「血による権利」、生地主義の「土地による権利」――「血と土地」というのはナチスのスローガンです――を代補するような形で、他の権利の根拠が求められるべきでしょう。たとえば「歴史による権利」、「労働による権利」など。いま在特会が問題にしている「特別永住」や「在留資格」は現行法上はけっして権利ではありませんが、その延長上に「歴史による権利」を構想することは可能です。「歴史による権利」と「労働による権利」は、ひとつの国はその国の国籍保有者だけでつくられているわけではないということを明らかにする意味で、端的にポストコロニアル的な問題設定だと言えます。この二つの権利が暗黙にでも了解されなければ、ポストコロニアル社会で民主主義はもう成立不可能になるでしょう。

民主党の発想はこれと反対です。外国人参政権など彼らが提案する「新しい公共」という発想のもとにあるのは、いま日本にいる外国人たちとの間でどこかでコンセンサスをつくっておかないと、資本主義がいずれ機能しなくなるという認識だと思います。

李　それもすごい話ですね。

鵜飼　すごい話なのに、民主党を左翼だといって見当違いの反応をしてくる右翼に対峙しなければならないところが、いまの時代の難しさです。

反レイシズムと法律

M‐S　日本の場合は差別撤廃法がない。法律ができたからと言って、いろいろ抜け道を作るでしょうから、そんなに大きく改善されることはないと思いますけど、それでも差別撤廃法がぜんぜんないのはおかしい。国連で「あらゆる形態の人種差別の撤廃に関する国際条約（通称・人種差別撤廃条約）」が採択されたのは、一九六五年でした。それから三十年遅れて、日本でもこの条約の批准がされたわけですが、国内法に一切手をつけないまま、批准してしまった。少なくとも部屋を借りるときに国籍やエスニシティで拒否するのはいけないことだという法律くらいはあるべきだと思います。

李　いちおう日本は人種差別撤廃条約を批准はしているので、外国人であることを理由にした住宅賃貸の拒否に関しては、何年か前に在日が裁判で争って勝ったんですけど、社会的にはぜんぜん認識されていないですね。まだ不動産屋へいくと「外国人不可」といった但し書きのある物件リストが平気であったりしますから。人種差別撤廃条約の条文を盾に、日本が国内法の整備を保留していることもありますし。

酒井　イギリスでもその法律が一九六〇年代の初めにできたのですけど、それ以降、大家はみんなびびって、裏で手を回してそういうことを調べて別な理由で断るようになった。法律をつくればいつでもそれをごまかすやつは出てくるのですけど、少なくともそういうかたちで法律をつくると、人種差別されたらいつでも告訴していいのだということになって、これは危ないぞという意識が社会化される、ということはありますね。

鵜飼　日本の政権交代で反レイシズム法の展望が出てきたことに対して、それは法律と警察にすべてあずけるべきだということなのかという声があります。在特会が〈朝鮮学校などを攻撃するために〉来たら警察に警備を依頼するのかどうか。このあたり、われわれの世代の人間はとうてい受け入れられないので、在特会が来たら実力で粉砕となるほかありません。それはそれで敬意に値する伝統であって、それを切り崩さないかたちでどういう反レイシズム法を構想するか、それを議論するべきときでしょう。

李　最終的なゴールは法律をつくることではない、というのは強く確認しておく必要があると思います。歴史的にみれば、そうした法律がいったんつくられてしまうと、往々にして反動的な形で使われてしまいますから。

鵜飼　それでもなお、日本という歴史的にレイシスト的傾向の強い社会を変えていくためには、法律をも用いて、「いけないこと」をわからせていく必要はあるのではないでしょうか。

国民国家論以後の学問状況

李　八〇年代に、国民国家論とか、ナショナリズムの脱構築のような議論が出てきて、学問状況を大きく変えたことがあったとは思うんですが、九〇年代に入って冷戦構造が壊れ、それまで抑圧されてきたコロニアルな問題が出てきたとき、それまでの知的な枠組みでは応えられなかった。あれだけ流行った国民国家論も急速に消えてしまったし、ナショナリズムの脱構築をしようとしたわけですけど、その先に何が出てきたのかというと、はっきりしません。酒井さんは最近の仕事を見ると、国民国家論的な枠組みでやられていないように思うのですが、それは意識的なものではないかという気がしているんです。むしろコロニアルな問題のなかで、国民国家の問題を問い直すというような方向ですよね。

酒井　そうですね。国民や民族は、いうまでもなく、歴史的な構築物ですから絶えず変わってゆきます。民族主義の変遷とともに植民地主義の意味付けも変わってゆきます。というのは、これまで植民地主義はもっぱら民族自決や国民の独立といった視座から考察されてきたからです。ところが、植民地体制にも多くの形態があって、国民独立後にも植民地関係が永続することがある。現在の沖縄の問題を考えると、国民国家の主権と植民地体制の間には一筋縄ではゆかない錯綜した関係があることがわかります。植民地主義＝悪、国民の独立＝善、という仕方が、ある特定の歴史条件の産物で、この方式を普遍化して、そのまま植民地主義と国民国家の関係を考え続けてよいのだろうか。国民の独立を絶対的な判断の基軸におくのは危険ではないだろうか。植民地主義を国民の独立というハッピー・

エンドへ向かう語りのなかでのみ考え続けてよいのだろうか。国民国家の独立によって植民地関係が終わるのではなくて、植民地体制のおかげで国民の独立が可能になることもあるのではないか。そこで関心の中心が、国際世界の成立と変遷の方に向かっています。民族や国民を歴史化した後に残る問題としての人種主義です。

M-S ナショナリズムの脱構築などは、ある意味で影響力があったと思います。しかし結局、「うんうん、わかった」というかたちで終わってしまったのではないでしょうか。本当にわかったなら、学問が変わっているはずなのに、ほとんど変わっていない。

李 今から考えると、国民国家論などは、ガッサン・ハージがいうような意味での、自分が統治権を失わないための方便としてナショナリズム批判をやっているだけで、実際には問題に向き合ってはいなかったのではないか、という気がしているんです。

M-S 知の生産形態の問題があります。ナショナリズムの脱構築をやっても、大学自体はぜんぜん脱構築していなかった。以前より、いわゆる生産性が強調されて、みなさん必死でアメリカの著名なジャーナルで論文を出すようにがんばっていますから(笑)、変わらないのです。

鵜飼 ますますひどくなっていますね。英語圏もフランス語圏も。論文の量産。書く作法もまったくインヴェンティヴには思えません。フランスでは人々は事柄自体よりも言葉に反応します。race という言葉を使うとびっくりしてとびあがり、ある表現がレイシストであるかないかをめぐって激しい議論が始まるけれども、そういうアンチ・レイシズムは往々にして形式主義にとどまりがちです。現実には何にもぶつからない。なぜレイシズムをめぐる議論がこうも空回りするのかというのが、しばらく前からフランスでこの問題を議論するときのひとつの大きなトポスになっている。ピエール＝アンドレ・タギエフ*のような国立研究所のリーダーが、いま、アラブやイスラームに対しては、レイシスト的としか形容しようのない言説を展開している。単なる西洋の擁護ですから。レイシズムについておおいに研究し論じたあげく自分がレイシストになってしまうという悲喜劇です。これはタギエフの個人的資質の問題ではなくて、一九四五年以降、ヨーロッパでレイシズムという問題を論じる場合の磁場そのものに問題があったのではないか。この問いに裏打ちされていない研究は意味がなくなってきているように感じています。

酒井　アメリカでも、レイスの議論が大学のなかでぶつかりあう局面があります。ある場面で、学問的な議論と、大学のなかの人間関係が接触する部分が出てくる。たとえば、アジア系の女性の研究者の待遇の問題と、学問的な問題が結びついたときには、レイスの議論が表面に出ざるをえない。日本のなかでそれをやろうとしたら、みんなが聞きたくないことを、うまく言う戦術を見つけられるかどうかが重要だと思います。もし人種に関わる議論が実質的な意義を持つとしたら、それは、学問の世界の人間関係を変える力を持つときに限られるでしょう。しかし、人間関係が変わるとき、人々はいわば暴力と背中合わせに仕事をしなければならない。もし議論が人々を傷つけるのでなかったら、そのような議論は空論でしょう。しかし、議論が生み出す暴力が、単に人と人を対立させ、会話を断絶する役割しか果たさないのなら、そのような議論は不毛でしょう。一般に、人間関係を乱すような議論は研究者は避けようとしますが、そのような議論は退屈で生産性はない。そう考えると、いまでも学問批判は有効ではないか。レイシズムを考えるうえで、学問批判もいっしょにやらないとまずいのではないか。

辺境から眺める

李　国民国家論以後の学問ということでいうと、テッサ・モーリス＝スズキさんの『辺境から眺める』（みすず書房）は画期的な仕事だと思います。

鵜飼　日本の北の境界は東北のどこかに不可視のままあってその向こう側は見えていません。まして北朝鮮は見えません。軍事的な視線はあるとしても、共に生きる存在としての〈北〉は、実はまったく見えていないと言っていいでしょう。朝鮮半島もそうだと思います。

「辺境から眺める」ことは、ある意味では日本のポジションではできない作業で、アイヌだけでなく、他の北方諸民族〔ニブヒ、ウィルタなど〕との歴史的関係も含めて、テッサさんの本にたいへん深く描かれています。日本人の研究者からは出てきえないもので、非常に啓発を受けました。

酒井　テッサさんがああいうかたちでしたことは、とくに日本の外にいる研究者にとって大変な衝撃を持つ仕事でした。日本の読者に向かって語られていながら、日本の読者の中でだけ消化される議論ではない。語りかけの構造の中に、国民を超えるものがある。そのために、日本について見えてくる問題がいくつもあるから、こんどは日本のなかに、あるいは日本の周辺にいる研究者を、他の地域――ヨーロッパだとか――へと誘い出す力がある。領域から踏み出そうとする人たちの研究は尊重していったほうがいいですね。そういうかたちで日本のレイシズムと、それ以外のレイシズムをリンクさせていく作業の先鞭を切ったといえませんか。

M-S　韓国でナショナリズム批判をやっているイム・ジヒョンがポーランドの研究者なのは興味深いですね。

酒井　彼はいったん外に自分をおいてみて、それから韓国に帰ってきて韓国の民族主義を批判した。だから韓国のナショナリズムに対してあれだけのことを明確に言えるのでしょう。

鵜飼　この領域では、ある種の歴史的アナロジーなしに思考ははたらかないと思います。もうひとつは、アイヌと日本、ヤマトの関係は古代からの関係ですから、ここがもうひとつ大きな課題でしょう。ある時期以降、世界じゅうで同じようなレイシズムが出てきたという現象は、ある意味で資本主義段階のことです。それに対して、たとえば和人とアイヌの関係は、資本主義以前に遡ります。その歴史的な深さが、どうしても関係のなかに出てきます。東北との関係も同様です。この次元を理論の言葉で、どのようにおさえられるか、難しいところです。

ヨーロッパとアルジェリア、ベルベル〔北アフリカの先住民〕とアラブの関係など、これはなかなか一般的な理論の言葉で記述できることではない。とくに東アジアは古くからの記憶の痕跡が多く残っているところですから、そのことを無視して、すべて近代につくられたものだという議論だけではたちゆかないこともあるでしょう。

ルナンやニーチェにしても、近代のヨーロッパを考えようとした一九世紀の文献学者はギリシャを考えざるをえない。ヨーロッパ人が勝手にギリシャ、ローマを自分たちの先祖にできるのは、ギリシャ人もローマ人も、もはやいないからです。そのかわり、やはりヨーロッパの起源にかかわったアラブ人とユダヤ人はいまもいる。目の前にいてほしくないということになる。

この構造は東アジアにもあるように思います。中国と朝鮮は近代の日本人にとって生きているギリシャ、ローマに当ります。この近代日本固有の意識構造を解体できないかぎり、どうしても排除したいという衝動が働き続けるのではないでしょうか。日本人の立場からすればいっときも警戒を怠れない部分だし、そこを解体するために何ができるかということを、その歴史のリアリティのなかに探っていかなければなりません。私にとって脱構築とはそのレベルでなされるべきことであって、近代の国民国家やナショナリズムに限定されることではありません。

李　テッサさんの『辺境から眺める』では、アイヌがもっていたある種のオルタナティヴな近代性の議論が史料批判からやられていますが、とても大事なアプローチだと思いました。ああしたアプローチをとることによって、これまでの「歴史」が徹底的に脱構築されていますから。

M-S　北朝鮮への帰国事業をテーマとした研究（『北朝鮮へのエクソダス』朝日新聞社）の過程で出てきたのですが、同時期に、インドネシアから中国に戻った人たちがたくさんいました。時期的には少しあとになりますが、韓国から中国に、ほとんど追い出されていった在韓中国人もいました。そういった人々の移動を考えると、いろいろと見えてくると思います。

李　マーシャル諸島に日系の人々がいっぱいいるんです。〔日本の委任統治領だった〕戦前に日本から移民した人たちとその子孫ですが、沖縄の人が多いんです。日本敗戦の翌年から五八年まで続いた米軍による〔ビキニ環礁での〕核実験で被曝した人が相当いて、実験地近辺に居住していた人々は強制退去させられ、なかにはマーシャル諸島にいられなくなってハワイやアメリカ本土に移住している人もいるんですね。その人たちは、戦前の日本では移民になるような層の人たちだったんでしょうが、現地では植民者として支配層だったことや相対的に社会的地位が高いこともあってか、自分たちが日系であることにアイデンティティを持っている人も多いんです。しかし日本ではほとんど忘れられた存在です。

酒井　われわれが語ろうとしている問題をすでに生きてしまっている人がいるわけね。

李　広島の原爆五〇周年になって、ようやくビキニで被曝したマーシャル諸島の人々が想起され、式典に呼ばれたと聞きました。

鵜飼　ビキニの核実験のときに『死の灰詩集』（一九五四年）が出ましたが、マーシャル諸島の被曝者たちに思いをはせた詩人は金時鐘さんほか数人にすぎません。ずいぶんあとの七〇年代に書かれた被爆者運動関係の本のなかで発見したことですが。

酒井　われわれがしなければいけないことは、問題を生きている人たちの分析をいかにして繰り込んで、つきつけられるか、ということですね。

レイシズムの構築★1

エティエンヌ・バリバール

佐藤嘉幸 訳

私たちがある種の態度を「レイシズム＝人種主義」という共通の名前の下に寄せ集めることは、何に由来するのだろうか。ある人間集団、ある社会集団を孤立させ、スティグマ化し、脅かし、差別する傾向を持つ極めて多様な言説の総体を、なぜ「レイシズム的」と見なすのか。なぜ私たちは、相互の抑圧、対立、不信を共同で引き起こし、時には極端な暴力に達し、歴史的にも現在においても様々な社会に影響を及ぼすような様々な実践——あるものは自然発生的で、別のものは制度的である——を「レイシズム的」と形容するのだろうか。極めて驚いたことに、現在「レイシズム」研究に割かれた多くの文献は、「レイシズム的現象」の古典的あるいは近代的性格、その質的、量的ヴァリエーション等々について議論しているが、決してこうした問いを立てることはない。より正確には、それらの研究は、「レイシズム」というカテゴリーを、社会学的、政治的分析のためにそれを使用することが問題をもたらさないような道具にすることで、こうした問いへの回答が既に得られていると見なす傾向にある。人々は、様々な定義、競合する理論、それらの妥当性の限界についての議論へと直ちに移行してしまう。出発点には、議論の余地のない次のような事実があるというわけだ。多かれ少なかれ昔から、一つの現象が存在し、それにはレイシズムという名前が適用される。その現れは多様であり、それは時間の経過の中で変容する。だからと言ってそれは、暴力のあらゆる形式と一致するわけではないし、集団的憎悪のあらゆる現れと一致するわけでもない。しかし、こうした明証性がどこから生じているかを自問しなければならないのではないだろうか。

もしここで問いを提示する理由があるとすれば、それはまた、現代社会の大部分において、レイシズムが法的帰結を伴う禁止の対象をなしているからでもある――たとえその帰結が至るところで同じではなく、その正当化、その適用の様態、その限界について矛盾した評価を引き起こすにせよ。大統領選挙の最中に、「あまりに多くの移民」がいると、あるいは「あまりに多くの非ヨーロッパ人の」、あるいは「黒人の」、「アラブ人の」、「イスラム教徒の」、「ユダヤ人の移民」がいる、と言うことができるだろうか。あるいは、彼らは「私たちの国の」文化的モデル、制度には「同化できない」、と言えるだろうか。あるいは、彼らの「文化」がある側面で「劣っている」、と言えるだろうか。これらの問題は日常的に、道徳的、政治的方法で提示されていると同時に、法的方法でも提示されている。このようなレイシズムそのものが今や禁止されているという事実は、その起源、その性質、その効果に関する議論に対して、極めて拘束的な枠組みを課している。その事実によって私たちは、「レイシズム」という語の意味が純然たる約束事の問題であるということ、また各人がその立場と探究の公準

★1　本稿は、二〇〇三年十一月五日にストックホルム（スウェーデン）で行われた、「レイシズムの再検討――近代的概念の起源、妥当性、アポリア」というタイトルの口頭発表（« Racism Revisited — Sources, Relevance and Aporias of a Modern Concept », la journée d'études *Rassismer I Europa – kontinuität och förändring*, ABF-huset, Stockhololm, Suède, le 5 novembre 2003）のフランス語版である。

次第で、この概念の理解をいかようにも領域画定しうるということが考えられなくなっているのだ。

レイシズムというカテゴリーの起源と意味に関する問いは、私たちが現代社会における「レイシズム」の位置に関する完全に矛盾した諸評価の影響を受けている、という事実によって、より鋭利なものになる。この問いは、純粋に形式的なものではまったくない。それはまた、政治的で制度的な帰結を含んでいる。ある種の分析家、ある種の評論家は、レイシズムを、重要性が衰退しつつある過去の現象と、あるいは、逆効果になるような戦略によって、定義や制度的方法の「倒錯的な効果」によって「人為的に」力を回復させなければ自然に衰退するであろう過去の現象と考える。この「倒錯的効果」とは、アメリカ合州国で実践されているアファーマティヴ・アクション*や、他の国々の「反差別闘争」における多少なりとも正確なその等価物である。★2 レイシズムを過去の現象と考えるのは、アメリカ人社会学者のディネッシュ・デスーザのような、保守主義者あるいは新保守主義者だけではない。デスーザは、一九九五年に出版された「レイシズムの終わり」に関する宣言書の著者であり、近代社会は偏見と差別を乗り越えようとしていると断言しながらも、「人種」あるいは「人種的差異」という概念を用いることができると信じている。★3 左翼に属する思想家たちもまた、職業の差異、あるいは世代や性の差異が、今日の社会的紛争性において、かつて人種的差異が——とりわけ植民地主義と奴隷制の痕跡を残した国々において——果たした役割を演じる傾向にあると主張しないわけではない。あるとき彼らは、マイノリティ*と抑圧された諸集団の擁護が「共同体主義的な」*権利要求に変質することを危惧する、ある種の共和主義的普遍主義の擁護者として姿を現し、またあるときは、人種とレイシズムに関する言説を、「遊牧的」あるいは「ディアスポラ的」な多様なアイデンティティ——それは共同体の伝統的で、ヨーロッパ中心的な概念を覆す――へと移行させうるような「ポストコロニアル」で「ポストモダン的」解放の政治を練り上げようとする。[★4] さまざまに異なる言説が示唆するのは、レイシズムの問題が今日、様々な理由から、もはや回顧的な歴史的射程しか持たない、ということである。しかし、別の言説が同様に執拗な仕方で示唆するのは、反対のことである。つまり、様々なタイプのレイシズムがかつてなく執拗で凶悪であるだけではなく、忌憚なく述べるなら、過去に優に匹敵するような最盛期をこれから迎えようとしているということである。恐らくのところそれは、今日、グローバリゼーションが取る様々な形式と、かつてレイシズムの実現を妨げていた政治的諸力の弱体化ゆえに、レイシズムは私たちの社会を、北でも南でも、西でも東でも支配するだろう、ということではないだろうか。

しかし、こうした不安を抱かせる見通しも、その現れ方は様々である。そのことが、レイシズムの「意味論」の紛争的性格を裏づけている。多くの研究者が、レイシズムの現代的展開は標的、意図、言説の移動に依拠するという事実を強調している――たとえそれらすべてが、〈他者〉の社会的かつ

★2 「アファーマティヴ・アクション」に関するアメリカ政治とフランス政治の関係については、以下を参照せよ。V. De Rudder. C. Poiret, F. Vourc'h, *L'inégalité raciste : L'universalité républicaine à l'épreuve*, PUF, Paris, 2000.

★3 Dinesh D'Souza, *The End of racism : Principles for a Multiracial Society*, The Free Press, New York, 1995.

★4 私が念頭においているのは、とりわけポール・ギルロイの近年の著作である。Paul Gilroy, *Against Race : Imaging Political Culture beyond the Colour Line*, Harvard University Press, Cambridge, Mass., 2002.

象徴的な排除というパラダイムの一般的限界の中にとどまるとしても。★5 この事実によってある著者たちは、「文化的レイシズム」、「差異的レイシズム」（あるいは「差異主義的レイシズム」）、さらにパラドックスを強調するなら、「人種なきレイシズム」という主題を発展させている。フランスにおいて、（「新たなユダヤ人嫌悪」に関する別のタイプの、より戦闘的な言説に移行する以前の）★6 ピエール＝アンドレ・タギエフのような研究者は、文化的差異の本質主義に依拠したレイシズム的言説の「非生物学的」あるいは「非ヒエラルキー的」形式を見逃し、あるいは曖昧化してしまうような「反レイシズム的」政治、言説の倒錯的諸効果に注目した。★7 しかしながら、「北」にも「南」にも同様に位置するエスニック－宗教的紛争が（南北の相互浸透を表すこともあるが）、旧ユーゴスラビアや東、中央アフリカにおけるようにジェノサイドや絶滅政策を引き起こしたり、あるいは、（イスラエル－アラブ紛争の場合のように）世界中に陰謀の幻想や文明の衝突の幻想を投影するに及んで、レイシズムそのものは恒久的な現象であり、その周期的回帰は、文明の観点からみて社会が「進歩する」ことの不可能性を、あるいは、社会が集団的メンタリティのアルカイックな構造に乗り越えがたく依存していることを表現している、という考えが流布しつつあることも観察されてきた。

そのとき私たちは、「レイシズム」というカテゴリーの用法と適用をめぐる現在の諸議論が極度の緊張を孕んでいるだけでなく、それらが混乱に陥る危険があるとも考えることができる。ところでこの混乱には、認識論には到底とどまらないような争点がはらまれている。というのも、レイシズムとは何よりもまず政治的対象であり、そこで「理論」と「闘争」の側面は解きほぐしがたい仕方で混ざり合っているからだ。［カテゴリーの］公的使用のあらゆる様態は、即座に連鎖的な諸効果をもたらす。

ダーバン〔南アフリカ〕において二〇〇一年に、ユネスコと国連人権委員会の後援で行われた会議がもたらした諸効果を想起すれば十分である。そこでの問題は、すべての国々の公式代表団のみならず多くの非政府組織が参加し、〔南アフリカという〕植民地化によって継承された最悪の差別に対する闘争の極めて象徴的な場において、人権に関する政治の主要な関心事をなす、人種的偏見に対する闘争に、新たな飛躍を与えることであった。★8 しかし会議は、共通行動の基本方針に、あるいは少なくとも主要問題の領域画定に達する代わりに、一連の問題に関して分裂をみただけであった。ある代表団は、シオニズムをレイシズム的イデオロギーと同等に扱うことを要求し、他の代表団は、反シオニズムは反ユダヤ主義の近代的形式であるという考えを擁護した。ある代表団は、黒人売買と黒人奴隷制が現在にまで影響を及ぼしている経済的、文化的帰結は、ヨーロッパのユダヤ人のジェノサイド、とりわ

★5 以下の私の試論を参照。« Difference, Otherness, Exclusion », in *Parallax*, 2005, vol. 11. nr. 1, pp. 19-34.

★6 以下の私の試論を参照。« Un nouvel antisémitisme ? », in *Antisémitisme : l'intolérable chantage. Israël-Palestine, une affaire française ?*, Editions La Découverte, Paris, 2003, pp. 89-96.

★7 Pierre-André Taguieff (dir.), *Face au Racisme*, Editions La Découverte, Paris, 1993.

★8 以下の公式の書物を参照せよ。*United to Combat Racism*, Dedicated to the World Conference against Racism, Racial Discrimination, Xenophobia and related Intolerance, Durban, South Africa,31 August-7 September 2001, Prefaces by Koichiro Matsuura and Mary Robinson, UNESCO, Paris, 2001. 中心的人物による、議論の余地はあるが明晰な批判的読解として、以下を参照。Michael Banton, *The International Politics of Race*, Polity Press, Cambridge, 2002.

け絶滅政策と同じ「賠償」を必要とする、という考えを支持し、他の代表団はそれを拒絶した。ある代表団は、東南アジアの国々（とりわけインド）におけるカーストによる差別をレイシズムの現れに含めることを求め、他の代表団はそれに反対した、等々。この失敗の帰結は惨憺たるものである。それは、国際組織の歴史における多くの政治的エピソードの一つなどではない。それは、「レイシズム」という言葉で私たちが何を理解しているのかを再考し、この現象が歴史上それと接点を持ってきた他の現象（ナショナリズム、帝国主義、宗教的不寛容）とどのように関連しているかを再考する危急の必要がある、という徴しである。まず初めに、「レイシズム」というこのカテゴリーそのものを生み出した知的歴史を、批判的な仕方で検討しなければならない。

　ここでは予備的寄与として、私は、ある著者たちが近代的現象として、あるいは反対に、遠い過去に由来する現象として「レイシズムの発明」と呼んだもの――それは、一般的カテゴリーが確立されていることを前提としており、現実が言葉に先行したと主張される際にはとりわけそうである[★9]――に関心を払うのではなく、カテゴリーそのものの練り上げに関心を払うことにしたい。それは人類という概念そのものの改鋳と時を同じくし、そのとき、人間存在の平等な尊厳と、人類の不可分性が公的な形で強調された。この政治的行為の認識論的帰結は、人類学［anthropologie］のある種の改鋳と切り離すことができない。重要なのは、その意味を素描し、それがもたらした諸々の抵抗の重要さに注目することによって、対象となる諸現象を理論化する別の可能性を示すことであろう。従ってわれわれは、少なくとも原則としては、人類学的パラダイムの内的な緊張をよりよく理解するべく手を尽くすだろう。そこから最終的に帰結するのは、とりわけ「差異的レイシズム」という観念の出現と、内部への排除をめぐる新たな問題構成の出現という形での、そのパラダイムの分解である。

まず最初に、「レイシズム」という語そのものがどのようにして出現したのかを図式的に想起しておかなければならない。歴史記述の大部分がここで、「レイシズム＝人種主義［racisme］」が「人種［race］」（その語源そのものが論争の対象である語）から派生した点に注意を喚起している。一九三〇年代におけるその最初の批判的使用は、（ナチスの迫害から逃れた）ドイツ人著者によるものであり、それは英語で表現され、あるいは英語に翻訳された。一九二八年の『人種と文明』においては、フリードリッヒ・ヘルツは「人種的憎悪」という語を用いるのみであるが、一九三三―三四年に書かれ、一九三八年に翻訳、出版された『レイシズム』という本において、マグヌス・ヒルシュフェルトはこの語を用い、それを「外国人嫌悪」という語と区別している。[★10] 客観的な現象そのものに対して、この語の使用はむろん遅ればせのものである。それは、ナチスが彼らの遺伝的カテゴリー化と迫害に根拠を与えるために用いた、人種学説［Rassenlehre］という表現を「自然化」したものだ。文献学的観点からは、次の段階は、ジュリアン・ハックスレー（彼は後に、ユネスコの初代事務総長になる）のような学者たちが、科学者共同体の中で、ナチスがそれ自体妥当な生物学的概念をその正当な用法から「逸脱させた」のか、あるいは、人種という概念そのものが擬似＝科学的概念であり、実際、説明的価値を欠

★9　それは例えば、次の書物におけるクリスチャン・ドゥラカンパーニュの視点である。Christian Delacampagne, *L'invention du racisme : Antiquité et Moyen Age*, Fayard, Paris, 1983.

★10　以下の文献に負っている。Robert Miles, *Racism*, Routledge, London, 1989.

いた「神話的」構築あるいは「迷信」であって、生の領域に本質的に文化的で言語的な差異（アーリア人、ユダヤ人、等々）を投影するものであるのかを知るために始めた論争の展開によって構成されるだろう。★11 最後に、第三の段階において、議論は民族学と人類学の領域に到達し、それら二つの学問は植民地化の諸局面と、文明と野蛮の区別のますます疑わしくなる性質に直面するだろう。この一般化の指標となるのは（また、その影響の持続において傑出しているのは）、とりわけルース・ベネディクトの一九四二年の書物『人種と人種主義』であろう。★12 そこから、「人種問題」に関するユネスコの一九五〇年と一九五一年の宣言によって公認された「科学的」批判が含む定義に到達するまでは、ほぼ一歩を俟たないだろう。それらの宣言は、この概念の一連のあらゆる教育的、政治的使用（ある著者たちはこれを、宣言の意味の「恒久的インフレーション」の運動と記述した）に、その基準と目安を与えている。★13

他のいくつかの仕事は、とりわけフランスの資料に依拠しつつ、こうしたあまりにも直線的な説明にいくらかの屈曲を与えることを促す。★14 レイシズムという用語は既に、一九世紀末と二〇世紀初頭には、ナショナリスト的イデオローグの中のある人々において、ポジティヴな意味で使われていた。彼らは、敵――「フランス種族［race française］」に堕落の脅威を与える、内部と外部の「外国人集団［corps étranger］」として提示される――に対する「フランス種族」の優越性を強調することを望んでいた。こうした自己参照的用法は、ナチスドイツとの差異を強調しなければならなくなった一九三〇年代に、ようやく放棄される。そのとき、「ゲルマン的」と表現される「レイシズム」あるいは「種族主義［racialisme］」と対比して、典型的に「ラテン的」と見なされる政治的価値の総体を指し示すべく、「ナショナリズム」が語られるようになったのである。タギエフは、「レイシズム」という概念の両義性を説明するために、この転倒の重要性を強調している。この概念は、自己参照的な同一化と外的で論争的な用法の間を絶えず揺れ動いており、スティグマ化の論理——同時にその概念の中心的局面として提示される——を、転倒した仕方で再生産する傾向がある（そのときこの観点から、ある人民あるいは国民を、また同様にある個人を、本質主義的様態に基づいて、本性的に「レイシズム的」であると、あるいは性質からいって、他の人民、国民、個人よりも「レイシズム的」であると特徴づけることが可能になる）。

私としては、これらすべての用法は、レイシズムという歴史的 - 政治的カテゴリーの準備段階、「前史」に属すると見なしている。決定的な転回は、歴史の長きにわたって人類に普遍的な形で影響を及ぼしたとされ、「人権政治」——その核心は、現実の「不平等」は人類の直中にある「人種の差異」に帰着するという思想への、科学的論拠による反論である——によって除去あるいは根絶すべき

★11 「虚偽の科学」に依拠するものとしての人種概念に関する、このような批判的概念化によって、とりわけある科学者たちは、たとえ否定的な仕方であれ、その概念を法的、政治的テクストの中で用いないよう求めることになる。そのことは、この概念が幻想であることを裏づけることになるだろう。この点について、パリ第十二大学で一九九二年に行われたコロックにおける議論は興味深く再読されるだろう。Cf. « Sans distinction de... race », *Le mot race est-il de trop dans la Constitution française ?*, in *Mots – Les langages du politique*, n° 33, décembre 1992.

★12 Ruth Benedict, *Race and Racism* [1942], foreword by John Rex, Routledge & Kegan Paul, London, 1983.

★13 Cf. Robert Miles, op. cit.

★14 Cf. P. A. Taguieff, *La force du préjugé : Essai sur le racisme et ses doubles*, Editions La Découverte, Paris, 1988, pp. 122-151.

ものとされる、「神話」あるいは「偏見」の定義によって構成されるように思われる。そこから、民主的諸国家と、国家諸機構、国際諸機構の一致した努力によって、人種的偏見に対する、また「人種」に基づく差別に対する普遍的教育の計画を発展させることが必要になる。ところで、そうした事態は、国連の経済社会理事会の依頼によってユネスコが召集した高名な学者集団（生物学者、人類学者、社会学者、心理学者）の起草による、一九五〇年と一九五一年の二つの宣言以前には存在しなかった。それらの宣言に続いて、一九五六年に、同じ著者たち（ファン・コマス、ケネス・リトル、ハリー・シャピロ、ミシェル・レリス、クロード・レヴィ＝ストロース、L・C・ダン、オットー・クラインバーグ）による一連の概説冊子が出版され、それは後に、フランス語で一冊の本にまとめられた（*Le racisme devant la race*, 1960）。[★15] そこで問題になっているのはまさしく、新たな知的パラダイムを開く一つの「認識論的切断」であり、その傑出した特質はより注意深い検討を必要としている。

この出来事は、フーコー的意味における「権力‐知」の領野で起こっている。確かに、国連やユネスコのような機関の歴史的地位は複雑であり、曖昧さがないわけではない。それらの権限は、国民国家の権力の委託に由来しているが、それは純粋に政治的なものではなく、だからといって学術的なものでもない。その権限は言わば、正当性を諸科学（生物学、社会学、人類学など）の学科《ディシプリン》＝規律的権力に負っており、それら諸科学に依拠しつつも、それらの諸前提を問いに付し、ある人権政治の進展の中で能動的な役割を演じるような自己改革を諸科学に働きかけるのである。従って、権力と知は、循環的に互いを強化しあうのであり、「レイシズム」というカテゴリーの現在あるいは未来の用法は、この循環から抜け出すことはできない。また、この認識論的出来事のつながり――レイシズムの「構築」あるいは「発明」とある種の歴史的複合状況〔conjoncture〕のつながり――について考察する必要もある。その歴史的複合状況とは、第二次世界大戦の終結直後というそれであり、植民地化された諸人民の解放運動と、アメリカ合州国のような人種隔離社会における公民権運動＊に結晶化するそれである。ユネスコの会議が、ニュルンベルク裁判による「ジェノサイド」に関する新たな犯罪の定義――それは国連によって一九四八年に見直された――の直後に行われていることを忘れないようにしよう。★16

そのとき、「レイシズム」という構築された概念は、一つの名前の下に三種類の状況を包摂し、それらは以後、「レイシズム」というものの種別的形態として現れるだろう。それらの状況とは、ドイツのナチズムがその極限的な到達点をなすような反ユダヤ主義、人類を「優等」人種と「劣等」人種、「文明化された」人種と「野蛮な」人種（イギリス植民地主義における被支配人種〔subject races〕）に分割す

★15　一九五〇年と一九五一年の宣言は、まず以下のパンフレットに記載された。*The race concept*, UNESCO, Paris, 1952. それらの宣言は、それに続く二つの宣言（一九六四年、一九六七年）とともに、次のフランス語の冊子（注記しておかねばならないが、その内容は、相次ぐ再版に伴って目に見えて進歩している。その最後の再版は一九七五年である）と、英語の冊子に採録された。*Le racisme devant la science*, UNESCO/Gallimard, Paris, 1960 ; *Four statements on the race question*, UNESCO, Paris, 1969.

★16　Cf. Yves Ternon, *L'innocence des victimes : Regards sur les génocides du XXème siècle*, Desclée de Brouwer, Paris, 2001.

ることを意味する植民地的レイシズム、そして最後に、ポストコロニアル社会――奴隷の子孫に低い地位を割り振るような――での差別やアパルトヘイト*制度に結びついた、肌の色に基づく偏見である。強調しておきたいのは、こうしたまとめ直しによって明らかになるのは社会やイデオロギーにかかわる諸々の類比であって、それが意味を生むのだということである。こうして、不平等の制度と極限的な暴力現象――強制労働という形態においてであれ、絶滅という形態においてであれ――の結びつきが問われることになる。しかし、このまとめ直しはまた、ある特定の歴史的複合状況における一つの選択を表しており、あまたある集団的経験のなかでの一つの知覚、一つの篩い分け――「レイシズム」の新たなカテゴリーの構築を構成するような――を翻訳するものである。

そこから、出来事の第三の側面が現れる。「レイシズム」という同じ名前で包摂された諸々の形態は、同一の「理論」（と言うよりむしろ、「神話」という名前で呼ばれる）[★17]の適用から生まれるとされるのだ。それは人種に関する生物学であり、より正確には、進化の原動力は「生存競争」である、文化的素質と知的能力は「遺伝的」性格を含んでいる、そして、優生学的政治によって支配的「集団［populations］」の優越性を堕落の危険から守らなければならない、という諸観念の組み合わせのことである。この擬似科学的な組み合わせこそが、第一に、人間集団［population humaine］を構成する諸人種の不平等、とりわけ「有色」人種に対する「白色」人種の優越性というテーゼを、第二に、混血という強迫観念を、最後に、世界支配のための「アーリア人」と「ユダヤ人」の間の闘争という想像的なものをもたらし、正当化したとされる。反対に、そうした観念の組み合わせへの批判は、ある哲学的原理の承認を意味している。それは、人類の不可分な一体性という原理であり、私たちはそれを、普遍主義の「人類学的」基礎（その宗教的あるいは科学的基礎と対照的な）と名づけることができる。その原理は好んで否定的な形式で言明され、ある種の定言命法の等価物になる。つまり、人類を文化的、生物学的観点から、別々の本質的に異なった集団へと分割するあらゆる行為は、不可能であり容認できない、ということだ。

こうした言明には、隠さずに言えば、異論の余地がないわけではない。ここで、過去遡及的な幻想から身を守ることが必要である。こうした言明は、「文明」というカテゴリーそのものと恐らく切り離しがたい根深い信念と衝突してきただけでなく、人類の直中に存在する諸々の差異の純粋かつ単純な否認と、本質主義的でヒエラルキー的な用語による差異の解釈との間の不安定な均衡を表象している。それゆえ実証科学は、こうした均衡が正確な内容を受け取りうることを絶えず示し続けねばならないだろうし、そのことは無限の作業であることが分かる。しかしながら、このパラダイムの政治的、哲学的、科学的定式化は最初から、そのパラダイムの置き換えと再定式化を、純然たる科学的な「最新知見による更新」の外見でそれらを覆いつつも導くようなある種の潜在的紛争による影響を受

★17　以下の書物のタイトルを参照。Léon Poliakov, *Le mythe aryen : Essai sur les sources du racisme et du nationalisme*, Calmann Lévy, Paris, 1971［邦訳『アーリア神話――ヨーロッパにおける人種主義と民族主義の起源』アーリア主義研究会訳、法政大学出版局、一九八五年］. このタイトルは、ユネスコの出版物の冒頭のファン・コマスによる三つの「人種神話」の一つを参照している（また、ナチス理論家であるアルフレート・ローゼンベルクの『二十世紀の神話』への反応でもある）。スペイン人人類学者であるファン・コマス（一九〇〇―一九七九年）は、一九四〇年にメキシコ市民となり、この定式化の結晶化において決定的な役割を果たした。

けていた、という点に注目しないでいることもまたできない。そのことは、ユネスコが「人種」とレイシズムに関してただ一つの宣言に満足することができず、続けて二つの宣言を公表しなければならなかった（一九五〇年と一九五一年）、という驚くべき事実によって直ちに例証されたことである。様々な科学者集団（とりわけ英国王立アカデミー）は、第一の宣言が諸個人の身体的、知的特性の伝達の生物学的決定因の存在を反駁している点で「行き過ぎて」おり、また人類のなかの「連帯」という原理——これもまったく科学的根拠を欠いている——を利するように「生存競争」という個人主義的観念を転倒している、と主張して、第一の宣言への異論を提起した。二つのテクストの並置が明らかにしたこの最初の対立の中に見られるのは、現在まで続く、レイシズム批判を終わりなき過程にする紛争と書き換えの原型であり、その過程では、様々な「普遍主義的」言説どうしが、教育政策と「反レイシズム的」立法の方向をめぐって対立している。

　現在の諸議論に対していかに副次的なものに見えるにせよ、以上の考察は、私たちがその継承者である三つのタイプの帰結を分節するために不可欠なものである。三つのタイプの帰結とは、第一に、「人間」に関する現代の知の組織化そのものに影響を与える認識論的帰結、第二に、「人間主義的」と言いうる支配的パラダイムに対する抵抗の生起、第三に、そのパラダイムの別のパラダイム——つまり「人種なきレイシズム」あるいは「文化的レイシズム」（「差異主義的」レイシズム）——への漸進的変容である。

　これらのうち認識論的帰結は、単にそれらが人文諸科学の組織化に影響を与えるという点において驚くべきものであるだけでなく、またそれらが、レイシズムの問題——哲学的には、人類の本質的不可分性を犠牲にして、人類の直中に位置する自然的諸差異をイデオロギー的あるいは神話的に投影したものと解釈される——が人類学の諸前提の中心に位置しており、単に個別的な適用に属するものではない、ということを証明する点においても驚くべきものなのである。それは、人類学を「人種」概念の使用において「客観的」視点から「主観的」視点へと移動させる、人類学の歴史におけるコペルニクス的転回である、と述べておきたい。実際、人類学は、人種の差異とその不平等——その帰結を政治と文化の領野において評定しなければならない客観的現象とされる——に関する研究から解き放たれ、「レイシズム」の研究へと、つまり、人種的解釈格子を歴史の総体に投影し、あるいは人間の差異の総体を本源的で遺伝的と想定された差異の想像的モデルに還元する、人種の不平等についての主観的信念に関する研究へと移行したのである。

こうした観点の変化は、一義的にではないにせよ、人文諸科学の方法論を変容させる。生物学的決定論の優位、とりわけダーウィン的あるいは擬似ダーウィン的進化論に基づく決定論の優位は、再検討されることになる。しかし、人種の生物学的条件、あるいは「集団［population］」の派生的概念にして現象としての人種の表象を、認知、情動心理学の研究プログラムに含めるという可能性は、必ずしも再検討されることはない。とりわけ、そのような観点の変化は、人種的偏見の「源泉」を探求する特定の方向を押しつけることはない。その方向は、マルクス主義的意味での社会‐経済構造（資本主義社会の、多かれ少なかれ機能的なヒエラルキー的分業）でもありうるし[★18]、カルチュラル・スタディーズによって特権化された方向性に従うなら、象徴的構造と、想像的なものに投影された表象システムでもありうる（カルチュラル・スタディーズが、ポストコロニアル社会におけるレイシズムの解釈、より一般的に

は他者性の形象の解釈に基づいて構成されていることはもちろん偶然ではない)。★19

私は、この変化が人類学という学問領域の歴史における再出発を徴しづけていると考えることをためらわない。しかし、(実践的帰結の対立にもかかわらず)客観主義から主観主義への転倒に隠された連続性の要素が存在しないか、と自問する必要がある。人類学とは常に、人類の自己認識、自己再認の、あるいは人間における人間的なものの同定のプロジェクトであり、歴史的、地理的、文化的世界としての「人間世界」の直中において、同一性と差異性の問いに答えようとしている。私たちは、互いが互いに対して、誰であり、どこにいるのか。この問いに対して、一八世紀から二〇世紀中葉にかけて、ヨーロッパ中心的な歴史哲学に支配された世界において答えをもたらすと主張したのは、人種の自然史、生物学、心理学である。第二次世界大戦後、文化主義による生物学的決定論の批判のうちにコペルニクス的転回の予告が存在するとしても(ここではとりわけ、アメリカ合州国における、W・E・B・デュボイスとフランツ・ボアズの対称的な著作に注意を払うべきだろう)*、観点は急激に「レイシズム」の研究とその理論化へと移行した。そのとき人類そのものは、人種の差異によってその発展が左右されるような種ではなく、レイシズムを発展させうるし、一種の超越論的仮象の効果の下で、あるいは、その結果として客観的支配の諸関係によって分割された諸文化、諸社会、諸共同体の効果の下で、恐らくは不可避的にレイシズム的神話(より一般的には、「外国人嫌悪」、「他者嫌悪」の幻想)を構築するよう促されてさえいる諸個人あるいは諸集団からなる種である。それを「サルトルの定理」と呼ぶことができる。サルトルは、『ユダヤ人問題に関する考察』(一九四六年)において、「ユダヤ人は存在しない」と同時に、「ユダヤ人を存在させているのは反ユダヤ主義である」と主張するような仕方で思考している。

　しかし、お分かりのように、いずれの場合にも、最終的回答を与えると想定されているのは、「科学」あるいは「科学的認識」である。もちろん、こうした所見を表明することは、科学的認識の観念と可能性を失効させることではない。それは、「人種理論」に適用された認識論的批判が、「人種理論」の後継者、つまり「歴史的レイシズム」の理論に対しても向けられる可能性がある、と示唆することである。とりわけそれは、ここでは個人にではなく「人類」(Gattungswesen) に関係した「経験的‐超越論的二重体」(再びフーコー) を、人類の一体性に関する道徳的、哲学的原理――人類学的な諸学問領域に、人種的偏見の生起、つまり「レイシズム的」主体あるいは主体性の生起を説明するという任務を課す原理――という出発点から問題にすることである。明白なのは、この機能が、恐らく私たちが逃れることのできない両義性によって徴しづけられている、ということである。国際的諸制度の初期のプログラムがそうであったことに応じて、この機能は、科学と科学の普及、教育と立法に

★18　イマニュエル・ウォーラーステインの著作 (Immanuel Wallerstein, *Race, nation, classe : Les identités ambiguës*, en collaboration avec E. Balibar, Editions La Découverte, Paris, 1988〔邦訳『人種・国民・階級――揺らぐアイデンティティ』若森章孝他訳、大村書店、一九九七年〕) と、ロバート・マイルズの著作 (Robert Miles, *Capitalism and Unfree Labour*, Tavistock Publications, London, 1987 ; *Racism after 'Race Relations'*, Routledge, London, 1993) は、そのよい例証である。
★19　とりわけ、スチュアート・ホールの著作を参照 (私は次の著作を参照している。Stuart Hall, « Race, articulation, and societies structured in dominance », *Sociological Theories : Race and Colonialism*, UNESCO, Paris, 1980)。レヴィ＝ストロース自身も、レイシズムと外国人嫌悪を区別しつつ、この方向に進んでいた。

よる、レイシズムの漸進的な廃絶という展望――それは、啓蒙から受け継がれた人類の自己教育という理想を再生産する――に組み込まれている。しかし他方で、「レイシズム的国家」（デヴィッド・ゴールドバーグの意味で）[20]と形容されうる社会の枠組みの中では、この機能は、「人種関係［race relations］」、つまりレイシズム的葛藤と表象の調整というプログラムに組み込まれている。その意味で、たとえレイシズムが市民権のイデオロギー的基礎として制度化されていないとしても、すべての現代国家は「レイシズム的国家」であり、それらは、人種的差異あるいはその等価物――すなわちエスニック的差異や移住者という条件――との関連で表象可能な、社会的不平等と紛争を孕んでいるのである。またそれらは、平等の回復という政治的、法的な企て――少なくとも形式的な――に参加している。従ってそれらは、「レイシズムと闘って」おり、公共空間と政治的共同体の諸制度から「それを根絶する」という任務に身を投じている。このことが、人種的差別の諸形態やレイシズムの諸様態と関係したあらゆる法解釈の発展をはじめとする、実践的に重要な帰結を導いている。私たちはここで、私たちが先に考察した認識論的転回の別の――制度的な――側面と関わっているのかもしれない。

だからこそ締めくくりに、こうした認識論的転回――イデオロギー的現象としての「レイシズム」に関する研究を人類学的学問領野の中心にすると同時に、レイシズムがその原因、その変異、その歴史的変化において（社会的、象徴的構造の普遍的モデルに関する）人類学的説明に依拠していると主張する認識論的転回――の同定を、それが引き起こす抵抗、それが含む例外に関係づけておくことが重要である。それら抵抗と例外は、人類学的モデルそのものと同じ時期のものであり、人類学的モデルの支配や、文化的、政治的組織によって与えられたその制度的正統性を疑問に付す。[★21] 従ってそれらは、レイシズム的態度と表象の理解にとっての代替モデルを提示し、普遍化するカテゴリーとしての「レイシズム」というカテゴリーの妥当性そのものを自らに問いただすのである。

人類学的パラダイムが、人間主義的意味作用の「定言命法」――「人権政治」としての政治の表象はそれに由来する――に結びついていたと示唆したことによって、私たちは明らかに、人類学的パラダイムへの抵抗、その妥当性の暗黙の批判が、哲学において、反人間主義的観点に対応するのではないかと自問することもできるだろう。しかし私は、事態がそれほど単純であるとは考えない。ここでは次の点を示唆するにとどめておきたい。このような批判は不可避的に、哲学における、また政治的領野における人間主義的原理の一貫性を疑問に付すはずである。さもなければ、そうした批判は反対に、人間主義的原理を限界まで押し進め、そのことによって、人間主義的原理はもはや「明証」、「議論の余地なき真理」(self-evident truths) としてではなく、危うい公準あるいは仮説として現れる、ということになる。第二次世界大戦直後、ユネスコのパラダイムの構築時期そのものに明らかになった仮説について手短に述べておこう。様々なケース――その不同性そのものが重要である――がここで頭に浮かんでくる。

★20 David Goldberg, *The Racial State*, Blackwell Publisher, Malden, Mass., 2002.

★21 その制度的正当性は、さらには、ユネスコの場合、私たちが誇張なく「哲学的組織」と呼びうるものによって与えられている (Cf. Patrice Vermeren, *La philosophie saisie par l'UNESCO*, UNESCO, Paris, 2003)。

フランスにおけるロベール・アンテルム（一九四七年に書かれた彼の『人類』は、一九五七年になって初めて出版された[★22]）、イタリアにおけるプリーモ・レーヴィ（彼の『これが人間か』は、トリノで同じ一九四七年に出版された[★23]）のような作家の例が考えられる。「因果的」説明の可能性を超えた非人間的経験を知覚可能なものにした、強制収容所システムと収容所の経験の「文学的」表現を探求する中で、この著者たちは「レイシズム」というカテゴリーを使うことも使わないこともありうるが（レーヴィは使い、アンテルムは使わない）、しかしいずれにせよ（アンテルムのタイトルに惑わされてはならない）、彼らが提起する問題は、人類のヒエラルキー的分割の問題とは何の関係もない。それは、人間存在の一部に彼らの人間の資格を否認し、あるいは、言説によるだけでなく実践によっても彼らを人間の条件から「追放する」、という矛盾した可能性に関わっているのである。従って、問題なのは限界体験、人類の絆の破壊の経験を思考することであり、人類の不可分性を問題含みの仕方で、恐らくは絶望的な仕方で——パスカルの賭けのように——再肯定するためには、そのことを引き合いに出さなければならないのである。ここで人類学的パラダイムへの抵抗は、レイシズム的文化あるいは構造に内在する絶滅行為の可能性を解釈するためにはこうした限界経験から再出発しなければならない、という点に存するように思われる。人類学的パラダイムは、ある意味で、懸命に反対のことを行っている。つまり、レイシズムの「原因」に接近し、そこから人間的使命の根源的侵犯の条件を記述するために、レイシズムの発展を構造的に説明しているのである。

次に、フランツ・ファノンの例が、とりわけ一九五二年に出版された彼の最初の著書である『黒い皮膚・白い仮面』が考えられる。マルティニーク生まれのフランス人医師、著述家である著者は、ブリダ精神病院の主任医師のポストを得て、その後アルジェリアのＦＬＮ［民族解放戦線］の解放闘争に加わった。その闘争のために彼は、次に、ジャン＝ポール・サルトルが序文を寄せた有名な試論『地に呪われたる者』（一九六一年）を書かねばならなかった。[★24] 多くの点において、ファノンの著作は早くも、「人種」の科学的分析から「レイシズム」の分析への移行を成し遂げた転倒の転倒として現れている。問題なのは明らかに、「人種」の客観的な定義を打ち立てることではなく、（「ネグリチュード」の言説によって――ただし文化主義的パラダイムに捉えられた、はるかにより両義的な仕方で――既に使われていた）「黒人［nègre］」のような人種の名前の言わば「パフォーマティヴな」使用を展開することである。ただし、ある「見方」を理解させるだけではなく、被抑圧者自身の声の震えを聴かせるた

★22 Robert Antelme, *L'espèce humaine*, Edition revue et corrigée, Gallimard, Paris, 1994［邦訳『人類――ブーヘンヴァルトからダッハウ収容所へ』宇京頼三訳、未来社、一九九三年］.

★23 Primo Levi, *Se questo è un uomo*, Enaudi, Torino, 1958 ; *Si c'est un homme*, trad. française, Julliard, Paris, 1987［邦訳『アウシュヴィッツは終わらない――あるイタリア人生存者の考察』竹山博英訳、朝日新聞社、一九八〇年］.

★24 Franz Fanon, *Peau noir, masques blancs*, rééd. Edition du Seuil, Paris, 1971［邦訳『黒い皮膚、白い仮面』海老坂武・加藤晴久訳、みすず書房、一九九八年］; *Les damnés de la terre*, préface de Jean-Paul Sartre, rééd. Editions La Découverte, Paris, 2002［邦訳『地に呪われたる者』鈴木道彦・浦野衣子訳、みすず書房、一九九六年］. 近年の伝記と、以下の論考を参照。Alice Cherki, *Franz Fanon, portrait*, Le Seuil, Paris, 2001. Françoise Vergès, « "Le nègre n'est pas, pas plus que le blanc" : Franz Fanon, esclavage, race et racisme », *Actuel Marx*, n° 38, PUF, Paris, 2005, pp. 45-63.

めに、差別的言説――それは黒人にとって、決して外在的なものではなく、内的に取り込まれ、その「人格」を構成している――の直中でそれに挑戦するような仕方で。[25] こうして、ナチズムに対する勝利直後に支配的になり、植民地主義の持続する現実を覆い隠しがちな「民主的社会」の無菌的表象に対して、ファノンは、レイシズムとはまさしく一つの社会構造である（そして、諸個人が「レイシスト＝人種主義者」であるのは、社会そのものが「主人」と「奴隷」の間の絶対的な区別に依拠しているからである）という点だけでなく、この構造的レイシズムの心理的諸効果の両義性――現象学的に記述することが重要であるような――を強調している。彼が疎外と呼ぶものは、知られているとおり、たとえそれが同じ仕方でではないにせよ、被植民者にも植民者にも等しく当てはまる。それは、「分裂した意識」の現象と、支配者と被支配者の相互的表象、彼ら自身の「肌の色」とのフェティッシュな同一化に浸透した性的関係と性的幻想の倒錯――時には精神病に達する――に焦点を当てるのである。[26]

最後に、同じ時期にハンナ・アーレントは『全体主義の起源』（一九五一年）を出版しており、そこには、人類学的視点に対峙する政治哲学（彼女は大学でのこの単語の使われ方には留保を感じていたが）の観点からの説明を読み取ることができる。[27] アーレントは基本的に、ヨーロッパの構造ではなく、その特異な歴史に関心を寄せる。その歴史の中で「反ユダヤ主義」は、独立して発展した植民地主義と帝国主義に出会い、そして、その例外状態の形式の中で、「人種国家」を経験的な仕方で発生させた。そのことによって彼女は、「人権」と、「市民権」あるいは政治的権利の間の伝統的関係を転倒することになる。それを「アーレントの定理」と呼ぶことができるだろう。そこから彼女は、「無国籍者」の問題、あるいは、相次いで法的人格の資格を奪われ、無国籍者にされた後、基本的権利を奪われ、人間の条件から事実上締め出された諸個人や諸集団の問題に執着する。そこから、「権利への権利」という基準が生まれるのであり、彼女はそれを、政治的共同体の概念化の中心に据えたのである。レイシズム——ここでは帝国と植民地の歴史に浸った「絶滅主義的」形態（反ユダヤ主義のモデルと大衆操作術は、その古典的諸形態からよりもむしろ、帝国と植民地の歴史から生まれたのであり、後にナチズムによって完成され、一般化される）に関連して考え直されたそれ——は一つの制度的現象であり、「政治的

★25　こうした問題系は、今日、脱構築からインスピレーションを得た次の著者によって延長されている。Fred Moten, *In the Break : The Aesthetics of the Black Radical Tradition*, University of Minnesota Press, Minneapolis, 2003.

★26　いまだ偉大な哲学的注釈を待ち望んでいるファノンの理論化は、コジェーヴ、サルトルやシモーヌ・ド・ボーヴォワール（*Le Deuxième sexe*, 1949［邦訳『第二の性』、井上たか子・木村信子監訳、新潮社、一九九七年］）によって再読された「主人」と「奴隷」のヘーゲル的現象学と、W・E・B・デュボイスの作品（*The Souls of Black Folk*, 1903［邦訳『黒人のたましい』木島始他訳、岩波文庫、一九九二年］; *Dusk of Dawn*, 1940）における「二重意識」に関する社会心理学——精神分析的な「自我の分裂」という観点から再解釈された——を源泉としている。

★27　『全体主義の起源』［邦訳、全三巻、みすず書房、一九七二—一九七四年］の完全で信頼できるフランス語訳の出版（trad. P. Bouretz, coll. « Quarto », Gallimard, Paris）は、二〇〇二年まで待たねばならなかった。反対に、「哲学的人類学」に関する彼女の著作である『人間の条件』（一九五八年）［邦訳、ちくま学芸文庫、一九九四年］は、*Condition de l'homme moderne* というタイトルで一九六一年にフランス語訳が出版されている。私はこの著作についてここでは触れないが、その重要な部分は、実践［praxis］に関する新古典的概念の名の下に、マルクス主義哲学の批判に割かれている。この点は、レイシズムの問題と直接関係がない。

共同体」の構築に影響を及ぼしている(そのことは、「社会」の構築と正確に同じものではない。たとえ、政治的結合が諸々の社会的基礎を持ち、社会的諸効果を生み出すとしても）。[28]

人類学的パラダイムの世界的拡大へのこれら「抵抗」の不同性（それは人類学的パラダイムの純然たる否定ではなく、むしろその諸限界を考えることを可能にする）はそれ自体明らかであり、そのことが意味するのはまた、これら抵抗をすべて足し合わせて同じく一貫した代替的パラダイムの補完的側面を作り出そうとすることは論外であろう、ということである。にもかかわらず注意を引くのは、それらの抵抗がすべて、人間の種あるいは類の問題よりも、むしろ人間共同体の問題を提起するからである。それは、現実的であると同時に、ある意味でそれとしては不可能な「共同体」、つまり、排除も境界もない「全体性」としては不可能であるような「共同体」である。そのことは、それが現実的あるいは想像的なそれ自体の破壊の脅威に直面するような、まさしく限界状況において現れる。そのとき、種の不可分性という人間的原理の肯定は、人間共同体、あるいは普遍的共同体のような何かが存在しうる諸条件を決定するには十分ではない、ということが明らかになる。この原理は、その超越論的側面しか反映しておらず、すべての人間存在に起源と目的の観点から「共通の」要素を提示するのであって、明らかに、実際の政治的あるいは社会的構造の観点からそれを提示するのではない。あるいはさらに、この原理は、ある共通の要素、ある理想的共同体を、自分自身に閉じ、互いに相容れない特定の共同体の構築を基礎づける道徳的目的として想像する必要性以外のものを反映していない。この制限は、レイシズムの公的定義を基礎づける原理が、諸国民国家を代表する制度そのもの［＝国連］によって言明された、という事実と関係があるのかもしれない。諸国民国家は、それらの間の関係を国際法へとより緊密に従属させようとする状況によって導かれているのである。ところで、制度的力を欠いた人間共同体を経験的‐歴史的共同体（〈諸国民〉）に結びつけ、政治的表象を人類学的差異や人類の「分割」（それらをいかに完全に主観的、イデオロギー的、想像的なものと考えるにしても）より優位な位置へと観念的に移動させるようなまさしくこのモデルこそ、植民地国家、アパルトヘイト体制、絶滅政策が「法治国家」という形式に対して優位を占める際には、「例外状態」の中でその意味を失ってしまうのである。

暫定的な結論を出しておこう。ここでの問題は、人類学的パラダイムの完全な紹介、そのパラダイムが提起する問題、あるいは、「レイシズム」の定義が新たな歴史的状況に直面する際にそれが被る変容を提示することではなく、単にその必要性を示すことである。問題は、レイシズムというカテゴリーそのものが分解と脱構築の地点に到達していないかどうかを知ることとして提示される。共に考えなければならない二つの認識論的問題が示される。一方で、人類学的パラダイムの直中で、レイシズムの理解が展開するのは、「文化的レイシズム」あるいは「差異的レイシズム」という概念の方向へである。ある意味で、以上の点は、自然主義的観点から歴史主義的観点へ、そして集団的表象の分析へ――それらは人類学的パラダイムの特徴である――の切断が完成したことを表している。しかし同時に、このカテゴリーに境界を割り振ることは難しくなる――カテゴリーの科学的使用、分析的価

★28　Cf. Marie-Claire Caloz-Taschop, *Les sans-Etat dans la philosophie de Hannah Arendt*, Payot, Lausanne, 2000.

値は境界の割り振りに依拠しているというのに。つまり、差別のあらゆる現象、あらゆる象徴的暴力がこのカテゴリーに属しているように思われるのである。レイシズムとセクシズムの可逆性そのものが、両者の類比のもとに埋没していく傾向にある。他方で、新たな「ケース」、新たな「例」が、最初の定義を基礎づける三要素からなるシステム（反ユダヤ主義、植民地主義、アパルトヘイト）に、部分的にではあれ、取って代わる傾向にある。また同時に、（国民に始まる）政治的共同体の不安定化と結びついた制度的差別の問題は、ポストコロニアル社会の直中で、また超国家的あるいはポスト国家的集合の直中で、ますます切りのないものになっている。そのことが、人類の（あるいは信念の、それが援用する神話の）「自然的」分割の基準を後景化するのである。レイシズム的構造、言説、行動の定義の別の諸基準が前景化してきている。それは、排除の基準として、あるいはより正確には、内的排除の基準として、少なくとも表面的には、「人種」に依拠することを必要としない。従って、そうした基準の構成と機能作用を、現代の研究の中で、ここで素描した調査を延長しつつ、考察しなければならないだろう。[29]

★29　この点に関する、次の極めて興味深い定式化を参照。Wulf D. Hund, « Exclusion and Inclusion : Dimensions of Racism », in Max Sebastian Hering Torres et Wolfgang Schmale (dir.), *Rassismus*, numéro spécial de la *Wiener Zeitschrift zur Geschichte der Neuzeit*, 3, Jahrgang 2003, Heft 1, Studien Verlag, Innsbruck, 2003.

訳者解題

ここに訳出したのは、雑誌 *Actuel Marx*, nº 38, PUF, 2005 の巻頭に掲載された論考、Etienne Balibar, « La construction du racisme » である。本号は、「人種以後のレイシズム」（« Le racisme après les races »）という特集号であり、エティエンヌ・バリバールによって編集された。

バリバールは、一九八〇年代以降、レイシズムという政治的現象を頻繁に取り上げて分析しているが、それは大まかに述べて、二つの背景による。第一に、ヨーロッパにおける一九八〇年代以後の恒常的な経済不況の結果、各国において移民排斥を唱える極右政党が急激に勢力を拡大した。その例として、フランスの国民戦線、オーストリアの自由党、オランダの自由党、スイスの国民党、イギリス国民党などが挙げられる。それらの政党に共通した主張は、「ムスリム系、アフリカ系移民が私たちの雇用を奪っており、同時に犯罪を増加させて私たちの安全（セキュリティ）を奪っている。従って、移民を私たちの国から追放するべきだ」というものである。こうした極右政党の勢力拡大の影響を受けて、既存の保守・中道政党も極右政党の主張を部分的に取り入れ、移民政策の厳格化とセキュリティ対策を政治の前面に押し出している（その典型的な例が、フランスのサルコジ前政権である）。こうした外国人排斥的傾向の拡大が、レイシズムに関係した、近年の第一の傾向である。

第二に、旧ユーゴスラビアの解体に伴って噴出した民族主義と、一九九〇年代の一連のユーゴスラビア紛争における「民族浄化」は、大規模な形で互いの民族の排除、殺戮を生み出した。同じく一九九〇年代には、ルワンダ内戦に伴って、フツ族によるツチ族の大量虐殺が起こった。イスラエル・パレスチナ紛争は、とりわけ二〇〇〇年の第二次インティファーダ以後、激化の一途をたどっており、パレスチナの武力組織によるテロ攻撃と、イスラエルの過剰な報復攻撃（民間人や、農地、インフラまでも攻撃対象とする）という悪循環をたどっている。こうした過剰な暴力の噴出が、レイシズムに関係した、近年の第二の傾向である。

第一の傾向についてバリバールは、イマニュエル・ウォーラーステインとの共著『人種・国民・階級』（邦訳、大村書店、一九九七年）において、重要なテーゼを提出している。それは、今日のレイシズムが、反ユダヤ主義におけるような「人種」という生物学的カテゴリー（現代ではこの概念の科学的根拠は疑わしいものとされる）によるレイシズムから、「文化的差異の還元不可能性」によって特徴づけられるような「差異的レイシズム」、「文化的レイシズム」へと移行している、というものである。従って、「差異的レイシズム」、「文化的レイシズム」は、「人種的」差異に依拠してではなく、「文化的」差異に依拠して、ある集団を排斥する。例えば、ヨーロッパ各国における移民の排斥という主張は、「ムスリム的、アフリカ的価値観の侵略からヨーロッパ的価値観を護る」といった、文化的、宗教的差異に依拠してなされることになる（たとえそのような主張が、無意識的には「肌の色」のような身体的差異への「恐怖」によって強化されているとしても）。この概念に基づいて、日本における在日韓国・朝鮮人の排斥について考えることもできるだろう。彼ら、彼女らが日本国内における「エスニック集団」として差別や排斥を受けるのは、（「エスニック的差異」という名の）「文化的」差異によってなのである。またバリバールは、同書において、こうした「差異的レイシズム」、「文化的レイシズム」と、国家のイデオロギー装置である国民教育の密接な関連性を示唆している。つまり、「文化的差異」そのものは、国民教育のプロセスにおける国家による「呼びかけ」とそれに関連した実践によって作られる、ということである（例えば、日本の教育現場における日の丸・君が代問題を参照）。こうした観点から、「差異的レイシズム」、「文化的レイシズム」にとって、国民教育という国家のイデオロギー装置がいかに重要な賭金をなすかを理解することができる（例えば、フランスの公立学校におけるムスリム子女のヴェール禁止や、日本における高校授業料無償化の枠内に朝鮮学校を含めるか否かをめぐる一連の議論を参照）。

バリバールは、本論文において、このテーゼに加えて、もう一つの重要なテーゼを提示している。それは本質的に「知」の領野（フーコーが「権力-知」という概念によって語るような意味で、権力との関係性において捉えられた）における、人種概念の使用の「客観的視点」から「主観的視点」への移動、というテーゼである。これをバリバールは、人類学における「コペルニクス的転回」と呼んでいる。二〇世紀前半までのレイシズム研究は、人種を生物学的観点から規定し、人種間の差異を提示することで、歴史を民族間の闘争と、あるいは「優等民族」による「劣等民族」のプロセスとして描き出すものであった。それに対して、ユネスコによる一九五〇年、一九五一年の人種とレイシズムに関する宣言は、レイシズムの科学的根拠を剝奪し、レイシズムを「外国人嫌悪」、「他者嫌悪」に基づく主観的な現象であると定義した。それ以後、レイシズム研究は、主観的現象としてのレイシズムが、いかなるメカニズム、いかなる構造に基づいて生起するのかを探求する学問に変化したのである。ここから、現象としての「人種主義」の「人種なきレイシズム」（差異的レイシズム、文化的レイシズム）への変容は、認識論的観点としての人種概念の「客観的使用」（人種概念は科学的概念である）から「主観的使用」（レイシズムは主観的な現象である）への変容の裏面（あるいはその人間主義に対するある種の抵抗）を形成している、と考えることができる。

　第二の傾向である「民族浄化」をめぐってバリバールは、レイシズムやその他の過剰な暴力がどのようなメカニズムに基づいて生起するのかを、近著『暴力と市民性』（*Violence et civilité : The Wellek Library Lectures et autres essais de philosophie politique*, Galilée, 2010）において考察している。近代社会においては一般的に、暴力の国家による独占（警察、軍隊）を通じて、暴力は権力へと「弁証法的に」転換され、過剰な暴力、残虐性の噴出は抑制されている。しかし、民族浄化、絶滅政策のような局面において、統御不可能な残虐性の噴出は二つの仕方で現れる。一つは「超客体的暴力」であり、そこで主体のあらゆる同一性は破壊され、主体は単なる「客体」へと還元されてしまう（「廃棄可能な人間」の生産）。もう一つは「超主体的暴力」であり、主体のアイデンティティへの過剰な同一化を通じて、内的、外的な他者性の完全な消去が試みられるのである（なお、本書出版後になされた「残虐性」をめぐるインタビューは、この議論を簡潔に要約している。Cf. « Pour une phénoménologie de la cruauté : Entretien avec Etienne Balibar », *Tracés*, n° 19, 2010）。

　これら二つの傾向は、一見かけ離れたものに見えながらも、レイシズムという大きな問題を介して緊密な仕方で結びついている。読者の方々が、バリバールの論考における議論を各自の仕方で延長し、現代のレイシズムの諸問題について更なる考察を続けられることを望む。
なお、本訳文を鵜飼哲氏に詳細に再読して頂き、多くの有益な指摘を頂いた。記して感謝したい。

用語解説

執筆者：菊池恵介［同志社大学准教授］（K）　李孝徳（L）　森千香子［一橋大学准教授］（M）
テッサ・モーリス＝スズキ（M-S）　中村一成［フリージャーナリスト］（N）
酒井直樹（S）　特記外は編集部

アイヌ文化振興法　正式名称は「アイヌ文化の振興並びにアイヌの伝統等に関する知識の普及及び啓発に関する法律」。一九九七年、名目的には「貧困にあえぐアイヌ民族の保護」を謳いながら、実質的には植民地主義的な同化政策の一環でしかなかった「北海道旧土人保護法」（一八九九年）の廃止とともに制定された。本来は全国で効力を持つ法律だが、第六条に「その区域内の社会的条件に照らしてアイヌ文化の振興等を図るための施策を総合的に実施することが相当であると認められる政令で定める都道府県」の文言が加えられ、さらに当該政令で北海道のみが定義され、実質的に北海道以外では効力を持たないように変えられた。（L）

アイルランド問題　二〇世紀の前半、アイルランドは闘争の末にイギリスから独立を獲得したものの、北アイルランドのアルスター地方の大半が英国領として残存することとなったため、これをきっかけにアイルランド問題が起きた。六〇年代末から、統一派、残留派、北アイルランド警察、英国軍の武力衝突が一般市民を巻き添えにする形で頻発。一九九八年、アイルランド共和国は英国と和平合意を結び（ベルファスト合意）、このあとアイルランド共和国は国民投票により北アイルランド六州の領有権を放棄した。（L）

アパルトヘイト　南アフリカ共和国の人種隔離政策。人口的には少数の白人（主にオランダ系のアフリカーナーが中心）が、アフリカ系、アジア系、カラード（混血）の人びとを差別、支配する。一九四八年（当時は南アフリカ連邦）から九一年まで行われていた。

アファーマティヴ・アクション　マイノリティの不利を改善するための是正策。

アルジェリア人に対するフランス警察の襲撃　一九六一年一〇月一七日の夜、パリ在住アルジェリア人に発令された夜間外出禁止令を人種差別だとして抗議デモを行ったアルジェリア人に対し、警察は銃撃、逮捕と拷問、アルジェリアの収容所へ強制収監などを行い、二〇〇人を超える死者と二〇〇人を超える行方不明者を出した事件。この事件に関する資料は三〇年間未公開にされていた。（L）

アルメニア人問題（トルコ）　トルコは一九世紀末と第一次世界大戦中、領内のアルメニア人に対して大虐殺を行い、多くのアルメニア人が欧米、近東、ロシアなどへ移住。この事件は「アルメニア人大虐殺」とも呼ばれる。（L）

アンチ・セミティズム（反セム主義）　本書一八八頁参照。

『移民の記憶』（映画）　フランス在住マグレブ移民のルーツをたどるドキュメンタリー映画。監督のヤミナ・ベンギギは在仏アルジェリア移民二世。第二次大戦後、北アフリカから単身で出稼ぎにきた「父」、七〇年代の家族合流政策で地中海を渡った「母」、そしてフランスで生まれ育ち、両親の言葉や文化を知らない「子ども」の三部から構成される。公開時にフランスで大反響を呼んだ。日本語版のDVDがビデオプレスから発売されている（二〇〇七年）。（L）

移民法、一九六五年（アメリカ）　一九二四年から続いていた移民割当法が廃止されることで、それまで制限されていたアジア系移民が一気に増加することになった。（L）

イラン革命　一九七八年にホメイニらを指導者として勃発し、翌年に親米政権だったパフレヴィー王朝を倒して、

イスラム政体を樹立した革命。イラン・イスラム共和国が成立。（L）

ヴィダル＝ナケ、ピエール（一九三〇－二〇〇六）古典学者・歴史家。言論人としても活躍。ナチス・ドイツによるユダヤ人のガス室殺戮を否定する歴史修正主義への批判として書かれた『記憶の暗殺者』（人文書院）は日本でも有名。（L）

ウィリアムズ、レイモンド（一九二一－八八）英国の批評家・小説家。文化や文学の分析にマルクス主義的アプローチを用い、以後の文学・文化研究に大きな影響を与えた。日本語で読める著書に『文化と社会』『長い革命』（以上、ミネルヴァ書房）、『完訳　キーワード辞典』（平凡社）がある。（L）

奪われた世代（オーストラリアのアボリジニ）本書一一一頁参照。

英国民党　一九八二年に英国国民戦線から分派して設立された極右政党。党首はジョン・ティンダール。（L）

エリザベス・サンダース・ホーム　一九四八年、神奈川県大磯に設立された、日本人女性と駐留軍兵士との間に生まれた子どもたちのための養護施設。

オーストラリアの先住民への謝罪　二〇〇八年二月一三日、当時労働党党首で首相のケビン・ラッドが政府の代表としてアボリジニとトレス・ストレイト島民の児童に対して強制的に行われた隔離政策をオーストラリア史上初めて議会で先住民に対して謝罪し、議会は満場一致でこれを支持。この日は「国家謝罪の日National Sorry Day」と定められた。ただし賠償に触れていないこともあって、十分なものではないという批判もされている。（L）

学術人類館　一九〇三年（明治三六年）の大阪勧業博覧会で「学術人類館」と称する見世物小屋が設置され、学術研究資料の名目でアイヌ、台湾生蕃（漢族に同化してない台湾山岳民族）、朝鮮人、ジャワ人、トルコ人、アフリカ人とともに琉球人の遊女二人が「琉球の貴婦人」と銘打って展示されたため、『琉球新報』に批判記事が掲載されて沖縄の輿論が沸騰した。（L）

旧土人保護法　「アイヌ文化振興法」を参照。

共同体主義（コミュニタリアニズム）　国家のなかに存在する個々の共同体（コミュニティ）の価値観を尊重する考え方。

共和主義　理念を共有する平等な諸個人からなる国家を構成する考え方。

居留地（リザベーション）　政府が指定した先住民（アメリカ合州国の〝インディアン〟、オーストラリアのアボリジニなど）の領有地。

ギルロイ、ポール（一九五六-）　ロンドン・スクール・オブ・エコノミクス教授。カルチュラル・スタディーズの研究者。日本語で読める著書に大西洋岸各地に四散した黒人文化を扱った『ブラック・アトランティック：近代性と二重意識』（月曜社）がある。（L）

クメール・ルージュ　カンボジア共産党。ポル・ポト派と同義で使われることも多い。一九七〇年代後半のカンボジア共産党政権下では、強制移住、強制労働、大量虐殺が行われた。七八年、ベトナム軍と反ポル・ポト派軍がカンボジアに侵攻し、東西冷戦、中ソの対立などがあいまって、八〇年代まで内戦状態が継続。自国民大虐殺、人道に対する罪などで元指導者たちを裁く裁判（クメール・ルージュ裁判）が開始されたのは二〇〇六年。（L）

クロヌラ人種暴動（オーストラリア）　本書八〇頁参照。

公民権運動　一九五〇年代半ばから六〇年代にかけてアフリカ系アメリカ人たちが市民的権利と平等の獲得を目指した社会運動。

公民権法（アメリカ）　一九六四年に制定。人種、肌の色、性別、出身地、宗教による差別を禁止する。

五月革命（フランス）　大学の民主化やベトナム反戦を訴える学生運動が発端になって、フランス全土に広がった一般民衆の反体制運動とそれに伴う政府の政策転換。一九六八年五月の学生による大学占拠や労働者による

大規模なゼネスト・デモは、フランス社会に大きな変化を与え、翌年のドゴール大統領の辞任につながった。（L）

国民戦線（イギリス）一九六七年結成された非白人に対する排外主義を主張する白人至上主義の愛国団体。（L）

国民戦線（フランス）「ルペン」を参照。

コミュニタリアニズム 「共同体主義」を参照。

コロンボ・プラン 正式名称は「アジア及び太平洋の共同的経済社会開発のためのコロンボ・プラン」。南アジアや東南アジア地域の経済開発を推進することを目的とする経済協力機構。一九五〇年一月にコロンボで開かれたイギリス連邦外相会議を源としており、同年七月に活動を開始。当初イギリス連邦諸国のみを加盟国としていたが、その後その他の国も加わり加盟国は増加。日本は一九五四年に加盟。（L）

サイード、エドワード（一九三五‐二〇〇三）パレスチナ出身でアメリカで活躍した文学研究者・批評家。主著の『オリエンタリズム』（平凡社ライブラリー）では、西洋のオリエント研究がイスラムの他者化に他ならないことを精緻に暴いてみせ、『文化と帝国主義』（みすず書房）では、帝国主義をめぐる宗主国と植民地の関係を文化の観点から批評し、のちにポストコロニアル研究と呼ばれる分野の嚆矢となった。パレスチナ問題に関するコミットメントでも有名。（L）

在日韓国・朝鮮人の無年金問題 一九五二年の主権回復後、日本政府が旧植民地出身者に行ったのは、歴史的責任への謝罪や補償ではなく、医療保険や児童扶養手当、公営住宅にまで至る社会保障からの排除だった。国民年金法（一九五九年成立）からの排除はその一つ。一九八一年、政府はベトナム難民への対応を欧米から批判され、社会保障での内外人平等を定めた難民条約を批准。外国籍者にも国民年金加入が可能となった。だがそれは難民に対しての措置だった。小笠原や沖縄「返還」時の住民や、中国「帰国」者ら「日本人」には実施した無年金防止策を在日にはほぼ執らなかった。そのため一九八二年一月時点で成人していた「障害者」と、一九八六年四月段階で六〇歳を超えていた高齢者は、完全な無年金状態で放置されている。その差別性を問う訴訟は京都や大阪、福岡などで争われてきたが、司法は「社会保障の適用範囲は立法府の裁量」などと訴えを退け、問題は解決していない。（N）

在日特権を許さない市民の会（在特会）　本書八四頁参照。

サブラ・シャティーラの虐殺　「レバノン問題」を参照。

「三国人」発言（石原都知事）　二〇〇〇年四月九日、石原慎太郎都知事が陸上自衛隊の式典で「不法入国した多くの三国人、外国人が凶悪な犯罪を繰り返している」と発言。

ジム・クロウ法　一九世紀末から米国各州で制定された、公共施設等で黒人と白人を区別する法。「ジム・クロウ」とは黒人の蔑称。一九世紀前半に白人が黒人を演じたミンストレル・ショーの道化主人公の名前から。

指紋押捺拒否運動　一九八〇年、一人の在日朝鮮人一世が指紋押捺拒否を行ったことを皮切りに、在日外国人に対する管理・抑圧の象徴であった「外国人登録法」（外登法）の指紋押捺制度に対する反対運動が起こり、在日朝鮮人二世・三世を中心とする多くの在日外国人が指紋押捺拒否という形で、日本の中にある民族差別・偏見を問い始めた運動。一九九三年に在日の指紋押捺は廃止。ただし韓国との外交問題の一環として決着されたことは大きく批判を受けている。（L）

女性国際戦犯法廷の番組改竄事件　二〇〇一年一月三〇日のNHK・ETV特集「戦争をどう裁くか」第二夜「問われる戦時性暴力」は日本軍従軍慰安婦問題を裁く女性国際戦犯法廷を取り上げたが、放映直前に番組が改変された。この改変に安倍晋三衆議院議員らの圧力がかかわった、と後に朝日新聞が報道したが、NHKはこれを否定。

真実和解委員会　体制転換後、過去の人権侵害を明らかにするために設置される機関。加害者の処罰よりも真実の究明とその後の和解に重きをおく。アパルトヘイト後の南アフリカの真実和解委員会が代表的。

人種平等案（日本の） 第一次世界大戦の戦後処理を話し合った一九一九年のパリ講和条約で、日本は国際連盟の規約に「人種あるいは国籍如何により法律上あるいは事実上何ら差別を設けざることを約す」という人種差別撤廃条約条項を加えるように提案し、過半数を超える支持を参加国から得ていたが、イギリス、オーストラリアによる反対と、議長国であるアメリカが全会一致を主張したことで廃案になった。（L）

人類館 「学術人類館」を参照。

『人類館』（戯曲） 一九七六年、知念正真が「人類館事件」を題材に書き上げた戯曲。沖縄の劇団「創造」によって初上演され、台本は一九七六年『新沖縄文学』33号に掲載。翌一九七七年には全国誌である『テアトロ』に転載され、一九七八年に「岸田戯曲賞」を受賞。岡本恵徳・高橋敏夫編『沖縄文学選――日本文学のエッジからの問い』勉成出版、二〇〇三年に収録。（L）

スカーフ問題（フランス） 政教分離を国是とするフランスの公立学校において、イスラム教のスカーフの着用を認めるべきか否かをめぐる論争。一九八九年以来論争が繰り返された後、二〇〇四年に「公立学校におけるこれ見よがしな宗教シンボル着用の禁止法」（通称「スカーフ禁止法」）が制定された。「ブルカの禁止」を参照。（K）

スピヴァク、ガヤトリ・チャクラヴォルティ（一九四二-） コロンビア大学教授（比較文学）。インドで生まれ一九六一年に渡米、ジャック・デリダの英訳者として名をなし、ポストコロニアル理論を牽引。邦訳書に『ポスト植民地主義の思想』（彩流社）、『サバルタンは語ることができるか』（みすず書房）、『ポストコロニアル理性批判』（月曜社）など。

戦争花嫁 太平洋戦争後、占領軍兵士と結婚して海外移住した日本人女性。

ダーバン会議 本書二七一頁参照。

タギエフ、ピエール＝アンドレ（一九四六-） フランスの社会学者で、専門は人種主義や反セム主義。人種主義を歴史的かつ体系的に分析してまとめた *La Force du préjugé: Essai sur le racisme et ses doubles*, La Découverte, 1987は大きな注目を集めた。近年、反ユダヤ主義の視点からイスラム批判を展開している。（L）

多文化主義　国家のなかに多数の文化・民族性の共存を認め、促進する考え方。

血の日曜日（アイルランド）　一九七二年一月三〇日に北アイルランドのロンドンデリー市で、市民権（公民権）を求めて行進に参加した非武装の市民一三人を英国軍が射殺した。この事件を取り上げた同名の曲にU２の「ブラッディ・サンデー」がある（『WAR』一九八三年に収録）。（L）

チョウ、レイ（一九五七-）　香港生まれ。香港大学卒業後、スタンフォード大学で博士号取得。ミネソタ大学助教授、カリフォルニア大学アーヴァイン校教授を経て、現在、ブラウン大学教授。専攻はメディア論、比較文学。邦訳書に『ディアスポラの知識人』『プリミティヴへの情熱』（以上、青土社）、『女性と中国のモダニティ』（みすず書房）。（L）

ティーパーティー　オバマ大統領就任後の二〇〇九年から米国各地ではじまった草の根保守運動。名称は対英独立運動のきっかけとなったボストン茶会事件（一七七三年）に由来。

デュ・ボイス、W・E・B（一八六八-一九六三）　米国の公民権運動指導者、汎アフリカ主義者、全米黒人地位向上協会の創立者。日本語で読める著作に、『黒人のたましい』（岩波文庫）がある。（L）

転移　もともとは精神分析で用いられた用語。分析者と患者の間に作られてしまう相互依存の関係で、患者が分析者の聞きたいと思うことを先取りして告白してしまう。つまり、患者と分析者の間で相手の欲望の先取り競争が起こってしまうこと。（S）

ドゥドゥ・ディエン報告　二〇〇六年、国連人権理事会に提出されたドゥドゥ・ディエン特別報告では、日本の人種主義が厳しく告発されている。「日本には人種差別と外国人嫌悪が存在し、それが三種類の被差別集団に影響を及ぼしているとの結論に達した。その被差別集団とは、部落の人びと、アイヌ民族および沖縄の人びとのようなナショナル・マイノリティ、朝鮮半島出身者・中国人を含む旧日本植民地出身者およびその子孫、ならびにその他のアジア諸国および世界各地からやってきた外国人・移住者である。このような差別は、第一に社会的・経済的性質を帯びて表れる。すべての調査は、マイノリティが教育、雇用、健康、居住等へのアクセスにおいて周辺化された状況で生活していることを示している。第二に、差別は政治的な性質を有している。ナショナル・マイノリティは国の機関で不可視の状態に置かれている。最後に、文化的・歴史的性質を有する顕著な差別があり、それは主にナショナル・マイノリティならびに旧日本植民地出身者とその子孫に影響を与えている。このことは主に、これらの集団の歴史に関する認識と伝達が乏しいこと、およびこれらの集団に対して存在する差別的なイメージが固定化していることに現れている。／公的機関がとってきた政策および措置については、特別報告者は、一部のマイノリティのいくつかの権利を促進する法律がいくつも採択されたことを歓迎する。しかし同時に、人種差別を禁止し、かつ被害者に司法的救済を提供する国内法がないことに、懸念とともに留意するものである」（反差別国際運動 IMADR-JC 訳・平野裕二監訳。http://www.imadr.org/japan/multi/erd/。原文全体は http://www.imadr.org/en/news/DieneReportJapan_E.pdf）。日本政府はこのドゥドゥ・ディエン報告に対して、「日本国憲法、民法、刑法で人種差別に対処しているから人種差別禁止法は必要ない。アイヌや沖縄の人々が誇りを持って日本社会に貢献できるような社会を目指している」などという、きわめて植民地主義的で同化主義的な答弁をしている（前田朗『ヘイト・クライム』三一書房労働組合、二〇一〇年、三八-三九頁）。「日本の人種差別」を参照。（L）

ドゥブレ、レジス（一九四〇-）　フランスのジャーナリスト・作家。一九六七年刊行のキューバ革命の正当性を論じた『革命の中の革命』が世界的なベストセラーになる。ミッテラン政権下で外交顧問に就任するも、のちに政権の姿勢を批判して辞任。近年は共和主義者としての発言が強まっている。（L）

トッド、エマニュエル（一九五一-）　フランス国立人口統計学研究所所属、ケンブリッジ大学歴史学博士。邦訳書に『新ヨーロッパ大全』『帝国以後』『アラブ革命はなぜ起きたか』(いずれも藤原書店)など。

トムスン、エドワード・P (一九二四 - 九三) 英国の歴史家・ジャーナリスト・エッセイスト。一八世紀後半から一九世紀後半にかけての社会運動を扱った浩瀚な『イングランド労働者階級の形成』(青弓社)は有名。(L)

トルコ人の西ドイツ移民 一九六一年にベルリンの壁ができると、東欧諸国からの労働力を期待できずに労働力不足が懸念されていた西ドイツと、国内の失業率上昇を防ぐために労働力を積極的にヨーロッパ諸国へ送り出していたトルコ共和国は、利害が一致して、雇用双務協定を結んだ。一九六〇年には二七〇〇人だった西ドイツのトルコ人は、増加の一途をたどり、一九七〇年には四六万九二〇〇人に達した。(L)

ドレフュス事件 一八九四年、フランス参謀本部付ユダヤ人陸軍大尉ドレフュスがドイツに軍事機密を漏洩した容疑で逮捕、一九〇六年に有罪判決が棄却されるまで、フランスを二分する論争が起きた。

日本の人種差別(レイシズム) 朝鮮学校女子児童に対する暴行事件(いわゆるチマ・チョゴリ事件)、朝鮮学校出身者の国立大学受験資格問題、在日台湾人・朝鮮人などの旧植民地出身者に対する社会保障の差別問題、日本軍性奴隷などの戦後補償問題などについて、日本が批准している国際条約に基づいて設置されている国際委員会(自由権委員会、社会人権員会、子供の権利委員会、人種差別撤廃委員会、国連人権員会、人権保護促進委員会、人権理事会など)が繰り返し是正勧告を出している。ただし日本政府はこうした勧告をほぼ無視してきた(前田朗『ヘイト・クライム』三一書房労働組合、三九頁)。「ドゥドゥ・ディエン報告」を参照。(L)

パウエル、イーノック (一九一二 - 一九九八) 英国保守党の政治家。一九六八年に英国で成立した人種関係法に反対し、英連邦からの移民受け入れ拒否を文化本質主義的観点から訴えた排外主義的な“Rivers of Blood”スピーチを行ったことで有名。(L)

白豪主義 オーストラリアへの有色人種の移民を排斥し、政治的、経済的のみならず、社会的、文化的にも白人社会の同質性を維持すべきだという主張と運動。一八世紀末にイギリスの囚人流刑地として出発したオーストラリアでは、一九世紀半ばのゴールド・ラッシュに伴う大量の有色人移民の流入に対して白人労働者や小市民たちの間に反発が起こり、人種的偏見や植民地ナショナリズムなどと相まって排斥の機運が高まった。一八八八年、オーストラリア六州が中国人移民制限を決定。一九〇一年、連邦発足後には、各州ごとに実施してきた移民制限法を統一・整備して有色人種制限法を採択し、事実上有色人種の移民を禁止。一九六六年に廃止されたが、一九九七年には実質上の白豪主義を唱える極右政党のワン・ネイション党がポーリン・ハンソンによって結成され、一定の支持を集めるようになっている。(L)

反セム主義　「アンチ・セミティズム」を参照。

ハンソン、ポーリン(一九五四-)「白豪主義」を参照。

ファノン、フランツ(一九二五-六一) 西インド諸島マルティニーク出身の精神科医・思想家・革命家。赴任したアルジェリアでフランスの植民地支配に反対して独立運動に参加。その著作で展開された思考は、今日ポストコロニアルと呼ばれる思想の源流のひとつとなっている。著作に『革命の社会学』『地に呪われたる者』『アフリカ革命に向けて』『黒い皮膚・白い仮面』(すべてみすず書房)がある。(L)

フィヒテ、ヨハン・ゴットリープ(一七六二-一八一四) ドイツ観念論の代表的哲学者。普仏戦争敗戦後の一八〇七年、占領下のベルリンで、教育による自立的な国民育成と愛国主義を説いた連続講演「ドイツ国民に告ぐ」で有名。(L)

フィンケルクロート、アラン(一九四九-) フランスの著述家・思想家。もともとは左派だったが、普遍主義/共和主義の立場から、第三世界やイスラム世界を批判する発言を行うようになって、多くの論争や物議をかもすようになっている。日本語で読める著書に『思考の敗北あるいは文化のパラドクス』(河出書房新社)、『20世紀は人類の役に立ったのか——大量殺戮と人間性』(凱風社)などがある。(L)

ブールの行進　本書一三七頁参照。

ブラック・インターナショナリズム　歴史家マーク・ガリッキオが用いた用語であり（Mark Gallicchio: *The African American Encounter with Japan & China*, Chapel Hill and London, The University of North Carolina Press, 2000）、一九一〇年代から三〇年代にかけての黒人知識人が抱いた世界観である。彼らは、合州国社会で受ける差別と合州国の帝国主義の拡大とは密接な関係があると考え、人種と人種主義が国際政治の重要な要素となっており、国内の人種差別を克服するためには国際政治における帝国主義・植民地主義との闘争が必要と考えた。ブラック・インターナショナリズムは特定の学派あるいは組織を意味するわけではないが、このような世界観を共有した代表的な論客として、W・E・B・デュボイスやレイフォード・ローガンなどを挙げることができるだろう。（S）

フリーマン、キャシー（一九七三-）　シドニーオリンピックの女子四〇〇メートル走で金メダルを獲得したオーストラリア代表のアボリジニの選手。多文化主義の象徴として聖火ランナーの最終走者にも選ばれた。一九九四年のコモンウェルス・ゲイムズ、二〇〇〇年のシドニー・オリンピックで金メダルを獲得した後のトラック一周の際、アボリジニの旗とオーストラリア国旗の二つを掲げたことが話題となる。（L）

ブルカの禁止（フランス）　ムスリム女性のスカーフは頭髪のみを覆うものが一般的だが、頭髪だけでなく顔を含めた全身を覆うものも存在し、形状によってブルカやニカブと呼ばれる。フランスでは二〇〇九年に大統領サルコジが「この国ではブルカを受け入れない」と主張し、二〇一〇年に公共空間で顔を覆うスカーフの着用を禁止する法案（通称「ブルカ禁止法」）が可決され、翌一一年に施行された。以降、着用者には最大一五〇ユーロ、着用を強制した者に三万ユーロの罰金が科される。フランスでは、ブルカを女性抑圧の象徴とみることには一定のコンセンサスがある。その一方、国内で五〜六百万人のムスリムのうちブルカ着用者は圧倒的少数（二〇〇九年内務省発表によれば三六七人）であるが、その数に釣り合わない大々的な反ブルカキャンペーンが展開されたため、それを不当と感じ、反イスラム的な社会に反発して「敢えて」ブルカを着用する女性の存在も指摘されている。こうした女性の声を伝える数少ない資料に記録映画 *Sous la burqa* (Agnès De Féo 監督、二〇一〇年、http://www.agnesdefeo.book.fr/sous-la-burqa) がある。「スカーフ問題」を参照。(M)

ペイリン、サラ（一九六四-）合州国の政治家。二〇〇八年大統領選の共和党副大統領候補（当時はアラスカ州知事）。草の根保守のティーパーティー運動に積極的に関わる。

ホール、スチュアート（一九三二-）カルチュラル・スタディーズの代表的研究者。ジャマイカ生まれで、五一年に渡英後に活躍。(L)

牧人権力（ミシェル・フーコー）一九七〇年代に、ミシェル・フーコーは権力の系譜学・考古学的考察を行っている。権力のあり方の一つとして採り上げられたのが「牧人権力」の考え方で、古代ギリシャにはなく古代アジアに見いだされる権力のあり方であるとしている。そこで、フーコーは主として古代ユダヤ教とキリスト教に関する文献の解析から出発している。「牧人権力」は牧人と牧人によって教導される羊との間の関わりのイメージからなっている。牧人は羊の一群をまとめあげ、危険を避けつつ牧草の豊かな土地へと彼らを導いてゆく。そこで、牧人と羊の関係には二つの特徴が認められる。一つは、牧人は羊を集合としてではなく、その一つ一つの個体として配慮し加護する点である。たった一匹の羊であっても牧人は自らの生命を投げ出しても救済しようとするのである。したがって、羊が群れから離れ迷ってしまったとき、牧人は自らの危険を冒してもその羊を救おうとする。つまり、個々の羊は牧人との間に一対一の関係をもつ。と同時に、このような個別化された関係を通じて、羊は牧人を中継して羊の群れ全体に帰属することになるのである。ここから、フーコーは個人を個別化しつつ全体化する権力のあり方を見た。つまり、個人の内面を構成しつつ、その個人を集団の全体へと統合するしたたかな装置がここにはある。牧人権力の解析は、彼の考察した「生政治」への重要な一歩である。(S)

北部同盟（イタリア）南部よりも経済的に優越している北部の自治拡大を主張する北イタリアの地域政党。労働者の保護と地域分権を唱える。(L)

ホブズボーム、エリック（一九一七-）　英国の歴史家。主著に『市民革命と産業革命：二重革命の時代』（岩波書店）、『資本の時代』『帝国の時代』（いずれもみすず書房）がある。ナショナリズム研究にも大きな影響を与えている。テレンス・レンジャーとの共編『創られた伝統』（紀伊國屋書店）、『ナショナリズムの歴史と現在』（大月書店）などがある。（L）

「滅びゆく琉球女の手記」　久志冨佐子が一九三二年六月号の『婦人公論』に掲載。沖縄の貧困の様子や県民内部での差別を描いたことで、沖縄から批判され、同年七号の『婦人公論』に「「滅びゆく琉球女の手記」についての釈明文」を書き、連載は中断。岡本恵徳・高橋敏夫編『沖縄文学選――日本文学のエッジからの問い』勉成出版、二〇〇三年に再録。（L）

マッカラン＝ウォルター法（一九五二年）　立案者の名前からこう呼ばれるが、正式名称は移民国籍法。外国人の帰化権の平等は保障されたが（敵性外国人であった日系移民一世の帰化も認められた）、戦前の移民法で決められた国別の移民割り当てが再設定された。（L）

マラリ事件（インドネシアでの暴動）　一九七四年、スハルト大統領の外資誘致政策でインドネシアに進出していた日本企業への反発が、田中角栄首相のジャカルタ訪問時に暴動として噴出。ジャカルタ訪問前にもタイで学生による反日デモが起きており、田中首相の東南アジア来訪時におけるこうした事件は、以降の日本と東南アジア関係に大きく影響を与えたと言われる。（L）

ムスリム同胞団　イスラム社会の確立を目指す、アラブ世界最大のイスラム復興運動組織。一九二八年にエジプトで創設。二〇一二年六月、同胞団出身のムハンマド・ムルシがエジプト大統領に。（L）

村山談話　一九九五年八月一五日、終戦記念五十年に、自民・社会・さきがけ連立内閣の村山富市首相（社会党）が発表した談話。日本の過去の戦争・植民地支配などにおける責任を認めた談話で、いわゆる歴史認識問題について日本の公式的立場を表明したもの。（L）

メンミ、アルベール（一九二〇-）　チュニジア生まれのフランスの作家、評論家。父はユダヤ人、母はベルベル人。アルジェ大学、パリ大学で哲学を学ぶ。現在はパリ第十大学名誉教授。

ヤコボヴィッツ、アンドリュー　シドニー工科大学の教授。専門は人種関係、唯物論的文化的多様性の理論。主著に Andrew Jakubowicz, Heather Goodall, et al., *Racism, Ethnicity and the Media*, Sydney: Allen and Unwin, 1994 がある。（M-S）

尹東柱《ユン・ドンジュ》（一九一七-四五）　韓国の国民的詩人。戦時下の日本に留学中、治安維持法で捕われ獄中死した。

ヨーロッパ人のためのヨーロッパ　本書二三五頁参照。

ラスタファリズム　一九三〇年代にジャマイカで発祥した宗教的思想運動。エチオピアの最後の皇帝「ハイレセラシェ」を神として崇拝し、アフリカ回帰を訴える。ボブ・マーリーが信仰したことで有名。（L）

リザベーション　「居留地」を参照。

リドレス運動（日系アメリカ人による）　第二次世界大戦時、日系住民および日系アメリカ人に対して行われた強制退去、強制収容に対して、二世、三世の日系アメリカ人が中心になって政府に補償と謝罪を求めた運動。一九八〇年に連邦議会で日系人の強制退去・収容に関する調査委員会が設置され、八八年、ロナルド・レーガン大統領が『市民自由法』に署名し、日系人強制退去・収容に対する謝罪と一人につき二万ドルの補償を行うことを決定。（L）

琉球処分　一八七二年の琉球藩設置から七九年の沖縄県設置まで。明治政府が琉球王国を強制的に日本の領土とした。

ルナン、エルネスト（一八二三-九二）　フランスの思想家・歴史家。「国民とは何か」は一八八二年にソルボンヌ大学で行った講演。王党派で、一八七一年の『知的道徳的改革』では西洋中心主義的な社会進化論を展開。（L）

ルペン、ジャン＝マリー（一九二八-）　フランスの極右政治家。一九七二年に、移民排斥、反EU、国籍取得制限の強化などを唱える極右政党「国民戦線」を結成して党首となる。数回のフランス大統領選に出馬し、一定数の支持を獲得している。（L）

レバノン問題〔戦争〕　一九八二年、イスラエルは当時パレスチナ解放機構（PLO）の本部が置かれていたレバノン南部に侵攻。パレスチナ人難民キャンプにおける左派の武装解除とゲリラ掃討に、レバノンのキリスト教徒民兵「ファランジスト」を利用。サブラとシャティーラのキャンプでは数千人規模のパレスチナ難民が虐殺された（サブラ・シャティーラの虐殺）。（L）

ロス（ロサンゼルス）暴動　一九九二年四月末から五月初頭にかけてロサンゼルスで起きた大規模な暴動。アフリカ系アメリカ人のロドニー・キングがスピード違反で逮捕された際、警官から過剰な暴力を振るわれたことに対する裁判で、被疑者の警官たちに無罪判決の出たことが引き金となったが、背景にはより複雑な人種問題・人種関係があるとされる。（L）

ロダンソン、マクシム（一九一五-二〇〇四）　歴史家・社会学者・中東学者。アウシュヴィッツからの帰還者でもある。日本語では『イスラームと資本主義』（岩波現代選書）を読むことができる。（L）

ワインストック、ナタン（一九三九-）　ベルギーの歴史家。もともとは弁護士で、のちにユダヤ研究者・イディッシュ文化研究者となる。日本では『アラブ革命運動史』（柘植書房、一九七九年）が刊行されている。二〇〇四年に引退。（L）

ワシントン大行進　一九六三年八月二八日、公民権運動家で、牧師のマーティン・ルーサー・キング・ジュニアらの呼びかけで、人種差別撤廃を求める運動の一環として行われた行進。二〇万人以上が参加。キング牧師の有名な演説「I Have a Dream」は、この行進の集結場所であるワシントンD.C.のリンカーン記念館前で行われた。（L）

MRAP　一九四九年に創設されたフランスのNGOで、正式名称はMouvement contre le racisme et pour l'amitié entre les peuples（反人種主義と諸民族間の友愛のための運動）。（L）

WASP　白人（White）、アングロサクソン（Anglo-Saxon）、プロテスタント（Protestant）の頭文字をとった略語で、アメリカ合州国の主流支配層をその属性から示した言葉。（L）

プロフィール

鵜飼哲（うかい・さとし）一橋大学教授。著書に『抵抗への招待』（みすず書房）、『償いのアルケオロジー』（河出書房新社）、『応答する力』（青土社）、『主権のかなたで』（岩波書店）など。

酒井直樹（さかい・なおき）コーネル大学教授。著書に『過去の声』『希望と憲法』（以上、以文社）、『死産される日本語・日本人』（新曜社）、『日本思想という問題』（岩波書店）、『日本／映像／米国』（青土社）など。

テッサ・モーリス＝スズキ（Tessa Morris-Suzuki）オーストラリア国立大学教授。著書に『日本の経済思想』『過去は死なない』『自由を耐え忍ぶ』（以上、岩波書店）、『辺境から眺める』（みすず書房）、『批判的想像力のために』（平凡社）、『北朝鮮へのエクソダス』（朝日新聞）、『北朝鮮で考えたこと』（集英社）など。

李孝徳（り・たかのり／イ・ヒョドク）東京外国語大学准教授。著書に『表象空間の近代』（新曜社）、訳書にG・M・フレドリクソン『人種主義の歴史』（みすず書房）など。

エティエンヌ・バリバール（Etienne Balibar）パリ第十大学ナンテール校名誉教授、カリフォルニア大学アーヴァイン校教授。邦訳書に『スピノザと政治』（水声社）、『マルクスの哲学』（法政大学出版局）、『市民権の哲学』（青土社）、『人種・国民・階級』（共著、大村書店）、『資本論を読む』（共著、ちくま学芸文庫）など。

佐藤嘉幸（さとう・よしゆき）筑波大学専任講師。著書に『権力と抵抗』『新自由主義と権力』（いずれも人文書院）など。

レイシズム・スタディーズ序説

2012年10月9日　第1刷発行

著　者　鵜飼　哲
酒井直樹
テッサ・モーリス＝スズキ
李　孝徳

発行者　勝股光政

発行所　以　文　社
〒101-0051 東京都千代田区神田神保町 2-7
TEL 03-6272-6536　　FAX 03-6272-6538
印刷・製本：シナノ書籍印刷

ISBN978-4-7531-0304-1